韦绍锋 冯高雅◎主编

中国商业出版社

图书在版编目（CIP）数据

从0到100：医药营销实战攻略 / 韦绍锋，冯高雅主编. -- 北京：中国商业出版社，2019.1
ISBN 978-7-5044-9982-0

Ⅰ. ①从… Ⅱ. ①韦… ②冯… Ⅲ. ①药品－市场营销学 Ⅳ. ① F724.73

中国版本图书馆CIP数据核字（2019）第017682号

责任编辑：孙锦萍

中国商业出版社出版发行
010-63180647 www.c-cbook.com
（100053 北京广安门内报国寺1号）
新华书店经销
北京楠萍印刷有限公司印刷

*

710毫米×1000毫米 16开 19印张 320千字
2019年3月第1版 2019年3月第1次印刷
定价：68.00元

* * * *

（如有印装质量问题可更换）

生态重构下的药企营销思考

中国医药企业管理协会常务副会长　牛正乾

本轮医改自2009年启动至今，特别是近三年以来，医疗、医药、医保三医联动改革的推进力度、速度，远远超过了以往，多项改革措施及其配套政策的出台、推进速度超出了很多人的预料。

比如，政府主导的药价管制，以前很多人认为牢不可破，但在2015年6月1日彻底放开了。

比如，医药分开已经喊了很多年，以前除了"药房托管"这种变相的"医药分开"，再无他法。但现在药价零加成、药占比、处方外流，特别是医保付费机制改革的实质性推进，正在加速推进医和药的分开。

除了医和药的分开，医院和医生也可以分开，在职医生可自由创业（办诊所）、自由执业，医生不再仅属于某家医院，他们获得了空前的解放，成为相对自由人，医疗的改革力度远胜往昔。

在医药、医疗之外，医保改革业已开启，管理体制改革形成共识，付费机制改革正在加速推进。随着医保药品支付规则的出台，商业保障介入医疗健康领域已是必然。医保对医疗服务行为的激励和约束将得以体现，也必将彻底改变传统的药品营销规则。

医药、医疗、医保的任何一项改革，都直接或间接、已经或即将影响医药企业的市场和营销。

而当下对医药企业短期影响最为直接的，莫过于"两票制"等政策；中期影响的政策，如与医药密切相关的"十三五"各类规划，以及业已出台、即将出台并将逐步落实的相关政策；长期影响的是即将通过的医药行业的母法《药品管理法（修正案）》——由药品生产许可转变为上市许可持有人的制度及向国际高标准看齐的创新驱动战略，将会使医药产业链的生态彻底重构。

过去数年来，赛柏蓝对诸多医药新政进行了独家、独到的解读，撰写了大量有关政策解读、市场和营销的文章，受到医药界的普遍关注。

《从0到100：医药营销实战攻略》一书，是对行业大变革、生态重构下市场营销的集中思考，相信会为医药工商企业的经营管理及市场销售人员带来帮助。

2019年1月1日

大格局下的医药营销

中国医药物资协会执行会长兼秘书长　刘忠良

医药，是一个保障人民生命健康的行业。在这个行业中，我们除了需要企业持续成长的各种条件外，还需要一些理想、一丝情怀。

《"健康中国2030"规划纲要》为我国未来十余年的健康行业描绘了壮美蓝图。国家医改在近年来也取得了丰硕的成果。

在此规划下，医药企业家及高管也应具有高瞻远瞩的决断力，只有将企业的价值和社会价值、企业利益和人民利益、企业改革和国家医改相统一，才能让企业获得持续成长。

市场配置的力量正在加强，这符合国家的战略方向。一个开放的市场，也一定是一个竞争的市场。竞争，将让优秀的企业及医药行业获得良性发展。竞争中的市场营销，无疑需要在国家近期、中期、远期的产业管理和规划中找到方向，并在大格局下加以实施推进。

赛柏蓝智库韦绍锋、冯高雅编写的《从0到100：医药营销实战攻略》一书，从营销局势出发，到营销趋势、理论、案例，再到医院销售、OTC营销、基层营销、新营销等，相信会对读者有所启发。

中国医药物资协会活跃着数千名勤勉好学、笃志高远的医药企业家。我们立志产好药、卖好药，为行业发展及人民健康贡献绵薄之力。

与各位同行共勉。

2019年1月1日

我们为什么要出这本书

赛柏蓝总裁　韦绍锋

移动互联网时代,资讯万般多元。精品的内容,总会沁馨如兰。

赛柏蓝新媒体创办六年来,发文量过万,每一篇、每一个字,都凝聚着采编团队的丝丝心血。

我们一直追求内容上的"及时、准确、有用",因而得到大量订阅用户的认可。我们追求及时,因此常常昼夜鏖战;我们追求准确,因此常常孜孜不倦探索其渊源;我们追求有用,因此常常为价值论而焦虑难安。

尽管如此,我们的文章在信息的汪洋大海中,仍然可能被一目十行地快速阅读。因为时间太宝贵了!近200万的用户聚合在赛柏蓝4个新媒体平台上,每天阅读我们的内容,这对我们采编团队而言是巨大的压力和莫大的动力。

我们向医药行业专家及市场营销一线操盘手约了大量的营销类稿件,陆续发在了平台上。诸多文章很有见地,透析趋势理论,讲述策略方法,点评个体案例,深受业界欢迎。

这次,我们从近600篇的营销稿件中,精挑细选了数十篇,又约一线实战专家撰写了部分文章,共77篇文章,汇集为《从0到100:医药营销实战攻略》一书,为数年如一日陪伴我们成长的诸位奉上赛柏蓝的第一本药械营销精选合集。

感谢各位作者孜孜不倦的原创,感谢我们读者的支持,感谢大吕文化公司的帮助。

2019年1月1日

目 录

营销局势

药企死扛到底：先保命，后营销……………………………… 何　畏　002
营销新局：医生大富时代要来了……………………………… 何　畏　006
医院大阵痛，影响药企营销…………………………………… 何　畏　010
医生彻底自由，营销就这么出发……………………………… 文　灵　013
医联体遍地开花，药械怎样做生意…………………………… 文　灵　016
"共享医生"创新医疗：药企营销新战场……………………… 何　畏　018
医疗器械包场营销模式扫描…………………………………… 何　畏　021
医药营销：六大创新模式将成主流…………………………… 张小平　023
粗放式管理不行了，药企营销须有七大变革………………… 马士锋　025
处方药销售遇困，零售整合型营销拐点已到………………… 刘　检　029
药价放开，佣金制要取代底价模式…………………………… 杨秀仁　033
药品传统销售崩盘，你可以这样拯救自己…………………… 流浪的石头　036

营销理论

药企销量提升的三大关键：认知、利益、保障……………… 郑金平　040
医药企业产品组合实战教程…………………………………… 史立臣　046
医药销售，从"卖药"到"卖解决方案"……………………… 史立臣　052
"以患者为中心"的再思考…………………………………… 仲崇玉　054

医药销售外包，如何做好管和控……………………………… 祁 刚 056
六大问题不除，药品招商不可能成功……………………… 刘 检 060
压货营销六宗罪：是时候改变了……………………………… 李昭阳 064
药企销售"六字箴言"：不降价才有出路…………………… 林 玲 067
做好五大渠道，药品落标不用怕…………………………… 张小平 070
医药销售，已经淘汰三批人，下一批是谁…………………… 刘 检 073
医院销售：带金销售已死，学术营销回归中心舞台………… 刘 检 076
不会学术营销，怎能打下未来天下………………………… 刘 检 079
临床失守？医院处方销售永不消失………………………… 刘 检 083
处方药销量为什么上不去…………………………………… 刘 检 087
药企做大市场的三大狠招，不得不说的"病案"…………… 刘 检 092
混乱的临床反馈，销售真让人提心吊胆…………………… 刘 检 094
处方药院外销售，药企这样"拿下"药店…………………… 张小平 098
处方院外化还是处方药零售………………………………… 张小平 101

OTC 营销

OTC 市场正在发生四大惊人变化…………………………… 李从选 104
OTC 营销十大模式…………………………………………… 李从选 108
OTC 市场销售"五部曲"……………………………………… 刘 检 113
药企七步打造"超级终端"…………………………………… 祁 刚 116
百强连锁销售上量的三个绝招……………………………… 刘 检 120
药企如何攻下连锁药店和诊所……………………………… 祁 刚 124
药企该拿什么产品决胜 OTC………………………………… 刘 检 128
给药店带人气，药企这样做才能做好终端动销……………… 孟庆亮 132
普药的药店促销五招………………………………………… 祁 刚 135
开发连锁药店"六不做"……………………………………… 孟庆亮 140
这么做慢性病管理你就输了………………………………… 李秉彧 142

这三个臭招都是在杀死销售……………………………………… 孟庆亮　146

处方药转型 OTC

处方药转型 OTC 营销新趋势……………………………………… 刘　检　150
处方药转战 OTC 最快最省力的方式……………………………… 李秉彧　153
临床转战 OTC 有三大误区………………………………………… 李秉彧　156

医药控销

普药控销的"一二三四五"真经…………………………………… 祁　刚　160
控销和 OTC 模式相比,优势到底在哪里………………………… 祁　刚　164
普药控销必须掌握的四类数据…………………………………… 祁　刚　167
永远都不过时的医药控销五大法宝……………………………… 老　戴　171
卖药的快来,看这 84 万个客户如何开发………………………… 老　戴　173
控销战场:如何通过"黄金单品"打击对手…………………… 祁　刚　177
控销"三包",创造销售神话……………………………………… 祁　刚　180
特色控销:从 3000 万到 20 多亿的六个关键…………………… 孟庆亮　183
普药控销被玩坏,怎样绝处逢生………………………………… 祁　刚　190

销售策略

学会四招才能获得普药销售冠军………………………………… 祁　刚　196
普药销售:淡季怎么旺起来……………………………………… 祁　刚　200
普药销售任务又涨,这样才能完成任务………………………… 祁　刚　203
底价大包危机重重,六大调整扭转败局………………………… 老　戴　206
面对降价潮,药企销售省钱大招有哪些………………………… 刘　峻　209
打造畅销药的七个绝招…………………………………………… 孟庆亮　212
四招打造医药黄金单品…………………………………………… 祁　刚　215

医药销售高手都应学会这四个字 ………………………… 郑金平 219
黄金旺季，药企怎么做销售 ……………………………… 老　戴 223

销售案例

济民可信和仁和的巨大成功带来的四点启示 …………… 郑金平 228
易知、简从、顺道 ………………………………………… 孟庆亮 233
片仔癀和东阿阿胶的营销 ………………………………… 田　边 240
普药单品破2亿的背后 …………………………………… 祁　刚 243
普药地总：年销售从30万到1000万的秘诀 …………… 祁　刚 247
小小矿泉水，"撼"动大客户 …………………………… 仲崇玉 251

基层销售

跑马圈地的日子已过去，第三终端现在这么做 ………… 禹　鑫 256
如何推动基层市场的推广 ………………………………… 刘　峻 260
药企开发基层市场的八个步骤 …………………………… 史立臣 263
药品销售，地县纯销的春天来了 ………………………… 老　戴 266

新营销

"互联网+"，药企面临六大颠覆性营销变革 …………… 孟　翔 270
医药电商成功，四大能力提高是关键 …………………… 林　玲 274
医药电商，将终结普药控销 ……………………………… 祁　刚 279
医药数字营销：做不做，怎么做 ………………………… 刘　峻 283

附　录

专业术语 ………………………………………………………………… 286

药企死扛到底：先保命，后营销

何 畏

医改势如破竹，与2016年之前相比可谓飓风来临。医药行业大浪淘沙彻底开始！一家药企要持续发展，四大元素——品种、人员、模式、利润，缺一不可。那么，现在的这四大元素同以往相比，又面临了怎样的困境呢？在药企陷入困境之时，营销又该如何布局？

品种没了

一致性评价淘汰一批。国家推行仿制药质量一致性评价政策，旨在不断提升仿制药质量。这个事情现在才刚刚开始，首批289个品种涉及的药品文号有1.7万个左右。一个药品要完成一致性评价，花费水涨船高，目前行情已至千万元左右。这将导致至少过半品种直接选择放弃。而一部分品种做一致性评价失败，将面临存亡危机。要做好评价，很多药企面临资金链断裂之痛。

招标踢死一批。按省进行的药品招标管制，是当前药品进入公立医院市场的关键环节。过去三年多，招标给不少药企带来的都是噩梦：你是独家，那就价格谈判；你是非独家，那就血拼价格；你好不容易进入省级招标，还要面对医院、医联体的二次议价；你为了中标报了个低价，但价格信息全国联网，一省降，全国都得降；你终于进院销售了，医院半年、一年不回款，害得资金链紧张、断裂。大量药品因此被踢出了招标目录，失去了公立医院这个最大的市场。各地药品招标办不时发布短缺药的公告，就是企业主动弃标、放弃生产的结果。

医保弄死一批。在这几年惨遭招标碾压之后，医保开始强势上位了。医保不像原来那么玩了，一方面是制定药品医保支付价，这个价格自然是"越低越好"，再怎么着也不会比招标价还高；另一方面是通过按病种付费为主综合改革，未来彻底让医院少开药，杜绝滥开药。其结果就是，不少性价比不高的药品，将无缘医院市场，被迫出局。

并购吃了一批。据上市药企2016年、2017年年报，2016年有38家利润比去年增长了100%以上，2017年是16家利润同比增长100%以上。其中原因，是不少药企通过并购实现了利润的高速增长！药企被并购后，重点发展的自然是优势品种，大量非优势品种肯定要砍掉。这样一来，又一批品种没了。

药代跑了

品种没了药代会跑。品种都没有了，那些熟悉的渠道、关系还有什么用？作为销售主力，药品销售代表（药代）得找新的东家。终端资源为王，品种次之。此处不留爷，自有留爷处，这正是当前一些药代的真实写照。

备案制后药代会跑。国家已发文，以后医药代表都要备案制了，并且不能卖药，只能够做学术。但很多人不是医药学背景，不符合条件。这个政策要逼退一部分药代了。

模式变了药代会跑。药品从生产到进医院只能开两次票的"两票制"这个新政下的营销模式转型、升级，会让部分药代非常难受，不适应的就只能淘汰了。特别是一些挂靠的营销自然人，消失的可能性极大。而他们的消失，将直接影响到以大包模式运营的药企生存。

模式变了

底价模式完了。过去是主流的药品营销模式，基本都是通过外部关联公司、过票公司完成市场推广、费用循环，但"两票制＋营改增＋金税三期"新环境下，底价模式彻底完了，高开高返模式来临。伴随而来的是，增加税费如何分摊，大量佣金如何兑付，大量票据如何合法合规。很多药企真的没法处理，可能要被淘汰。

带金模式堵了。反腐加压、防药代、抓医生，轻则行政处罚踢出行业，重则判刑坐牢，每年仅被公布出来的院长、科主任、医生被查的就有数百起，令人害怕。按新的公立医院改革措施，鼓励医院提升效率、优化治疗方案，抑制治疗费过快增长，医保节余的部分直接由医院支配，鼓励主要用于人员支出。这也就是说，今后医生阳光的收入也大幅提高了。带金模式短期内不会消失，但一定堵得慌；中长期看，这种模式一定没有市场。

招标模式弱了。医药行业有关专家和行业人士，呼吁废除政府管制的药品招标模式由来已久，因为这一模式存在着不少的弊端。随着改革的推进，目前的药品招标已然被部分"肢解"：价格低的、妇儿用药直接挂网，独家的大品种价格谈判，更有甚者，让医院与药企直接议价，省级药品招标价值被弱化了。

医保模式来了。对于医院，以前是不愿意省钱，因为实行的是收支两条线：医院是由财政拨款的，上一年省钱了下一年拨款就少了，同时省下的钱也不能分。医保改革之后，通过医保控费，要多省钱，省下来的钱可以主要用于人员奖励，这个不违法。以前是开药越多利润越高，开高价药越多利润越高；以后按病种付费，开药越多利润越低；过度开药医院还要倒贴钱；哪个医生多开药，将无法在医院立足。

特别是2017年，按病种付费的诊疗目录就发布了320个；在200个医改试点城市，落地执行的按病种付费目录要达到100个！另外，截至2018年3月，累计已经发布的临床路径方案达到了1212个，涵盖了30余个临床专业，基本实现临床常见、多发疾病全覆盖，基本满足临床诊疗需求。未来，医保结算将以按病种付费为主，并参考临床路径方案，以判断诊疗的科学合理性，从而有效控费。

更重要的是，2018年国家机构改革后，国家医疗保障局单独设立，统医保、药价、药品招标事务，这也就意味着按病种付费的速度将得到大大加快。

学术模式兴了。在按病种付费模式下，临床路径营销模式来临，而过去对医生的带金营销丧失土壤，学术营销、临床路径营销成为趋势。不会做学术的，又要落伍了，又要遭受挤压，甚至淘汰。

利润小了

费用上涨导致利润空间缩小。原料药涨价，人工费上涨，办公成本上涨，物流运输涨价，环保费用上涨——好像没有看到什么是降价的。错了，药品价格是在下降的！逼得不少药品干脆直接停产、断供，至于患者有没有救命药可用，药企也顾不上了，因为自身都难保了。

行政主导导致利润受损。药品招标、医保控费、药价谈判等，都是行政主导的、以降低药价为核心诉求的措施。作为药企，市场和利润总得有个平衡点。只占领市场没有利润，得死；只有虚无的利润率却没有市场，也得死。在政策剧变时期，倒下的药企不会变少。

淘汰赛开始了，死扛到底才有未来

品种被调整得没剩几个了，模式调整又没有做好，产品利润空间一降再降，自己的医药代表还跑了不少，药企能不惨吗？

但对你是惨，对他可能却是难得的机会！有两点是一定要懂的。

第一点：横向与国外对比，我国药企数量太多了，让大的更大、强的更强，弱的小的关停并转，也是符合产业政策初衷的。

第二点：过去那些年里，药企虚开、倒票、过票、偷税、逃税已经不少，这一切的根源在于弥补医生兑费无票的"丑行"。这两年的医改，可以说是很有智慧的医改，改医、改药力度都很大。药企过去已经享受了那么多年的好，现在该是洗手、还债的时候了。

在这个规范的过程当中，必然有无数药企倒下，被淘汰出局。但医改最终必将进入平稳期，那时才是药企获得长期利润的大好时机。只是机会往往就在后天，但很多人却熬不过明天晚上。

越是低潮时期，就越是考验药企的生存能力。那就死扛吧，弱者都死了，剩者通吃，就成王者了。

营销新局：医生大富时代要来了

何 畏

继医院收入可自由分配新政后，医生多点执业、医生开办诊所全面放开。国家中医药局发文，中医开办诊所都不用审批了；原卫计委发文定死任务，按病种付费、药占比必须降到 30% 以下。

前所未有的开放姿态，将让更多医生得以实现财富自由，实现大富的梦想。

普通医生，收入要增长了

对于任何国家、任何领域，赚大钱的毕竟都是少数人，医疗行业也不例外。伴随着多点执业、自由执业的放开，伴随着开办诊所的放开，将让少数有能力的医生获得财富机会。

但更多的医生没那么强大，或者没有那个野心，就待在医院里好好当一个专职的医生，那么收入能涨吗？

收入应当是能涨的。国家已经表示，允许医疗卫生机构突破现行事业单位工资调控水平，允许医疗服务收入扣除成本并按规定提取各项基金后主要用于人员奖励。这就是"两个允许"带来的重大突破。

意思就是，以前医院是敢赚钱但不敢分钱，谁要分钱那就是"国有资产流失"。但这"两个允许"，彻底释放了公立医院的生产力，医院可以赚钱了，也可以分钱给医务人员了。

比如，华东某地级市一家三甲医院，2016 年门诊量达到 146 万人次，按全国平均的门诊费用 291 元计算，门诊收入达到 4.2 亿元，住院病人 6.2 万人，按全国平均住院费用 12904 元计算，住院收入达到 8 亿元。也就是说，这家医院一年收入可能是 12 亿元。

而这家医院有 1900 名员工，如果一年从医保中能节余 1 亿元的费用出来，每个人平均能多分 5 万元，这个就是收入的增长。

大牌医生，要小富了

2017 年，医生集体跳槽的事件发生了两起。为什么会出现这种情况？这是医疗市场化程度进一步加大的结果。即便是公立医院，也同样以各种高薪来挖人，大牌医生往往成为被挖对象，他们可以实现较高的收入。

比如山东青岛大学附属医院，从招聘广告看，绝对是下了很大的血本，"名医"所获得的福利待遇非常好。

其招聘的第一层次人才，目标直指教育部"长江学者"特聘（讲座）教授、国家"杰出青年科学基金"获得者、中组部"千人计划"入选者（创新人才长期项目）、国家"973 计划"首席科学家，以及以前 2 位完成人身份获得"国家自然科学奖""国家技术发明奖""国家科技进步奖"一等奖及以上奖励的获奖者。原则上年龄小于 50 周岁。

在引才待遇上，全职年薪不少于 150 万元；黄岛院区提供不少于 200 平方米房子一套；科研启动基金不少于 500 万元；配备科学研究团队，鼓励团队引进（不少于 3 人）；根据本人意愿，办理配偶及未成年子女随调及随迁手续。

其招聘的第二层次人才为教育部"长江学者青年学者"、中组部"青年千人计划"入选者、中组部"青年拔尖人才支持计划"入选者、山东省"泰山学者"或相应层次人员、国内外高级专业技术人员（近 5 年以第一作者或者通讯作者发表 IF ≥ 10 分的论著 5 篇）。原则上年龄小于 45 周岁。

引才待遇为全职年薪 80 万～100 万元；黄岛院区提供不少于 180 平方米房子一套；不少于 300 万元科研经费，配备科学研究团队。根据本人意愿，办理配偶及未成年子女随调及随迁手续。

相对于普通医生年薪而言，这些大牌医生的收入算是很高了，完全可以过上相对富裕的生活。

自由执业的医生，可能要大富了

很多人不看好医生的未来收入待遇，这实际上是大错特错了！事实上，当前医改给医生的未来留下了极大的空间，说白了，医生通过自己的能力完全可以阳光地富裕起来。这怎么说呢？

一是2017年2月28日，原国家卫计委第12号令《关于修改〈医疗机构管理条例实施细则〉的决定》正式发布，允许在职医生开办诊所。

二是3月2日，原国家卫计委第13号令《医师执业注册管理办法》正式发布，允许医生自由执业。

比如，北京一家三甲医院的知名超声专家，一周就出诊一天，总号数是20个，每个医事服务费300元，号总是早早就被抢光了。

类似这样大医院专家号一号难求的情况比比皆是，甚至一个号被黄牛党炒到千元以上也并不少见。

如果这名专家在工作之余，通过自由执业的方式，一周再诊断200名患者，每位患者的医事服务费增加到500元，那一周又将产生10万元的医事服务费。

如此一年下来医事服务费也约500万元，医生或专家也能从中得到收益，这收益不但是靠技术和能力挣得的合法收入，而且解决了广大患者就医困难的现状，于己于人都是非常有益的。

现在创业都这么难，大量的企业都在烧投资者的钱，找不到赢利模式，一年要从分红中分到几百万元，还真是非常不容易。而作为一名优秀的医生，通过技术活就实现这个收入，已完胜大量中小企业主了。

有远见的医生，要这样暴富

可以说，上述两份文件彻底解放了医生生产力，释放了医疗资源，必然大大激活医疗市场，让医生的价值得到充分释放，让有能力的医生合法收入更高。

但仅仅如此，医生也只能算是"小富"。要实现"大富"，仅凭一己之力是难以实现的，而通过开办医疗实体、开办诊所，让更多人来为自己服务，则很有可能实现。

比如，创办诊所，让有能力的人来运营，而医生则通过熟悉的圈子，邀请名医来坐诊。这样下来，一年仅医事服务费过千万元都很有可能，还不算检查费、治疗费、药品耗材费等其他收入。作为诊所的股东，一年通过分红的方式实现千万元收入不是梦。

2017年4月19日，原卫计委还发文，中医开办诊所干脆不用审批了，到县级卫生部门备案就行。这一开放姿态前所未有。

更进一步,通过资本市场变现,医生恐怕真的要暴富了。拥有 122 亿美元财富的美国华裔医生陈颂雄或许是最大的榜样。

医院大阵痛,影响药企营销

何 畏

最新的医改以前所未有的力度,冲击着药企、药代和医院,且医院受到的冲击绝不亚于药企受到的冲击。

我们知道,一家公立大医院得以立足,关键取决于几个因素:有一批顶尖的医生,有络绎不绝的患者,有足够运转的资金,有相对垄断的优势。

但可惜的是,改革冲击最大的正是这几个方面,大医院巨痛时代已经来临!

一、顶级医生要跑了

自由执业,医生要跑

2017年3月2日,原卫计委发布第13号令《医师执业注册管理办法》。历经多年的期盼,医生终于获得自由执业的权利。

不要小看上面这项权利,这是归还医生"自由执业的权利"!

原来是医院管着医生,医生被活活禁锢死了。现在医院没权利管制医生,医生可以自由执业了。

医生将不属于医院了,医院对医生也将毫无办法。在这项改革中,医院成为最大的受害者。由于管不住了,所以已经出现了两起大拨医务人员集体跳槽事件,未来还会更多!更多的则是不断有单个医生改变执业地点,医院将阵痛不断。

诊所放开,医生流失

除了自由执业这个"大杀器",2017年2月28日,原国家卫计委第12号令《关于修改〈医疗机构管理条例实施细则〉的决定》正式发布,允许在职医生开办诊所。

更彻底的是,随后4月13日,国家中医药管理局正式征求《中医诊所备案暂行办法》和《中医医术确有专长人员医师考核注册管理暂行办法》意见，开办中医诊所无须审批，只要到县一级的卫生部门备案即可！

这两招不得了！一股暗流已在汹涌澎湃：越是名医、越是顶级医生，越是不惧怕医院了，自由执业的朝阳即将喷薄而出！

分级诊疗，医生移位

国家这几年推行的分级诊疗、医联体，都要求医生下沉，这也意味着医生领着单位的钱，却可以在一定时期内不在医院干活，而是移位到基层了，医院的业务能不受影响吗？

二、营业利润大受损

药品加成没了

2017年4月21日，7部委联合发布《关于全面推广公立医院综合改革工作的通知》，以文件的形式明确于9月30日前取消所有公立医院药品加成。

此前已有媒体报道，取消药品加成后：湘雅医院收入减少2亿元；浙江仙居县人民医院亏损1.2亿元；山东章丘市5家试点医院减收3000万元；北京8家公立医院"均呈现较严重的亏损状态"，其中积水潭医院"一年亏损五六亿元"。

医用耗材零差率来了

除了药品不让加成，医用耗材零差率也开始出现，包括福建全省，以及广东珠海市，安徽省芜湖市、亳州市。不久前国家发改委又提出，耗材零差率要全国推行。未来诊断试剂会不会搞零差率，这个很难说。

要说药品没了加成也可以，财政补贴得到位。可惜的是，从各地试点的多家医院来看，财政补贴根本无法弥补零差率带来的损失。

三、垄断优势被打破

国务院鼓励社会办医的文件已经发了多份，落地时刻终于来了：2017年4月25日，北京发布《北京市促进社会办医健康发展若干政策措施的通知》。官方再也不能以"规划"为由阻碍社会办医。这可谓是迄今为止开放力度最大的文件。

这么一来，北京儿×医院不是优势明显吗？我可以在边上再开一家儿童医院，然后还请北京儿×医院的医生过来执业，医院还无权干涉，我将服务做得更好，北京儿×医院的垄断优势是不是就被打破了？

北京协×医院不是很牛的吗？那就在其边上搞一个环境更好的大型民营医院，也请协×专家过来坐诊，协×的优势是不是被削弱了？

"规划"两字背后，可谓是一场暴风骤雨式的变革。当一家医院的垄断优势不再、竞争优势不断下降的时候，我不知道它将面临怎样的剧痛。

四、患者跑了

诊所放开，将带走一批患者。比如华南某省中医院不是全国最大的中医院、患者众多么？我干脆租上一个闲置的大物业，然后做成一间一间的诊所，直接租给中医院的中医医生，他们也不用注册，只要备案一下就能执业了。这样，中医院的很多患者不就跟着医生跑过来了？

自由执业带走一批患者。这个在政策没有放开之前，医生走穴已经普遍存在。笔者就曾经陪同亲友在北京一家中医院看了一次病、抓了一次药后，第二次被告知可到另外一家中医馆，挂同一位专家号。自由执业后，患者流失只会更多，都是随医生走的。

分级诊疗，逼走一批患者。小病都不让到大医院看了，到社区门诊去，那里报销比例高。无形当中，大医院又少了一批患者。

五大科室剥离，丢失一批患者。国家发文，医院检验、影像等五大科室要剥离。这对大医院影响不大，主要受影响的是县级公立医院。这几个科室可是利润中心，科室剥离，意味着患者、利润都剥离了。

从以前的"区域保护""旱涝保收"到现在的被"清除保护""砍手砍脚"，连自己的医生都管不住了，患者也就随医生跑了，药品利润又没了，大型公立医院可谓进入了空前的阵痛期。

作为靠医院吃饭的供应商，如果看不懂这个形势，那就算不上是一个好的供应商；如果看得到形势，但没有应变能力，那就算不上是一个有策略的供应商；如果只能够应付眼前的变化，但对未来没有布局，那就算不上是一个有战略的供应商。

作为医院，同样如此。但阵痛之后，必定是一番新天地！

这，无疑是一个最好的时期，是时候该出手了！如果你能协助医院转型，营销问题无疑也就迎刃而解。

医生彻底自由，营销就这么出发

文 灵

我敢断言，90%以上的医生因为各种条件，还是成不了"自由执业者"，还是乖乖待在医院实在。这不是傻，是明智。药企营销决策者要看到这点。

大政策，让医生彻底自由

2017年2月28日、3月2日，原卫计委分别发布了第12号、第13号令，国务院等随后也出台了多个政策文件，直指"医生大解放"，各种利好让人应接不暇。

1. 医生注册地点：由原来的医院改成区域；医生不再是医院的人，而是可在区域内执业的自由人。

2. 允许在职医生多点执业：以一个执业地点为主，在注册区域内均可执业，备案即可。

3. 在职医生可以开办诊所：一边在主要执业地点领工资交医保，一边还可以办诊所赚钱。

4. 开办诊所不受医疗规划限制：想在哪开就在哪开，就算在自己主要执业医院对面开也可以。

5. 开办诊所无须审批，只要备案：原来跑断腿、磨破嘴都办不成的事，现在办手续太简单了。

可以说，通过以上五个方面，彻底解放了医生，让医生成了"彻底的自由人"。

医生都能开办诊所吗

海阔凭鱼跃，天高任鸟飞。没有条条框框限制了，数以百万计的医生思考问题,也由原来的"你老限制我,不让干这、不让干那",变成了现在"彻底自由了,我到底能干点什么"。

想开办诊所?

你是一个专业的医生,长期在大医院里做专业治疗,而诊所可是要全科的、要各方面都懂的。一个过敏、晕针又有心脏病的患者,稍有不慎就有可能让你倾家荡产。

你是一个大主任医生,大医院里各种辅助检查都有,而诊所里什么高端设备都没有,看病还要靠眼睛、嘴巴、耳朵,靠体温计、血压计。没有了体制,你的诊所还能门庭若市吗?

你是一个很忙的医生,在医院上班一天到晚都很忙。接二连三出现的医生猝死案例,不断冲击着你的神经。你还有业余时间开诊所吗?

你是一个承压能力不强的医生,现在医患关系这么紧张,搞不好十天半月就有人来闹。赚三年,赔一次,输个精光了。

你是一个情商不高的医生,外人看诊所都是一块"肥肉",管理部门有卫生、药监等,一些地方可能存在种种不合理的"上贡"。你准备好了吗?

医生都能自由执业吗

"开办诊所这么难,那,我多点执业!"

你是大医院的名医,医院的患者都看不完、手术都做不完,你能走开吗?

你是大医院的普通医生,年假都没休过,越是节假日就越忙,无偿加班、超时上班,连劳动部门都习惯了,懒得管了,你有时间吗?

你是孙悟空啊,有三头六臂,你有空吗?

……

在医院,出了问题都处理不好:周一在这家医院做手术,周二换了另一家医院,周三又回到医院。长期如此,不出医疗事故都难。

这么看来,要多点执业,得有这几个条件:拿的钱最多,干的活最少,空闲时间最多,医学水平较高,医院领导还得哄着。

这样的医生有没有?有没有?

"有!就是专家呗!"

既然都是专家,还有普通医生什么事?多数医生想多点执业,其实也是无能为力。

普通医生，难道就要放弃了

放弃了，那真是没追求啊。

人们常说："不管黑猫白猫，抓到老鼠就是好猫。"但事实上 99% 的人是什么老鼠也抓不住，这就是普通人。

但总有那么一小撮爱折腾的人，最终闯出了一番新天地。

作为医生，是要做 99% 的人，还是做那一小撮爱折腾的人？

政策已经放开，枷锁已经去除；有人已经构思，有人已经行动。任何事情有 100% 把握才去做，那是商学院的 MBA 学生。看到机会就该想办法去争取、去挑战，这可能是很多企业家走过的成功的路。

别人已经给机会了，做不做、怎么做，全在自己，抱怨是没有出路的！

而作为药企，看到了最真实的一面，你的营销也才能做到有的放矢。

医联体遍地开花,药械怎样做生意

文 灵

国家发文鼓励的医联体进展,比想象中的来得更快、更猛。

全国性文件下发之后没多久,安徽省就发布落实文件,医联体要统一采购、统一用药、统一配送、统一结款。这可能是医联体建设方面较早发布的一份政策落地文件。

文件没有提到医疗设备、医用耗材和诊断试剂,但通过文件不难看出对药械的影响。笔者试着总结出当前医联体的几个特征,以便药械企业看清形势,布局未来:

一是医生资源共享,就是大医院医生要支援医联体内中小医院。对药械企业而言,意味着通过大医院、大医生的渠道,有可能顺利开发中小医院的市场。

二是医疗资源共享,就是大医院的部分资源要给中小医院共享,中小医院的部分资源也给大医院共享。比如大医院的影像、检验等设备,可共享给基层,不用大小医院都要买各种大中型医疗设备。而基层医院闲置的病床,也要吸收病人,不要让大医院人满为患。

对医疗器械企业而言,做影像传输系统、在线问诊系统的,就拥有比较好的机会。一些康复类的设备,可以考虑"下基层"了。

三是统一采购,要什么药品、医用耗材和诊断试剂,甚至一部分医疗设备,凡是适合大中小医院用的,按道理都可以统一采购。对药械企业而言,意味着降价又要来了,但市场规模会扩大,还是可以靠规模取胜,就如人社部谈判的36个药品,价格是降了不少,但销量也将成倍地增加;如果成功进入某个医联体,还可能将竞争对手排挤在外，自己独享市场。

四是统一配送，对械企而言，倒也省事。找配送商时，挑选一些能够覆盖整个医联体的，一纸合同，配送医联体全体成员。这并不是说机会尽是留给大配送商，中小配送商没机会了，服务性价比才是关键。

五是统一结款，很省心。原来是一家一家医院地结款，未来有可能整个医联体就一个结算中心，对药械企业而言，无疑是很有好处的。

基于上述的认知，药械企业该怎样同医联体做生意呢？笔者愚见：

一是要收集情报。医联体是遍地开花了，但你认识几家？你对它们的情况都很熟悉吗？都不熟悉，那你怎么做生意？趁着现在大家对医联体都还不熟悉，你多花点精力来做情报搜集，机会总比别人多一些。

二是医联体开发。开发的方式很多，在此不阐述。同医院开发可能相似，可能也不同，要看医联体的情况。记住，早介入早有收获。

三是维系与服务。对于怎样做好医联体，各地政府和很多医院其实也不尽了解，也没有太多成熟的经验可借鉴，你的价值在这个时候就可以发挥出来。甚至，还有药械企业说要牵头组建专科医联体，能不能做成，现在还不好说，但也是一个思路。

医联体遍地开花，采购越来越集中，药械企业数量则有可能越来越少。希望倒下的那一家，不是你。

"共享医生"创新医疗：药企营销新战场

何 畏

旧有模式决堤，医疗市场化大口敞开，全新的医疗模式犹如一颗雷管扔进了炸药堆里，响声不是很大，但一旦引爆将会相当震撼：传统的医疗模式或许真的要被冲击，甚至颠覆了。

新医疗模式上场

2017年7月初，一个号称可以容纳2000名医生入驻的医师多点执业平台在广州启动，医疗用房2万平方米，共设11大类临床专业科室，23个临床科室，1个体检中心，156间诊室，一期总投资2亿多元。据称，目前已经有1500多名医师有意向入驻，2017年12月1日正式开业。

这是当年3月2日原卫计委《医师执业注册管理办法》（第13号令）出台后，响应动作最大的一个事件。当地卫生部门还将其列为"医改示范工程"，新华社、《南方日报》等媒体都有报道。

2017年的医改进程堪称"史无前例"：在职医生可以开诊所了，医生可以多点执业了，医保控费后医院盈余部分可以分给医生了……

在这个背景之下，医生多点执业的服务平台（也叫"共享医生平台"）横空出世。笔者认为，它的出现标志着医生多点执业大潮正式来临，对传统医疗模式带来的巨大冲击将逐步显现。

新模式新在哪里

笔者观察分析，与传统医疗模式相比，共享医生的新医疗模式有以下几个特点。

一是医生多、科室少。如该平台按 2000 名医生计，这超过了大部分三甲医院的医生数量，但临床科室才有 23 个，与很多三甲医院的五六十个临床科室相比，要少很多。主要原因应当是医生都不是全职的，每个医生利用诊室时间不像传统医院那么长，因此减少临床科室，进而提高科室的综合利用率。

二是投入低、见效快。和投资一家三甲医院动辄花费 10 亿元、耗时数年相比，做这样一个医师多点执业的平台，花费可能只有传统医院的五分之一，这种相对资产较少、投资较少、见效相对较快的项目，会不会成为新的投资热点？

三是决策快、灵活经营。传统医院要招个医生，进来难；如果不合适，辞退也难。人员流动性很差，其结果就是人力成本高，效率相对低下。但"共享医生"平台，不用给医生上五险，不用开工资，做一单结一单，成本低，效率高。

四是有一定竞争力。医生还是那拨公立医院的医生，患者也认可医生，医生到哪儿，患者就跟到哪儿。由于投资金额少、医生成本低、配套成本低，完全可以实现低收费，从而形成较强的市场竞争力。

五是医生收入阳光、合乎法规。在新平台上，依靠诊疗取得收益，符合法律和道德规范，医生尽职尽责给患者治病，同时也能得到丰厚回报，大大减少医生在从业过程中的精神负担。

能颠覆传统医院吗

短期内是不可能颠覆的。因为二三级公立医院就有近万家，全职的医生数量更是达数百万，"共享医生"平台目前意向医生 1500 多人，还是兼职的！怎么可能颠覆呢？甚至说，连一家三甲医院都比不上！

中期有可能对传统医院形成冲击。共享经济具有一定的互联网属性，爆发起来的速度远超传统，就如 Mobike、ofo 等共享单车一样，一两年从 0 做到 1500 万辆规模，参与的风投资金及押金近 500 亿元。"共享医生"模式在推进中不断完善，从广州蔓延到全国各地只是时间问题。

相信在几年之内，全国会出现成百上千家的共享医生平台，目前的"医生集团"平台成型之时，大量传统医院的医生将被挖角兼职，大量的病人也将被带走，公立医院部分诊疗项目将受到冲击。

远期看能颠覆现行的医疗模式。比如 10 年后，医生注册地已经不在医院了，行医地也不是固定在一家医院。医生和医院真正实现分开，将是继医药分开之后又一个重大的分开。此时，"共享医生"的模式将成为医疗主流模式，对传统医疗模式渐进式的颠覆或将基本完成。

"共享医生"模式10年后是否会颠覆传统医疗模式，赛柏蓝针对医药从业人员做了一次调查，在3000多人的样本中，共有54%的人认为是"能"，35%的人认为是"不能"，还有11%的人表示"不知道"。

当医生今天在这儿看病、明天在那儿看病，诊所遍地开花时，你的药品、医用耗材、医疗设备、诊断试剂将怎么卖？这是一个值得思考的问题。

医疗器械包场营销模式扫描

何 畏

这两年,医疗器械圈占山为王式的"包场模式"开始兴盛,这会是"走自己的路,让别人无路可走"吗?如果都做成一家独大,大批械企会不会出局?

我们简单梳理不同医疗细分领域出现的械企身影——这些械企无一不是在布一个很大的局——整体解决方案提供商,讲得通俗点,即"包场"。

医学实验室,谁想包场

现在是几家大的IVD生产企业在玩包场套路。比如润达医疗,主要向各类医学实验室提供体外诊断产品及专业技术支持,包括产品组合选择方案、专业技术应用服务、信息化管理的物流仓储配送系统、全方位技术支持服务等各项医学实验室综合服务,同时也为产品制造商提供销售支持及客户渠道管理等服务。润达号称可以给到实验室"全品牌、全产品线"的产品。

类似润达这样的,还有塞力斯等企业。

市、县级医院检验科,谁想包场

美康生物,则从工业的角度直接介入各级综合医院与专科医院、社区卫生服务中心(站)、乡(镇)卫生院、体检中心,提供体外生化诊断试剂、体外生化诊断仪器以及第三方医学诊断服务,突出"以诊断产品为核心,诊断产品+诊断服务一体化"的商业模式。

据业内人士透露,目前美康合作的医院大多为中型医院,以市、县级医院为主。而与美康生物类似的,还有迪安诊断等。

基层检验中心,谁想包场

目前给乡镇卫生院提供检验的,库贝尔生物可能算是一家相对领先的公司。其以IOSS基层医院检验科解决方案为核心,目前至少已经建成了上百家基层检验科。库贝尔认为,基层卫生院检验及仪器试剂市场应当在480亿元左右,前景广阔。

库贝尔生物已获得资本的支持。

血透中心,谁想包场

早在2011年,达康医疗就以白求恩血液净化中心的品牌积极开拓血透市场。至2016年底,其在风险资本的支持下,在江西、山东、河北、山西、广东等14个省建成并运营独立血液透析中心100余家。

最早投资达康的重山资本向赛柏蓝表示,当时达康的运营模式没人看好,但重山资本很看好,目前其估值已经在10亿元以上了。

宫颈癌检测,谁想包场

这个领域不得不提到兰丁医学。这家公司前段时间刚获得投资。公司拥有较好的技术优势,主攻宫颈癌第三方病理诊断中心,同时也涉及乳腺癌、胃癌、肠癌、膀胱癌等以及各类高发肿瘤的早期诊断。目前其已经成立了数个检验所。

产后康复,谁想包场

产后康复主要是针对盆底功能性障碍疾病的康复治疗。这个领域要提到伟思医疗,其在这一领域目前处于领先地位。该公司目前开发了多维度设备系列产品线以及耗材产品线,逐步从"单一产品"向"系列产品""整体解决方案"过渡。

还有什么没有被包的

或者这个领域还没有出现领先者的,有没有?笔者认为应当还有很多。但必须具有一定的技术力量,还要有较好的商业模式,符合国家政策趋势,能帮医院或患者省钱,还能提高医院满意度和收入——只有满足这些条件,才能做好这件事情;一旦做起来后,就占领了渠道和终端。占山为王,别人就很难再进来了,从而形成较强的竞争优势。

中国市场很大,一个细分领域不是一家企业就能够全部吃得完的。机会还是比较多,多看、多想、多做,最后出局的就不会是你。

医药营销：六大创新模式将成主流

张小平

过去，医药营销的世界是平的。这头发明的新药新技术，那头同步就上市或者仿制了；这头发现在本国市场有涉嫌商业贿赂，那头就开始同步调查、股票下跌了。一家公司可以横跨五大洲，却遵循着同一个制度、同一种文化、同一个策略。

现在，医药营销的世界是乱的。医药分不分家？电商卖不卖处方药？医生自由不自由执业？招标怎么议价？目录怎么调整？分级诊疗怎么实施……

改革就是废旧立新。有人拖着不想改，那后果就是医患矛盾持续升级，伤医事件层出不穷，令人心寒。

当年医改的初衷出了问题：只解决患者看病贵看病难，政府出钱补贴和多建医院（社区）就是了。但医生的积极性解决了吗？政府的资金来源解决了吗？

眼见他起高楼，眼见他被砍了——这是公立医院这几年生存的现状。医患矛盾持续存在并有恶化趋势，是由于当年医疗制度体系设计存在缺陷。

而现在的医改是及时的、有魄力的。当前的改革正视医疗服务有效供给量的不足，通过鼓励社会办医、公立医院改革，鼓励医师多点执业来提高供给，通过医药分开、药价放开、带量采购、医联体招标议价、网售处方药等政策，降低药品支出，提高医疗服务价格，激发医护人员活力。

这样在前几年"保基本医保""强基层医疗""建基层机制"的基础上，实现医疗服务的分层细化。这也是医改政策、细则接二连三出台的背后主线索。这么一看，其实也不乱。

未来，医药营销的世界是散的。互联网消除了信息的不对称，新医改走向了全面的市场化。以医院为中心的单极世界正变为医院与医生的品牌双星闪耀、相映生辉的世界。

未来的医疗系统必然以患者为中心，以健康管理为己任，进行预防、诊疗、保健、康复全方位干预。未来的医药营销是多渠道销售的天下。未来三年以下销售模型将被企业大量应用：

1. 医生—患者—药店模型：即院外营销（DTP）及延伸而来的处方院外化及医药分家的基本模型。

2. 医院—医生—患者模型：即分级诊疗的基本模型。对于不太信任和习惯在药店取药的医患双方，是最好的选择。目前的问题在于三方的互相双向不联通。

3. 药店—患者—医生模型：以零售药店的会员为核心服务的慢病管理模型。医生是药店邀请而来共同服务会员的重要成员，但和上面处方院外化（医生—患者—药店）的最大不同是由药店唱主角，药企投入的角度不同。

4. 患者—患者—药店（企）模型：也可称为粉丝营销，直销模型，依靠互联网及线下口碑相传，越有实力越有口碑，光靠忽悠越来越没有市场。

5. 医生—APP—患者—药店模型：诊疗院外化，依托移动互联网形成医患沟通的闭环模型，结合了医师多点执业和网售处方药两大前沿政策，必将成为业界新的业态。

6. 医生—患者—药店与药店—患者—医生两条腿同时走路模型：可以是不同的产品形态，可以是不同的目标顾客，也可以是不同的功能主张，上面的两种模型并列实施，字同意不同，此店非彼店，此医非彼医，各满足所需。

我没有再列出过去的医生处方、药店主推、广告拉动的传统营销模式，但并不表示它们已经过时，糅到上述的新模式中，形成不同的组合拳，就构成一个纷繁复杂、颜色各异的医药营销新世界。

所以说，未来的医药营销世界是散的。

粗放式管理不行了，药企营销须有七大变革

马士锋

总部是大脑，基层是四肢，省区就是腰。腰上无力，甚至"肾虚"，是目前很多企业的困扰。在面对不断变化的医改环境以及加快合规建设背景下，原有粗放式营销将面临大转型。如何解决"肾虚"的问题呢？

在传统营销中，我们往往比较强化公司的销售政策、公关能力以及考核指标。在粗放经营和粗暴发展的年代，但凡做到这三点，再加上团队的高效执行力（主要看省区团队的执行力），几乎就可以打遍天下！行业内靠掌控这几项要素从而成功的企业很多，也助推诸多企业完成了资本的原始积累。

现今，企业除了财务应对、税务应对，还要考虑营销模式和管理模式的变革。而原本的营销中坚力量——省区团队，将背负起更大更多的责任。

个人以为，省区团队职能的变化主要体现在以下几个方面。

一、地区市场准入职能

以往，医改职能和权力更多集中于少数国家部委，多由总部集中操作"政府事务"。目前，随着医改、医管职能的分散，区域性政策差异越来越显著。在此背景下，省总（省区经理）在管理职能上不得不更多地应对集采、招标，以及各种省级、地市级，甚至县级小目录的市场准入工作。

这些目录包括临床路径、县级处方集等。大变革时代，省区经理的职能从单纯的带兵打仗向运筹帷幄转型。非常可惜的是，现在很多省区经理连"路径"是什么都不清楚，这非常危险。

二、地区大专家网络建设

在医学驱动的今天，我们比以往更加注重学术，而学术离不开关键意见领袖，离不开学术带头人，也离不开专家。比如心血管方面，全国一年竟然有超过700场会议。公司的学术部门很难照顾过来。有些企业成立了"KA部"（这里指管理关键大客户的部门）。

很多意见领袖并不是都在"北上广"，而在其他各个省区，加上各个省级学会专家也需要进行学术沟通，很多临床研究中心也分布在不同的省区，很多专家都在这些中心，所以，对于省区来讲，还有一个重要职能——专家学术沟通及网络建设。

三、重要商户的维护与服务

企业要么统管商务，要么交给省区来管。之前省区的商务机构，可以管理到一级客户、二级客户，最多是三级客户。这种模式，在未来可能要被迅速地打破。因为两票制的落地，原先的商务结构也会被"颠覆性"改变。

同时，每个省对两票制推进的力度和进程不同，这对省区经理或者商务经理也提出了一个要求——如何有效分析各省政策并进行有效变革与实施。在未来的一到两年中，这部分工作会耗掉省区经理很多的时间和精力。当然，这部分工作做好后，未来的管理会更轻松些。

四、数据化绩效管理

从粗放的结果型考核中走来的省区管理体系，一定会忽略过程、忽略单体数据分析、忽略绩效与过程对照分析。一名优秀的省区经理，必须要学会将数据不断地"切碎"，然后通过不同的维度进行分析。

我们可以看到，怎样的学术行为能帮助我们上量，哪些终端或客户还有提升的空间。更加系统地分析医生的处方行为的变化，可评判我们工作实施的有效性。所谓的"费用营销"让位于"服务营销"。如果没有数据化分析、评估能力，又何谈转型呢？

五、下属行为辅导与管理

在粗放式增长时期，对于省区而言最大的考核是经营结果。因为市场营销出身的经理很多，这些省区经理本身对产品、对疾病、对学科也不是很熟悉，不会讲学术，也不会讲证据，自然疏于对下属专业性的帮辅与指导。另外，我们发现，很多基层团队，在"计划"这件事上显得很随意。没有拜访和沟通计划，管理者怎么去考核？

大部分省区经理管理只是靠经验，而今日今时，经验也要适应医改形势，所以，在数据分析的结果导向下，省区经理和片区经理如何进行有效辅导，加强单兵作战能力，从而营造高效能、合规化的推广团队，也是省区的重要职责之一。

六、经营绩效的分析能力

我们之前所说的省区经理的所有职责，都围绕一个核心——销售结果。如何配置销售资源，如何编制销售进度，如何管理发货与回款计划，这是销售最具体的细节问题。

在这个层面，我们要关注两点：

1. 省级集采价格变化过大，目前面临更多的是区域政策不一、医联体价格差异，逼迫省区难以按照统一营销政策推行。在同一个省区层面，多样化、多元化的营销成为主流趋势。

2. 一旦销售结果发生问题了，我们能不能回溯到过程中去寻找原因？一般来说，稳定的环境中销售结果有问题，其过程必有问题。因此，省区经理对于销售结果必须要学会分析，才能有效地对经营结果负责。

七、省区经营模式变革

目前国内省区经营模式大概有三类："王国制""诸侯制""郡县制"。

1. "王国制"：独立运营的销售外包，完全从母公司剥离；相对而言灵活性最大，但是也面临最大的挑战——企业愿不愿意放弃地区经营管理权，放由CSO自由竞争，只对结果负责？目前看，国内绝大部分企业难以放权。但CSO的形式（企业亦可自建）会演变成一种趋势，且会越来越被文化凝聚力强、企业黏附力强、产品结构力强的企业采用。

2. "诸侯制"：小包制，或销售费用承包制。"诸侯制"并非所有企业都能应用。就现在的情况看，很多"诸侯制"的营销团队已经显示出销售缺乏控制力、团队缺乏凝聚力、规划缺乏执行力、令不出"集团"等问题。原本是"封疆大吏"，现在都成了"一方诸侯",难以掌控。

3."郡县制":也就是中央集权制,严格执行费用预算制度,中央集权管理,地区经营执行。最大的优势是总部说了算,而且执行力较强,劣势是人的能动性弱一些。在推广部分,省区更多体现的是执行,而非决策力及灵活性。当然,如果省区经理的职能和能力不断地得到强化,相应的权限和能力也就有所扩大。

基于以上,医改新形势下,省区经理的职能也必将随之优化、调整:有人被提升,有人被淘汰。新时代的省区经理,不仅要维持原有的执行力,更要增加分析力和省区统筹能力,以便适应新环境,踏上新台阶。

处方药销售遇困，零售整合型营销拐点已到

刘 检

2016年以来在市场销售上最大的热点是什么？

我们也许会不约而同地想到，处方药如何开辟新的销售渠道，尤其是面临降价弃标的医院品种，当这些产品在失去医院市场或份额持续下降后，无一不把目光转向零售药店市场。

由此，"控销""多渠道销售"这些热词频频在坊间成为讨论的热点。

原医院处方药大举转向药店的产品不少。这其中笔者观察到，昆明圣火药业的"理洫王"血塞通与一心堂在终端以慢病切入的战略合作上表现尤佳，其市场学术推广与销售部门在这其中的工作价值可圈可点。

处方药企产品在由医院临床转向零售终端时，其所具备的丰富医院临床资源和相对更加专业的市场资源在产品导入零售时，能快速准确地对产品依据患者消费习惯和卖场诱导进行重新定位，并在制造出相对更加精准的治疗概念时，依托临床专家和课题结果得到更多充足有力的证据。

这些都是大部分处方药企在介入零售终端时的强大优势。我们必须明白，零售药店一切生意的源头是医院，医院的诊断和处方是拉动和支持药店销售的最重要法宝。

处方药在进入零售终端时，与长期扎根在该终端渠道的非处方药（OTC）药企相比，在营销上欠缺专业队伍和成熟灵活的促销手段，但在利用医院销售网络优势，以处方拉动为策略与百强连锁进行合作时，往往具有更丰富的谈判筹码与连锁达成战略合作，而非单纯的供销关系。这点对于非处方药企来说无疑是加剧

了原已白热化的竞争，非处方药企传统营销方式在当前已走到了全面营销转型的拐点。

原大多数非处方药企的产品在药店连锁上的竞争，在不采用大量电视、灯箱、杂志、车体等广告形式的情况下，往往更注重的是产品包装、终端陈列、买赠活动和店员促销，这些方法在一定程度上快速有效地获取了原药店的患者消费存量。但当患者越来越理性消费，店内患者的自主购买意识愈来愈强，而大型连锁因近年来不断跑马圈地，不具备专业销售技能的新店员占比越来越大时，在一线市场的获利就变得举步维艰。

在笔者的市场走访中，不少非处方药企都在抱怨处方药现在涌入药店太多，导致原本富有特色的产品优势愈显暗淡。

再加上药品流通大整治和两票制后整个市场的原操作手段基本被打乱，一时间真正陷入了现实困难比解决方法多的局面，因为这已不是一个只要销售部披肝沥胆就可解决的问题，其困局来自于原来建立的销售模式和系统已严重不适应当前的市场要求。

举个例子说，在走访中，笔者发现，很多非处方生产企业都在积极学习控销，纷纷通过各种形式和手段向修正、葵花、仁和、步长学习，但却不知像控销老大级企业修正，最小的一个事业部都设有专业的市场推广部，研究各种自产和贴牌产品的定位和市场促销打法。而回观不少在零售药店市场经营多年的企业，十多年来一直依靠1～2个"当时的黄金单品"包打天下至今，既无专职的市场部，其本身销售部门也不具备与时俱进地对产品进行患者用药反馈收集、进一步深入研究产品治疗优势、适时扩大适应症，并进行产品二次定位开发的功能。

一切卖点、话术、促销手段打法都还停留在过去的好时光里，遇到当前局面，多年沉积下来的产品、销售、市场上的痛点就全部暴露无遗，真正吃到了落后就挨打的苦头。

但因产品、销售、市场的研究多年来都没有做，基础无从谈起，因此只能通过增加返利、促销投入、扩大销售队伍和再进一步下沉市场，如从市到县、从县到镇，渠道扩展到个体门诊和卫生院来填补在原重点市场日趋下降的销量。

但当产品原策划、定位本身不适应新市场所需，产品空间在政策和渠道种种打压下一再萎缩，销售架构和内部管理系统僵化原始，又面对药品流通大整治和两票制，相较处方药企更难清晰明了地理解佣金制和CSO（销售外包）等概念和操作时，上述填补下降销量的图谋又很难实现。

在此情况下，原非处方药企必须要清醒地认识到，市场已不是简单地依靠一个拿不出令人信服的证据，制造一个说不清道不明的卖点，靠一个抢眼的包装，弄些不同的规格以此制定不同的价格，以及依靠销售人员的不断开发，就能应对当前和将来的形势。当处方药企挟专业二字大举攻入零售终端时，我们必须要像医院临床处方药一样先夯实产品学术基础，重构营销架构和营销模式，不以补短板而以增长板为方向，大量嫁接外部资源，快速整合提升自身优势，打造根植于自己的大杀器，这是一条距离最短实施有效的转型之路。

举例说几个同样适应症为治疗妇女月经不调的产品，如益母草颗粒、当归调经颗粒、乌鸡白凤丸。我们如果只停留在调经上，那这三个产品对于终端推手店员和最终消费的患者而言，根本没什么区别。其销售转化完全是依靠患者在选择购买做出决定的那一刹那，受到的广告、价格、包装、卖场气氛或他人的影响，而这些都是不可控又投入巨大的变量。

唯有将与患者真实需求发生同频共振的产品定位在前，其他辅助手段在后，才是把控住了影响患者购买选择的关键和起始点。当投入一样，但可控量大于变量时，我们的销售成功率才能得以提高，而这绝不是拍拍脑袋仅凭销售人员或店员反馈和自我感觉就能得到的。差之毫厘，失之千里。这一原则在临床处方药和非处方药上都适用。非处方药企因为普遍对于产品定位研究和市场调查、企划较弱，因此，笔者的建议是采取目标和结果可控的产品学术外包方式来解决，这才是最快速又行之有效的。

解决了产品定位和市场企划这两个销售起始的关键部分后，我们的重点自然是回到销售上。进入单一还是全面的终端销售渠道，搭建什么样的销售架构，采用怎样的销售队伍，施行什么样的销售政策，在总目标前提下如何设计阶段可达成的子目标，这同样可以借助外部大脑，同时引入更多资源来解决。在笔者看来，目前乃至很长一段时间，与外部平台型销售组织战略合作，搭建起混合式佣金制和CSO并存的网格架构，可能是最适合于中小型非处方药企的。

这种基于内外部资源整合优化后的设计，将专业的产品学术研究、市场的开发、渠道的商务管理和终端的市场推广既分又专地转嫁至专业智囊机构、销售平台、生产厂家和医药商业一起发力，既可阶段利用，又可长期整合。最大优点是投入和产出可控，保障结果达成可期，这种设计以发展破局并在发展中甩掉既往不足，又与市场变化齐头并进，激发最多市场变现机会的手段。

药价放开，佣金制要取代底价模式

杨秀仁

新药改下，营销方式转变以及与之相适应的结算方式的选择，将会有怎样的变化？我们先了解一下医药圈内的两种典型销售模式。

"底价招商"和"佣金招商"是药企的两种销售模式。底价招商就是指药企以底价先款后货方式与代理商合作，特点是由代理商控制渠道和终端，代理商收入来源是销售价与底价之间的差额；佣金招商是药企以向代理商支付销售提成佣金形式与代理商合作，其特点是厂家控制渠道，代理商控制终端，药企支付佣金（提成）作为代理商的收益。

我们再看看市场环境变化。目前，政府放权、药价放开，通过完善市场机制，形成药价。政府决心破除以药补医，开展医保控费，取消药品加成，放任二次议价，推行医药分离，加之医药电商在受到大健康产业长期向好以及近期产业政策、税收政策明显利好的双重刺激下，正风起云涌、风生水起，处方药网售已箭在弦上，电商对处方药网售更是跃跃欲试……可以肯定：药价走势已进入了下降通道。

在2009年新医改前，在药企销售模式上，底价代理模式是主流。可以说，是因为有足够价格空间支撑着底价代理模式走强。在新形势下，药价是放开还是走软，它的需求平衡点在哪儿，现在也不得而知。高定价、高差价的"双高模式"会走向颠覆，过票将寿终正寝。由此，佣金代理模式必然会逐渐取代底价销售模式，成为大部分药企的最佳选择。

新的问题是在佣金代理销售模式下，药企如何与代理商进行物流、信息流、资金流的互联互通，平衡双方利益。这也是各方需要提前思考的。最基本的是双方如何结算。根据不同合作主体、各方的市场地位、回款的周期等，药企可以有以下两种结算方式选择，并且可以依据条件不同有多项组合选择。

1. 佣金扣除法。就是代理商掌控的商业渠道好，或者药企仍愿意依托代理商现有的商业渠道配送，在这种情况下，双方应有销售协议在先，约定双方责、权、利，包括佣金比例、代理条件、结算方式、结算时间点、税费承担、发票开据等。药企依据协议，要求代理商在进货前先将扣除佣金后的未来销售款支付给药企（支付金额取决于双方博弈）。

此法有利于双方优势互补，对药企来讲，有利于缓解财务资金压力，迅速回笼资金，提高资金效率；对代理商来讲，先垫付了部分销售款，但得到了药品，算是一手交钱一手交货。这样有利于促进代理方加快销售和协调快速回款。

2. 完全佣金法。基于药企自己控制商业渠道，代理商终端销售能力较强。同样，药企与代理商签订有合作协议。药企发货给商业公司，不用代理商事先支付押金等作为条件。代理商的目标就是销售上量，然后快速回款，回款后，药企将销售代理佣金支付给代理商。

上面所说的是在佣金代理销售模式下药企与代理商的两种基本结算方式，但考虑到药企自身商业渠道强弱、回款周期长短以及代理商的不同类型，这两种结算方式会有不同的结算方式组合。

在药企商业渠道相对弱的情况下，依据可能的回款周期长短（回款周期长短和代理商有很大关系），对不同的代理商采用佣金扣除法或者完全佣金法。在此条件下，最优的是佣金扣除法。

如果回款周期短，完全佣金法是次优选择。同理，在药企商业渠道强的条件下，佣金扣除法也是最优选择。但从代理商角度看，完全佣金法确是最有利的结算方法。

其实，在两种基本结算方式下，到底采取何种方式也取决于双方的博弈，药企的产品竞争力、代理商的销售能力都是双方讨价还价的筹码。总之能做到双方利益的平衡，即是最好的选择。

特别注意的是，如果代理商是自然人，按税法规定，如果支付给自然人劳务佣金，药企要代扣代缴个税。这个需要在协议中约定清楚，以免结算时有分歧。

另外，如果是个人代理商，对药企来讲，存在多交税风险，因为个人无法开具增值税发票给企业,也就是说药企没有进项税可抵。解决办法就需要自然人代理商找一家能开票的合作公司与药企合作,或者可以与自然人代理商在协议中约定,由自然人代理商承担进项税损失。

药品传统销售崩盘，你可以这样拯救自己

流浪的石头

两票制、营改增、国家药监局专项飞检，重拳出击、环环相扣，对于国内代理制企业和经销商而言，传统销售模式已全面崩盘，而且面临巨大的政策风险，风云巨变、生死攸关，转型已迫在眉睫，究竟如何应对，且听笔者一一道来。

一、新态势下，合规为第一要务

在合规问题上不要抱任何侥幸心理，立得正方能行得远，过票挂靠尽早杜绝，虚开咨询推广费用和项目费用终不可取，财务和人员管理必须做到合法合规，按照国家和行业相关规定严格执行，定期自查整改，防患于未然。

二、调整产品结构，选对产品才是王道

1. 做药的核心还是选择产品，但是随着新药审评的严格以及仿制药质量一致性评价要求，可选的新药会越来越少，好产品将成为稀缺资源，此时一定要信息灵通，该出手时就出手，拿到就是赚到。

2. 对于现有产品，要在"专"字上下工夫。随着国家对辅助用药控制使用以及临床路径管理的加强，挑选产品不能太过注重代理"空间"，更应该去选择治疗性的、符合临床治疗指南的产品在某一个专业领域做强做大。一定要成为特定区域市场、某一细分领域产品线的龙头老大，要做出品牌。对于适应症广泛的"万金油"产品一定要慎之又慎。

三、组建专业化团队，树立专业化学术推广理念

无论是底价代理制时代，还是佣金代理制时代，拥有自己的专业化销售推广队伍，才能立于不败之地。就国内招商代理制企业而言，这是生产企业最想做也最难做得好的一件事。因为生产企业面向全国市场，地理跨度大，市场差异大，大部分企业组建覆盖全国的专业化销售队伍难度很大；而区域代理更专注聚焦于某个市场，终端管理服务可以做到更专业更细致。佣金代理制下，企业更专注产品，代理更侧重推广，优势互补，其乐融融。

四、承上启下，加强与上游企业沟通

主要是加强与已经代理其产品的上游企业沟通，同时注重维护有优秀产品的上游企业：一方面使区域市场的营销策略与企业全国市场的营销策略步调一致；另一方面可以与上游企业相互学习沟通，借鉴市场管理经验，深度合作，从操作一个产品到逐渐成为某一企业在当地的代言人。

五、两手都要硬，专业的销售管理及财务处理能力

专业销售管理非常重要。营销技巧、产品培训、服务意识及市场维护等方面都需要更加专业。

新常态下，财务管理同销售管理同等重要。兵马未动，粮草先行。两票制下，保证大量销售佣金的正常运转至关重要！

代理转型势在必行，适应才有出路，改变就在当下！医药代理大佬们，行动起来吧！

2011—2015 年，医药市场规模从 8000 亿元增长到了 13000 亿元，预计未来 5 到 10 年，医药市场规模依然会保持每年 10% 以上的增长。洗牌整合在即，适者生存，"剩者为王"，相信接下来的几年里新的超级代理也将横空出世。

营销理论

药企销量提升的三大关键：认知、利益、保障

郑金平

医药行业是好还是坏？医药行业整体一片光明。纵观资本市场，还是医药这边风景独好。没有哪个行业连续20年超20%增长的，但仍有企业过着艰难的日子，业绩得不到提升，股东不满意，员工有怨言，合作伙伴不给力。那么，如何提升营销业绩？

以下笔者就药品营销业绩提升的三个关键词——产品认知、利益分配、保障体系——进行详细解读。

关键词一：产品认知

第一，企业要非常清楚地知道每个产品的疗效范围、起效速度、效果强弱、使用方便性、副作用等。企业掌握的必须比国家审批的和写在说明书上的多得多、具体得多、精确得多。第二，企业要知道每个产品对应的国家政策和未来发展趋势。第三，企业需要知道每个产品适应人群的基本情况和变化趋势，包括年龄分布、经济负担能力、知识层次分布、消费心理、患病人群将增多或减少等。第四，企业要知道同名品种（独家除外）、同类品种近三年的全国销售及相关数据，包括总销量（分别折合成盒数和金额）、销售终端情况（类型、数量和质量）、推广方式和力度（渠道、方法、诉求、宣传工具）、投入（人员、资金、各种资源）、利润等数据。第五，企业要就每个产品做竞争形势分析，包括每个产品对应的竞争企业的资金实力、核心竞争力、品牌大小、对该竞争产品最擅长的推广方式及重视程度等。

先举个简单的例子。大多数企业有多个不同剂型的产品。前些年做针剂，生

产厂家较少的一个医保产品由肌注改为静脉注射，意味着潜力和销量呈几何级增加；而现在的形势是，如果想继续大力推广静脉注射产品，就要掂量掂量了。这种大的政策走向，一般企业容易感知，只是行动应对上可能会滞后一些。

在产品认知上容易犯的是对产品潜能的认知错误和竞争机会的认知错误。若干年前我在一家制药企业做营销总监时，南方某制药企业老板请我吃饭，饭后一起探讨如何提升企业销售业绩，最后话题集中到主打哪个品种。我给他推荐的是全国只有三个生产厂家的一个品种。他不认同，理由是另外两个厂家中有一家是有自建开发和终端上量队伍、以营销和管理见长的国内某知名百强企业，它们都没做起来，何况是中小企业。我看他那么坚持，毕竟大家只是普通朋友之间的普通探讨，没必要争执，就没往深里说。

两年后，接到这个老板的电话。他说他选择主打的几个品种销售状况都离预期很远，可能在产品的认知上出问题了，想让我再给提个意见。我告诉他仍然是上次的看法不变，并且嘱咐他做好哪些相关调查，再进行产品定位、制定产品策略。这次他听了我的。后来，不仅这个产品销售做起来了，还带动了其他产品，整个企业的销售大有起色。

表面上该品种以营销和管理见长的百强企业都没做起来，但真实情况是，这家百强企业也知道这是个好品种，有一定的潜力和操作价值，之所以没做起来，是因为该百强企业有几个潜力更大、利润更高的产品，要花五年左右时间集中人力和各种资源，去应对那几个产品的更强劲的对手。

做这个品种只是佯攻，迷惑另两个厂家，待五年过后再发力。五年后，弱势一方若没形成一定市场和销售优势，在相同的起跑线上与强劲竞争对手正面交锋，情况就可能不会太乐观。所以，产品本身的潜力和竞争对手的情况要结合起来综合考虑，要抓住机会期，同时在以弱对强时又要避开锋芒。在产品认知里，顺应政策和研判竞争对手是重点，但不是难点，难点在于产品策划和定位。在政策层面研究好了，竞争对手研究好了，市场现状研究好了后，企业要给合作伙伴画像，给消费者画像。

可以选择的合作伙伴很多，企业只能与其中一小部分适合的企业合作；潜在消费者很多，企业只能围绕最可能成为消费者的那部分展开工作。不同的产品推广阶段，不同的企业发展阶段，需要的合作伙伴的类型不同，需要合作伙伴发挥的作用也不同。

药品在第一终端（医院）的消费者可以理解成医生，企业或企业通过合作伙伴要怎样与医生沟通？第一次说什么、做什么，第二次说什么、做什么，N次后及N个月后怎么说、怎么做；在第二终端（药店）跟店员说什么、做什么，要店员跟购买者说什么、做什么，以及企业直接与消费怎样沟通；在第三终端与社区医院或诊所应怎么沟通。什么时候诉求什么，通过什么方式达到诉求目的，产品从企业到达最终消费者的通路怎么设计，利益怎样分配。这些都属于产品认知层面。

我们容易记住成功的产品，却会淡忘那些失败的产品。同一个公司，同一个营销团队，可以做成一个产品，也可以做死多个产品；三年前做失败的产品，三年后重新做又成功了；产品销量上下波动就更习以为常了。为什么？因为产品认知里面有太多的学问，时局也在动态变化中，你疏忽了哪一方面或者在哪方面出现了失误，就可能得到一个不够精准，甚至错误的产品认知。

所以，做好产品认知不是一件简单的事。企业内部这块需要研发、生产、质量、政府事务、市场、销售，甚至其他服务部门共同完善，外部可能需要借助数据公司、专注服务医药行业的管理咨询公司，避免企业盲目探索，浪费时间又不得要领。企业要对每个具体的产品尽量做到全面而精准的认知，然后以企业全部产品的视角，确定哪个或哪几个主打、怎样的打法，哪几个做一般性推广、哪几个雪藏。

关键词二：利益分配

不光是医药行业，各行各业做得大、做得好的企业，都在利益分配这块处理得很好。比如说2017年销售额破6000亿元的华为公司，已经成为全球通信设备领域的老大，在这个西方人引以为傲的高科技领域，后来居上，太不容易了。华为各级员工获得的报酬是非常高的，任正非甚至把公司98.6%的股份分红让给员工，并且，华为十分强调要保障合作伙伴的利益。再纵观国内医药行业，那些做得大、做得好的企业，无论在内部员工，还是外部合作伙伴的利益分配上，都是深得人心的。

在利益分配上既要让企业内部员工、外部合作伙伴满意度高，同时又让企业利益最大化。这似乎是一个矛盾，究竟是怎样的一个逻辑呢？简单讲，内部就是高投入、高要求、高效率、高回报。企业多分配些利益给员工，就可以对员工的素质和能力提出更高的要求，使其工作效率更高、工作成果更好，给企业带来的回报更高；外部就是团结一切可以团结的力量，使其或明或暗更愿意维护本企业利益，而不是维护本企业竞争对手的利益。

优秀药企，报酬结构是很讲究的，尤其是营销部门。以广告产品为主的企业，可能员工固定报酬会高一些。那些不是以广告产品为主的企业，员工固定薪水都不高，甚至很低，但浮动部分很高，也就是说业绩好的和业绩不好的，报酬相差特别大，甚至有些做得差的业务人员是一分钱也赚不到的。比如说某以处方药销售为主的大型制药企业，销售人员的固定工资就是国家法定的最低工资，但最终到手的员工平均报酬却是行业最高的。抛开少数靠学术推广的产品，无论大医院还是小诊所，销量高的产品基本上也是那些医院和诊所获得利益最多的品种。

2000年以前，汇仁制药的一个汇仁肾宝合剂单品，一年销售15亿元。后来销量下滑到4亿～5亿元左右，且没有其他拳头产品出现。汇仁制药长达十年左右没有起色。2015年汇仁制药的肾宝片单品已突破10亿元。很多人在分析肾宝片成功的秘诀，说什么策划的、广告的都有，但我觉得最重要、最关键的因素是这一次汇仁制药做好了利益分配的事。

去对比一下肾宝片推出前和推出后的员工报酬的设计，再了解一下这个广告品种给药店的让利、给的促销费用，答案不言而喻。你以为东阿阿胶总涨价还卖那么火，就只是因为产品质量好、品牌大吗？质量好、品牌大的产品多了，火到这种程度的有吗？利益分配做得好，这个功劳很大！现在很多的药店，顾客买补血的，药店就玩命推荐东阿阿胶；顾客买补肾的，药店就玩命推荐肾宝片；甚至你原本不想买补血、补肾的，店员也把顾客往这方面引。好几年都这样。空中广告在拉，还是高大上的央视、卫视，地面有人强力地推，这样的产品不卖火就不符合常理了。

利益分配方案设计时，主要考虑五个因素：行业值、细分值、能力值、期望值、融洽度，这里不再细说了。

关键词三：保障体系

当然，利益分配方案做好了，不代表能实现，实现利益分配方案要靠完成一个理想的或者说设计的销量才行。要达到这个销量需要一个系统性保障措施，主要考虑六个系统建设：产品系统、人力系统、市场系统、销售系统、品牌系统、后勤系统。

济民可信源源不断地推出金水宝、醒脑静、康莱特等重磅品种，就是在产品系统上保障了内部和外部各方的利益，真正的"多品齐大"。三个产品每个年销量都是十位数。笔者与扬子江、步长、上药集团等企业高管聊得最多的话题就是哪个企业的产品好，是否有转让的可能性。可见产品系统在企业保障体系中的重要位置。

像天津红日药业的高国伟、山西振东制药的马士锋、上海凯宝药业的李修海这几位医药行业大咖，都是从企业规模很小的时候就在企业，从基层一步一个脚印做到营销总经理，有的转做投资部门总经理。非常可贵！这种力量和精神为企业规模做大提供了保障。其他药企也是同样的道理，但无论是与企业共同成长的，还是在企业已经上规模后加入企业的，一支专业能力强、作风硬朗的队伍，是企业销量保障的重要力量。

现在很多企业的市场部门地位很低，这是不对的。市场部是企业的"千里眼"和"顺风耳"，比销售部门看得更远、听到的更多。但是优秀的市场研究人员难找，也是事实。笔者的好朋友方忠宏先生，在江中制药、汇仁制药、以岭药业工作都很出色。企业舍不得他走，走了又希望他能再回来。这说明目前国内医药行业这类人才真的很缺乏。

但缺乏的原因之一是企业宁可大力培养销售人员，也不愿意培养市场人员或者没意识到培养市场人员的重要性。市场调研、产品策划、产品定位、渠道设计、宣传方案，这些不是销售人员兼职做一做就可以的，而且这个事关重大，涉及企业营销方向和资金投入方向。有的中小企业市场部干脆请外脑，这个做法没什么不妥，但从长远来讲，静下心来培养市场部人员是有必要的。

销售系统的功能，简单讲就是把货卖出去、把钱收回来，货卖得越多越好，钱收得越多越好。当然这里面有选客户、签合同、办手续、搞促销、做服务等。这些方面企业一般都重视，但重视多是指直接发货收钱的事上，不直接产生回款的，比如促销和客情关系等服务，做得就相对比较粗糙，而这就恰恰体现了不同企业销售系统能力的差距。

品牌系统的功能，其实就是给受众一种企业或产品质量好、服务优的内心感觉。因此要处处时时维护维持企业信誉和产品质量，做好面向消费者的各种服务，以达到让消费者愿意接受企业并购买产品的目的。所以品牌系统主要落实两件事：质量和服务。

后勤做得好，会不会增加销量？我的回答是：会！后勤做得差，会不会减少销量？我的回答是：更会！会影响多少？还真不能小看。物流没做好，会影响到发货时间，还可能会影响产品质量；发票问题，可能会影响回款，还可能会引起税务纠纷和企业诚信问题。偶尔一个小问题在所难免，但做好后勤工作的责任意识和规范化、制度化运作很重要。把这项工作抓好不是什么难事，但没抓好就可能引发不小的事。

如果一个药品企业的业绩不理想，请先从产品认知、利益分配、保障体系三方面找原因，及时纠错、及时改进，实现业绩提升的可能性还是比较大的。

医药企业产品组合实战教程

史立臣

药企只知道卖单一品种已经没有前途了,那么我们应该进行怎样的产品组合以把产品卖得更好呢?

药企的产品组合,是从自身向消费者延伸。整体解决方案,是从消费者的疾病或需求中向药企的产品和服务延伸。

其实,药品组合在医药行业一直都在用,尤其是中医,基本都是通过不同的药品组合形成"中医药方"。很多中药企业也是一样,通过不同的组方,遵循"君臣佐使"原则。

而药企层面的药品组合,说白了就是联合用药。联合用药就是为了达到治疗目的而采用的两种或两种以上药物同时或先后应用。当然,有些药物不能联合使用,否则会出问题,比如麻黄素与痢特灵。这要求在药品组合上有专业的药物知识。

需要明确一点,笔者谈论的药品产品组合是战略层面的组合,不是简单的营销层面的药品组合,二者是有区别的。

战略层面的产品组合是具有较大稳定性和持久性的,且要有疾病、药品知识、附带设备或药品属性的差异性连结。

营销层面的产品组合则变化得比较多,相对比较灵活,可能从疾病、知识或者属性某一方面进行简单的构造,甚至四者都没有,而是搭售,或者变相促销,比如购买某款药品达到一定积分或者数量,就赠送一盒保健品。

那么战略层面的产品组合如何操作构建呢?

首先要对药企的产品进行梳理

很多药企其实有四种产品：在销产品、贴牌产品、储备产品和保健品。

申报产品则不应算作在内，贴牌产品也需要考虑在产品组合中的效应，因为贴牌不过两种，一种是把自己拥有文号的产品租赁给其他药企，而且有租赁周期，自己生产，赚取工费，销售不参与；第二种是用别的企业的文号，进行代加工。这两种药品在进行组合时应尽可能屏蔽掉。必需时，也只能做可替代性产品准备。

比较简单的梳理是进行价值排序

药企本身是企业，收益是必需的。那么，就要先把利润率高而且价格高的产品进行排序。

患者购买药品，首先看药品的疗效，其次是品牌，再次才是价格。在购买过程中，价格因素在一些疾病中，尤其是慢性病中，不是主要因素，但价格对药企来说却是第一位的。

至于质量，这一点患者没办法评判，唯一依靠的是患者心智中的"大企业生产的药品质量有保证"，或者偶尔店员的推荐会起作用。

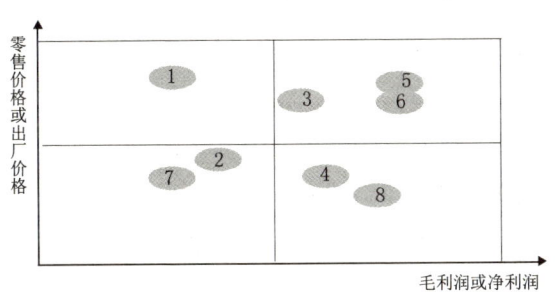

药品价值排序矩阵

对所有药品进行价值排序，由于药企经营模式不同，坐标内容有很大区别，比如以代理为主的，就不要以零售价格为坐标轴，否则就失去了排序的意义，综合考虑可控成本因素，对用毛利率还是用净利率作为坐标可根据自己的财务习惯确定。

经过排序后，我们会对自有药品有一个初步印象，如果以中间十字作为数标轴，就可以明确哪些产品的毛利率较高而且售价较高，比如第一象限；哪些产品毛利率低而且价格较低，比如第三象限。

通过药品价值排序矩阵，可以明晰地知道，第一、第四象限的药品是药企重点发力的药品，而处于第二、第三象限的药品是规模性产品，尤其是第三象限的药品，如果能依靠规模在招标或者药店价格竞争上取胜，则通过规模化尽可能放大，否则就列入谨慎发展目录中。

通过药品价值排序后，就可以做排序表：

重点发展药品	1	2	3	4
次重点发展药品	1	2	3	4
规模化药品	1	2	3	4
谨慎发展药品	1	2	3	4

其实，我们很多时候梳理用的是三维矩阵，懂得三维矩阵的朋友可以使用，但较为复杂，因为三维矩阵装载的数据较大，工作量也大。

其次是以重点发展药品为核心进行产品组合

重点产品都是代表治疗某一类疾病的，但治疗这类疾病单一地用企业的某一重点产品可能效果不如组方好。既然医生在为患者就某一疾病诊断后都是以组方的形式出现，那么药企为什么不可以提前组方呢？

围绕重点产品对现有药品进行组方

笔者运作的项目中有一些案例，因为过于专业或者过于复杂的缘故，这里仅就几类组方样式列举。

1. 处方药＋处方药：形成新的治疗理念，并对医生进行宣传，这类组方可能需要临床试验后才能验证到最佳效果。

这一点对专业性要求较高，需要精通医、药的专业人士，经过相关疾病治疗理论的综合运用，比如美国也研制出了用于防治心脑血管病的"多药片"。尽管这些复方制剂的效果尚需得到循证医学的验证，但是综合控制多重的心血管病危险因素这一理念已获得心血管医学界的广泛认同。

2. 处方药＋OTC（非处方药）：主要目的是强化处方药的作用，形成有效的联合用药治疗机理。但这一点对大医院医生宣传意义不大，多用在诊所、社区、药店等医生用药水平较低或者专业性较低的终端。

比如急性支气管炎，如果主要产品是头孢类，比如头孢克肟，那么可以根据患者是否感冒而形成不同的药品组合方案：

不感冒：头孢克肟＋复方甘草片（处方药+OTC）；

感冒：头孢克肟＋复方甘草片＋板蓝根冲剂（处方药+OTC）。

3. OTC+OTC，主要用于药店和诊所，可以明晰地教育店员和医生。

比如胃十二指肠溃疡，奥美拉唑＋复胃散胶囊＋复合维生素B片。

4. 药品＋保健品。

如果药企自身有非常好的保健品（价格不要太贵），可以通过教育消费者、店员或者医生的方式进行更深的组方，比如高血压患者，除了服用正常的药物，服用一些虾青素、小麦胚芽油、大蒜油胶囊等就很不错。

上面列举了几类组合，其实我们可以用鱼刺图进行更深层次的组合：

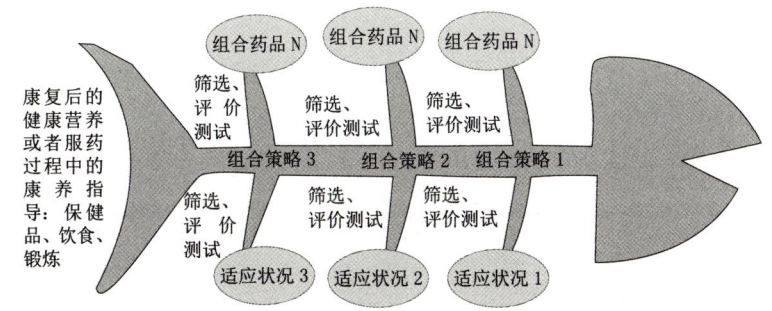

上面的鱼刺图具体怎样使用就不说了，懂行的人一看就明白。

药品组方的最大效用应用

药企因为只会卖单品，就显得距离患者非常远。未来，药企如果想长久持续地形成品牌销售惯性，就必须贴近消费者。尤其是OTC产品，如果还是仅仅局限于药店或诊所对店员和医生教育，销量很难有较大的增长。

所以，药企必须借助相关的手段让消费者始终了解企业的产品。怎么去了解？可以通过健康知识宣传手册、挂历等方式进行。

一个案例

笔者在某药企的管理咨询项目上对某城市的5个相邻小区总计3672人进行了测试。

首先，我们选中某药企的一款 OTC 产品（附近药店都有销售）M。M 的功效是治疗慢性胃病。我们围绕这款产品进行 3 类产品组合：

1. M+OTC；

2. M+ 保健品；

3. M+ 饮食。

由于该药企没有保健品，所以我们临时从药店中选了 3 款保健品（价格不是很高）。

我们针对三个组合进行文字上的详细描述，并把描述的内容制作成图文并茂的胃病宣传手册（后面附件内容包括日历、老黄历、蔬菜的功效等）。

手册发放了共计 600 本（其实总计印制了这些）。由于宣传手册上面有咨询电话，我们 2 个月内接到了共计 1938 个咨询电话。咨询电话接听是临时在这个城市设立的呼叫中心，起初 1 人，后来陆续抽调了 5 人，中途电话量减少，我们又陆续减少呼叫中心人数。

而且笔者的测试团队在发放手册时，一些附近药店和门诊的人员也领取了大约 40 本，不知道他们为什么感兴趣。

结果，M 药品在这 5 个小区内的药店和门诊内一个月内销量由原来的每月 4000 元，暴增到每月 5 万多元，而组合的 OTC 产品销量由原来的每月 3000 多元，增加到每月 9000 多元，增幅 200%。

而且，更为令人意外的是，这个城市内 M 药品当月销量除了上面 5 个测试小区，居然增加了 60% 多。

临时搭配的保健品也有了明显增幅，我们仅是统计了其中 3 个小区的 3 款保健品销量，合并数据后，三款保健品增幅分别为 85%、176%、220%。这个数据基本和小区的人口数量成正相关。

尤其是咨询电话，经过数据分析后，发现有 30% 并不是来自测试的 5 个小区，而是范围之外的其他小区。

本案例继续测试

我们把文字描述的胃病治疗方案简化，形成简易版本的药品组合宣传手册，因为测试对象是药店的店员和门诊人员，所以一些针对消费者的内容基本去掉。

我们给另外一个城市的所有药店门诊都发放了宣传手册，共计发放 700 本，但连续两个月内，这个城市 M 药品销售没有像对消费者宣传一样有非常大的增量，增加了大约 36%，与 M 药品组合的 OTC 产品增幅约 11%。

总结一下：OTC 药品进行组合对店员或门诊宣传效果是有的，但不如针对消费者宣传效果好。

说明一下：编制宣传手册 4 个人花费了大约 15 天时间，几易其稿。

上述案例说明了一个问题，药企在进行药品组合后，要进行宣传，尤其是 OTC 类产品，一定要对消费者进行宣传，而不是仅仅对药店的店员或者门诊人员进行宣传；尤其需要注意的是，宣传内容中药品广告的痕迹一定要非常低，不要带有明显的药品宣传的痕迹，宣传手册要通俗易懂。

医药销售，从"卖药"到"卖解决方案"

史立臣

到目前为止，医药企业还没有脱离卖产品的思路：找产品卖点；找适应人群；找销售渠道；找推广方式；如果是临床产品，就利用"空间大"的优势进行利润分配；如果是药店产品，就加大店员培训等。

总之，最终只要把产品卖出去，就万事大吉。就是目前火热的控销，也是仅限于产品层面的思维。笔者认为，这种单纯卖产品的商业模式如果不改变，很难为医药企业的未来发展形成有效的升级动力。

医药企业典型的转型方式包括：医药企业由提供单一药品转向提供组合药品或整体解决方案。

比如，步长脑心通根据赵步长教授创建的"脑心同治"和"供血不足乃万病之源"两大医学理论造就了"脑心通胶囊"这个销售累计已经超过100亿元的大产品，而且热销20余年。

以岭药业创始人吴以岭教授以"络病学说"理论为依托，把"通心络胶囊""参松养心胶囊""芪苈强心胶囊"构建成系列产品，尤其是"通心络胶囊"成为国内心脑血管疾病前三大治疗性品种。由于有治疗理论的支撑，"通心络胶囊"也是经久不衰，热销多年。

步长药业和以岭药业通过提供解决方案的方式来承载药品销售，这类方法非常有效，但也存在一定的局限性。赵步长教授和吴以岭教授都是国内稀缺的专家人才，绝大部分企业甚少能有如此顶尖的研发人才资源。

但不必气馁，国内也有很多专家型资源，可以通过聘请的方式成为医药企业的指导顾问，承担研究课题。这是大型产品或重磅产品需要做治疗理论研究的整体解决方案的做法。

其实我们有一点可以明确，对普通消费者来说，医药企业的研发人员就是专家级别的，没有差异。这就需要医药企业的研发人员把现有产品进行重新定义。

保健品为什么让很多消费者趋之若鹜，并不是保健品销售有多好的卖点，也不是覆盖率非常高，而是保健品有着一套理论体系支撑，之后过渡到具体产品。

也就是说，先有整体的对消费者"有益"的解决方案，之后才出现目标产品。中国保健品真实销售的80%就是这样用健康或疾病解决方案的方式销售出去的。保健品的销售对OTC（非处方药）产品来说，除了违规的方面，也有很多的借鉴之处。

医药企业的研发、销售、市场人员可以借鉴上述两种做法。如果有很强的理论研发实力或研发资源整合能力，就走第一种；如果没有，就走第二种保健品的方式。

有一个案列：A企业做"藿香正气丸"，多年一直销售不佳，后来市场部对自产的两个产品"藿香正气丸"和"黄连素"进行搭配，形成治疗腹泻的一个很经典的组方："藿香正气丸"是中药产品，侧重于消炎、镇痛；"黄连素"是西药产品，用于肠道细菌感染引起的腹泻、腹痛，疗效明显，这样西药治标，中药固本，标本兼治。二者组合后，A企业的两个产品当年销售翻了两番。

还有一个治疗脚气的产品，药店推荐时就是B企业的组合策略：一个用于清洗，一个用于除臭，一个用于治疗，附带赠送一团纱布，用户涂抹治疗药物后简单裹足，避免沾染。这个组合真是很贴心。

医药企业进行商业模式转型，眼睛不要单纯盯着产品，而是看消费者到底需要什么、真正的需求是什么，提供整套解决方案，既有治疗方法，也有产品组合，可能更适合消费者。

医药企业在单一药品转向提供组合药品或整体解决方案商业模式转型，说来复杂，其实真正用心做的话也没那么复杂。

笔者认为，未来很多药企会逐渐学会对自有的产品线进行规划。这个规划会出现几种情况：①会出现老药新做，比如降压零号；②会出现组合产品销售；③最重要的是向消费者或主治医师提供整体解决方案，尤其是OTC产品，单纯的价格竞争是没意义的，为消费者提供翔实的解决方案才是正路。

"以患者为中心"的再思考

仲崇玉

以患者为中心的营销,不是什么新鲜说法,历来就有。不深究倒也没什么,起码听起来非常有道理,可实际做起来,又总显得使不上劲。笔者尝试着解析一下其中的缘故。

第一,要澄清一下,以患者为中心,到底是一种战略性思考,还是战术动作?

如果只是战略性思考,这个还好理解,因为患者毕竟是客户的客户,以此为起点来理解客户的思维过程,是顺理成章的事。

如果这是一个战术动作,那就是要把患者列为药企的目标客户了。这就让人费解了。药企这么做的立场是什么?我们具备相应的资质吗?

就算真的和医生谈及对方的患者,我们的角色也是受到质疑的,因为我们既不是患者家属,也不是医生的同行,更不是医生的上级主管,角色是什么?

第二,需要澄清以患者为中心,到底是一种道德诉求,还是一种工作方法?

如果是道德诉求,那是为自己的这份工作寻找意义,是一种自我激励,也是提高日常工作的自信和自豪感。像幼儿园里面的口号:"一切为了孩子,为了一切孩子,为了孩子一切。"孩子毕竟是幼儿园的直接"客户",而患者却不是药企的直接对象。只有患者信了,才能达到给我们自己鼓劲的目的,否则只是自我安慰而已。

如果以患者为中心是一种工作方法,就需要考虑如何在工作场景中"植入"这个方法,或者找到使用这个方法的抓手。这样一来,我们要冲到终端去直接寻找患者吗?还是借着患者说事?恐怕都不合适。

第三，以患者为中心，究竟是内部宣传，还是期待实现的客户体验？

如果是一种宣传，那么效果肯定和道德诉求是一样的，希望自己的员工为自己的公司、产品和自己的这份工作感到骄傲。如果这样宣传极其成功，这就会给公众带来一个疑问，哪家公司不是以患者为中心呢？如果都一样，何必叫那么大声？

这是客户体验吗？怎么做到？

让我们联想一下，有的公司宣传"客户至上"，紧接着公司的架构、反馈系统、流程都跟着变，从而提高客户反馈的响应率和响应速度，从而产生了相对竞争力的提高。

那么，提出以客户为中心的公司，相应的举措又是哪些？准备改变患者的哪些体验？

第四，以患者为中心是公司内部的一个项目吗？

在公司里面，谁具体负责这个事呢？或者它是全员都要遵循的原则？有具体的体现吗？比如临床指南、活动手册、调查研究、最佳实践之类。或者，这是个增长点吗？有预算吗？好吧，听起来越来越讽刺，是不是？

如果我们公司分不清为这个项目（或者说法，或者战略）投入了多少预算，那么以患者为中心就是一个无形的存在。任何公司都会为重要的主张匹配相应的资源，比如人力、物力和时间。如果没有，就不算是项目。

第五，以患者为中心真的很重要吗？

果真如此，必然有一定的考核机制，也必然能够分出各人效果的不同。为此，就需要有明确的考核、记录和激励体系。如果没有，那么这个概念就是个永恒的存在，无处不在。

以患者为中心，无论是一个战略、战术、文化还是原则，都需要有相应的执行体系——需要一线人员密切参与。

医药销售外包,如何做好管和控

祁 刚

目前,我国众多的中小型制药企业大多存在这样的现实问题:资金压力大,无法扩大企业生产规模和组建销售队伍;销售模式单一,缺乏销售手段,产品销售一直"不温不火";有一定的产品群,但产品同质化严重,缺乏具有核心竞争力的品种;销售基础一般,只在全国局部区域有一定的认知度和市场。那么,这些中小型制药企业能否获得更大的发展呢?

同样,如果有一家医药公司,拥有一支在市场历练多年、销售能力强、客情基础深厚的销售队伍,正苦于寻找更合适的产品进行销售,那么对于企业来说,委托这家医药公司(即第三方)帮助开拓市场、扩大规模、节约资金,第三方也可以通过合作增加品种、扩大份额、增加收益,这对双方而言不是双赢吗?

对于这种"两全其美"的事,从企业角度分析,应该注意的事项有哪些呢?

企业委托第三方的队伍操作产品时,一定要确定两个原则方可合作:第一是第三方能否和企业方稳健发展的长期目标保持一致?第二是能否保质保量地贯彻执行企业方的策略?如果其中的任何一点答案是否定的,那么双方的合作肯定不会成功。

任何事情的发展都存在着两面性,即"利"与"弊"。

委托第三方操作的"利"有以下几点:

一是能够赢得时间。

第三方能够快速组建队伍,利用自身的网络优势和终端客情快速铺货,让产品快速从导入期进入成长期,为产品的销售奠定基础。

二是能够节约成本。

和自建队伍相比,委托第三方操作能够节省大笔成本,比如药企驻省办事处开办费、管理人员管理费、销售人员招聘费、培训费等费用成本,这对刚处于转型初期的委托方来说,将对后续发展十分有利。

三是能够开创思路。

不同于自建队伍模式,委托第三方操作,能够发挥出"1+1＞2"的效果。通过深度合作,双方既能"置身其中"又能"旁观者清",通过相互交流、思维碰撞产生新的灵感、新的思路。这也是委托方最看重的一个益处。

委托第三方操作的"弊"有以下几点:

一是急功近利。

第三方操作市场时很容易出现急于证明自己,"欲速则不达",从而一些基础的工作做得不精不细、根基不牢的情况时有发生。这将影响委托方今后的长期发展。

二是好高骛远。

第三方通过制订不切合市场实际的发展目标让委托方感到潜力的无限和希望的远大,但市场实际的发展却远远达不到委托方的预期。这将造成委托方对长期目标的制订产生较大的偏差,不能稳扎稳打地操作市场。

三是知难而退。

第三方在和委托方的合作中,在遇到产品开发跟进不利、产品销售不畅时不是采取通过有效沟通从而解决问题的方式,而是单方面提出种种不合理的条件逼委托方就范。一旦达不到要求就不干了。这样做的结果将导致终端对委托方的企业形象和产品形象生产不良印象。委托方今后的产品销售将一蹶不振。这也是委托方最不想发生的事情。

综上所述,委托方在确认委托第三方操作市场时,就要扬长避短,"两利相权取其重、两害相权取其轻",确保委托方在合作中处于主动地位,能够按照委托方的设想和规划发展。

那么,委托方当应怎么做呢?

一、通过采取分步走、结果考核的方式对第三方进行管理

以2017年9～12月为例,如果从现在开始采取这种方式操作市场,那

么委托方就要以目标分解的方式确保第三方规范操作、达成结果。以一个省级市场操作为例。

时间段	工作内容	工作指标	工作标准
9.7～9.30	产品铺货	铺货率达到 50% 以上	重点单体店、重点连锁铺货率 100%
10.1～10.31	产品培训	10 场以上	每场 50 人以上，均为重点单体店和重点连锁核心店员
	销售氛围营造	优良率 80% 以上	铺货药店中至少展示一种宣传品
11.1～12.31	产品促销活动	店头促销活动 20 场	重点单体店
		VIP 客户答谢会 1 场	重点单体店、重点连锁
		旅游促销活动 1 场	重点单体店、重点连锁

二、合作前期不宜设立过高的任务指标

如果从现在开始合作，委托方可以按照上述规划考核对方，先暂时不设立过高的任务指标，以 9～12 月的总销售额确定每个月的平均月销售额，2018 年按照平均销售额增长 50% 以上的任务指标进行设立（之所以定这么高的增长比例，原因如下：①今年是打基础，明年是真正发力；②明年委托方整体产品群的品种将大幅度增加）。

三、如果合作成功，委托方可以将此模式复制到其他省份

前提是第三方完全理解委托方的操作理念，能够按照委托方的规划开创性地理解和领悟，并能高质量地执行到底。如果前几个月进展顺利，委托方就可以不用等到一年的时间来观察结果，而是直接放手让第三方"开疆拓土"。这样的话，委托方就可以创出一种在医药销售领域的崭新操作模式，成为行业内的黑马！

四、2017 年及以后的合作年份，我方可以按照基础薪酬＋增量薪酬的方式给予第三方支付薪酬

如果对方完成了委托方制订的年销售任务指标，在支付其基础薪酬的情况下，超过年销售任务指标的部分，委托方额外支付其增量薪酬（要求第三方的产品库存必须在 60 天之内），以此激励第三方大力开发市场，冲刺更高任务指标。

五、双方合作中的具体要求

对委托方的要求：

1. 必须招聘到深刻理解合作此操作模式、精通 OTC 模式及控销模式的行业优秀的职业经理人做操盘手，这样才能进行有效的沟通并让第三方信服，确保双方的合作有条不紊。

2. 一定要在最短时间内落实产品群其他品种的生产工作，和市场销售紧密结合在一起，确保企业产品在市场中的竞争力。

3. 要及时跟踪第三方的市场操作进程，参与第三方重点工作的管理，参加对方召开的月例会和工作动员会等重要会议，和对方共同探讨市场中有效的操作办法并落地实施。

对第三方的要求：

1. 对委托方的管理思路和前景规划完全认同、完全领悟，并有操作成功产品的优秀案例。

2. 必须拿出一套切实可行且被委托方接受的市场操作方案，方案中需要包括对市场和产品的分析，以及队伍的管理策略、市场策略、产品策略等。

3. 必须拥有一支攻坚克难、出奇制胜的优秀团队。这个团队要求"领头羊"思路清晰、号召力强，成员激情洋溢、干劲十足。

我国最有影响力的经济特区深圳有句著名的口号叫"敢为天下先"，就是对深圳"改革先行者"地位的褒扬。因此，对于新的操作模式，委托方不能一味地否定，而是要大胆地进行尝试，因为一旦操作成功，将会给委托方带来巨大的正面影响，甚至能够改变行业操作模式。

但委托方同时一定要采取严格把控操作进程的方式来开展。如果委托方对第三方的市场操作行为听之任之、不加以管理，最终导致操作模式失败的话，那么和对第三方的影响相比，委托方所受到的负面影响将会更大，甚至会对今后的发展带来毁灭性的打击。作为企业的决策者，一定要对此慎之又慎！

六大问题不除，药品招商不可能成功

刘 检

对非直营厂家来说，除了投标，再没比招商更重要的事了。企业要存活、发展，员工要吃饭，都离不开招商所带来的销售利润。

可国内不少企业在舒舒服服享受了十几年政策滞后、体制僵化所带来的红利后，突然发现近两年新招代理商是越来越难了，每每到年底一看都完不成任务。不仅如此，原有的代理商队伍也越来越难管理，以往相处尚"和颜悦色"的代理商，开始群起向企业"叫板"了，而且各种原因死掉的代理商也越来越多；自己亲手打造出来的招商队伍，对完成指标也越来越不像以前那么得力，甚至感到有些指挥不动；更要命的是，没有丢标地区的医院，销量也开始莫名其妙地下降，有些在销的医院还说不清道不明地死掉了。问题层出不穷，这都是怎么了？

抛开由市场大环境因素影响的"外因"不谈，我们通过撕开一些"由来已久"的招商现象，剖析其产生的"内因"，希望能找出答案，走出困局。

笔者在市场实践中，见到不少企业省区招商经理大多迫于无奈限制在省会城市范围内招商，即使按企业出差要求下到地市，也是走马观花。君若不信，将省区经理拟招商客户目录拿出来看一看，上面有多少地市商业采购负责人和个人代理商的电话？

为何会出现这样想着很美实际难看的情况呢？为什么说招商经理是迫于无奈呢？在这里笔者愿意顶住种种误解、指责，甚至谩骂，花些篇幅把多年来企业在开展招商中存在的顽疾拿出来晒一晒。

一、倒着的金字塔

通过组建招商组织达成招商指标，是各招商代理制企业长久以来的主要方式。可面对当下出现的种种问题，当我们重新来客观审视招商中最重要的招商组织结构这一环节时，现状就不那么令人乐观了。国内厂家现在的招商组织架构大多是营销副总→招商总监→大区经理→省区经理→没人了！真正活跃在市场上并承担招商重任的，全压在了省区经理这一层人员上。这样的招商队伍结构，上面粗下面细，活生生一个倒着的金字塔。

二、疲于应付的光杆司令

省区经理往往是光杆司令。一个人要承担该省全部的招商，促进代理商开发上量，维护重点代表，办理商业流向、回款及完成"领导临时指派"的工作。更不要说现在招标当前，哪个厂家不如临大敌，大会小会开完，最终在每个省直接督促协同代理商办理环节复杂、政策多变的投标工作的，还是省区经理。细数起来，哪样工作都重要，导致省区经理分身乏术。

三、"省掉"市场的费用考核

在一个省只有一个招商经理的情况下，想让一人走遍全省落地招商是极其困难的。更不用说担心耗费时间和产生大量费用的同时，还不能即时见效达成招商结果。层层严厉的费用考核，迫使招商经理有意无意都尽量减少出差时间、地点、频率，以此减少报销费用，回避月底核销时要面对上级脸难看、话难听的委屈。而上级领导也是有苦难言，作为管理者他同样也承受着"不近合理"的费用考核。控制费用没错，该！但是脱离市场实际的一味费用控制，甚至异化、演变成以"老板是否高兴"为标准时，在心照不宣的层层打压或克扣下，省掉的其实是企业存续的根本——市场。永远别忘了"一分钱一分货"这广场大妈都懂的道理。

四、捉襟见肘的客户名单

指望在当前情况下招商经理还能完成年初招商指标——既有数量还有质量——排除企业产品好，代理商自行上门来抢这种情况，那都无异于痴人说梦。当然，也有能完成招商指标的招商经理，可往往是数量达到了质量跟不上。不信就请老板自己落地考察一下，所谓新招的代理商，有多少是原代理商发展的分销商假报充数的。

五、致命的招商

己所不欲,勿施于人。造成这种情况大多也是招商经理被逼无奈之举。但其产生的后果却是极其严重的,对企业造成的直接损失甚至是致命的。

其所带来的恶果列举如下:

其一是造成代理商质量整体不高,容易让个别代理商在企业内部排名中坐大,以此叫板企业。

其二是质量不高的代理商实力较弱,自然无力完成医院开发指标,或趋小避大,往往只盯着二级及以下医院使力,造成企业医院质量多少年也上不去。

其三是代理商质量差必然结果是没有专职医院代表的小代理数量过多,更有老公老婆这样"夫妻店"遍地存在。代理没有做大的需求,对医院开发和上量投入严重不足,得过且过想法突出。在医改新政频出和重拳严打带金销售之下,医院销售环境急剧恶化,更别说两票制下医药商业死的死残的残,以往好日子已如明日黄花,让个人代理商大呼混不下去。

这也直接导致那些抗风险能力极低的小代理干脆放弃,其手里的医院销量也跟着死掉,而皮之不存毛将焉附?小代理上面的大代理也跟着受拖累叫苦不迭。所以企业在年终看报表时,出现新开医院数量和死掉的医院数量渐成正比就不奇怪了。

其四是代理商质量差导致企业医院数量和质量无法提升,停滞不前,这是影响产品上量的根本。"根""本"太差,企业做多少年也做不大、做不强,抗风险能力就跟着差。犹如年年都坐在火药桶上,来个风吹草动就疲于应付,搞得企业上下天天救火、年年拼命。长此以往必使人才流失率高。谁都知道人才是企业第一宝贵资源,人都没有了又何谈发展呢?

其五是因为要容易地完成新招代理商指标和发货指标,招商经理分析下来得出的结论往往就是借力原代理!说好听点叫借,说难听点就是屈膝,因为自己招不来新代理商,发货指标就完成不了。笔者在市场实践中就见到不少招商经理沦为代理商的小跟班和陪酒专业户。

在企业压力下,招商经理通过代理商次次都能完成指标,反过来坚定了招经理与代理商"烧黄纸认兄弟"的冲动。具体表现上就是对企业采取哄、瞒、拖等手段,变积极招商为变相主动帮代理商与企业谈判,要各种资源和照顾,完全成了拿着厂家工资但"贴着"代理商的"一方"代言人。

六、断臂不易,饮鸩止渴

到这时,招商队伍企业实际指挥不动,成为食之无味弃之可惜的鸡肋。但重新组建招商队伍实属不易,企业生怕这一举动会导致招商经理造反,对代理商更加失控,从而丢失市场。于是只得一切照旧。可这样无异于饮鸩止渴,置企业经营于火药桶上,陷于内外交困、恶果不断之地。

上述种种只是冰山一角,相信身处一线的各企业招商人员都心知肚明。

笔者今天在此大胆将上述问题列述出来,是希望真面临上述困境的企业能就此警醒,不要坐在火药桶上,还在妄想勾画着代理商与企业共发展的黄粱美梦。

本文若能引起读者一些思考,那就是笔者之幸。

压货营销六宗罪：是时候改变了

李昭阳

某日去拜访国药控股某省公司采购总监徐总。徐总说：现在看到你们厂家的商务就害怕，是不是又要压货了。现在库存越来越大，滞销药品越来越多，销售越来越难，让我们采购部门越来越难做。每次都让我们压这么多货，不压货你们就威胁要换经销商，货放到仓库里卖不动成了滞销品。既不让我们退货，还一直催我们回款。好像就是我们没有信用一直拖欠工厂的货款。你们得让商业公司看到经营你们厂家药品的希望！老这么压下去，谁受得了！

上述情况就是"压货"营销的现状。是我们有些厂家，包括品牌厂家所犯下的严重错误。

压货营销，简单地说就是以公司出库数据论英雄，只关注商销（从厂家到经销商）量，忽视药品实际终端销售。营销管理团队以挤占竞品库存为借口造就了一个看似完美的销售繁荣假象。以简单粗暴方式通过转移库存达成短期考核指标。

从营销学角度来讲，压货不在营销范畴，只是一种畸形的产品转移。正是这种畸形，湮灭了新生营销人员的思想，打击了真正踏实工作营销人员的积极性，坑了多少商业公司的钱财，害了多少接盘营销人员的激情。同样对消费者也不负责任：消费者掏同样的钱，却买不到高品质的药品。并且可能会把厂家拖进多米诺的泥潭，严重影响正常经营。

一、压货营销六宗罪

打击客户做市场的积极性

厂家只以出库数据论英雄,让业务人员功利心太强,不能静下心指导经销商做市场。他们认为,做市场是出力不讨好的工作,费时费力,渠道做好了,乘凉的是后来人。

扭曲业务人员的正确价值观

面对上层领导的层层压力,业务人员没有心思做市场,想走捷径,只能压货或窜货,培养不了业务人员实实在在做渠道的习惯,业务水平没有一点含金量。业务人员首要的责任是为客户、市场创造更大的价值。

严重损害了公司股东的利益

商业公司那么多库存,卖不掉形成滞销怎么办?最终还得公司买单,加大促销力度甩货,直接导致公司费用率的提高,而且是冤枉钱、不该花的钱。更会破坏公司药品价格体系,加大公司经营成本。

在品德上站不住脚

上个业务人员干不下去辞职,留下一堆的后遗症,商业公司天天看着库存着急,只能让接任的业务人员来处理,费力不讨好。

让渠道丧失了自信心

货压给了商业公司,商业公司会自上而下地层层压货,最终到渠道超饱和为止,因而折腾坏了各级分销商,对厂家的药品失去信心。业务人员个个感觉任务太重完不成,失去信心。

让产品失去活力

压货会直接导致药品批号老旧,给消费者造成药品滞销的假象,分销商和业务员会选择低价抛货,产品价格体系无法稳定,从而缩短生命周期。

二、如何跳出压货营销的思考

在目前各行业依托于大数据、精准定位营销横行的时代,压货营销已经到了必须要改革的时候,笔者认为应做下列转变。

第一,销量指标务实,注重过程

有些厂家营销层定任务指标,不考虑市场大环境、同期间销售数据分析,在办公室拍脑门，为讨好企业经营者定任务。往往是任务高得离谱，到年底找一堆完不成的理由。所以，销量指标是关键，要控制好，要有弹性。考核导向要转变。鼓励业务人员除了关注销量，更要关注药品整体渠道的建设，以市场为根基，注重过程管理。

第二，加强队伍思想教育及培训

公司营销领导层面首先要摒弃压货思想，树立起正确的价值观，一旦发现业务人员压货抛货，要从重从快从严处理。业务人员要专业化，不建议给业务员培训一些什么大师级专家的课程，虚的东西太多。公司要针对性强一点，教会业务人员怎么做渠道建设、品牌管理。这样下来，业务团队的素质整体得到提高，就可以协助商业公司一起经营市场。

第三，跟踪管理商业公司动态进销存

进销存包括数量、金额、效期等方面。商业公司库存有效期一旦超过公司的指定期限，可认定为处理期商品，在商业公司内部进行横向调拨消化，减少处理库存费用。不然在商业公司药品一旦形成滞销，必然会找到厂家，业务人员就会编造促销活动，申请处理费用。企业经营决策层要减少处理费用预算，管理层要把好促销活动关，做到费用的有效使用，责任到人。

第四，制度执行要公正

现在一些企业沾染了官本位的人际关系思维，遇到问题首先考虑的不是怎么解决问题、处理责任人，而是考虑责任人的后台在企业内部是哪位高管、是谁的亲戚。造成整个营销中心乌烟瘴气，人际关系错综复杂，忽视市场客户的中心需求。应以制度约束，执行要公正，这是企业经营者必须要考虑的问题。

以上几点，我想可以给开辟营销新途径带来一些启发。关键在于企业经营者思想上要有转变，把简单粗暴式的销售变成富有生命活力的营销，进而打造成企业核心竞争力。

药企销售"六字箴言":不降价才有出路

林 玲

有效降低企业负担,消除企业顾虑,制定合理的招采制度,切实转变医疗机构的机制,才能真正形成合力,共同造福民众,让民众享受到医疗费用包括药价实实在在有所降低的好处。

一、最低价联动不利于企业降价

有些市场价略微比正常价格降低一些,企业并非不能接受,但迫于全国省级药品招标最低价联动无限循环的现实压力,只能无奈弃标。

全国各省区医疗水平、用药基础和水平、经济水平都不相同,如果企业可以自主销售,一些产品在偏远地区可以适当放低价格,会便于当地接受和使用。但迫于现行政策,只能全国一碗水端平。

如果仍是各省招标挂网,那么一个省有一个省的情况,应允许企业自主决定当地销售价格与策略,不再采取不科学的连坐制。

二、采集最低供货价格企业心有余悸

一家医院有一家医院的情况。如果以某一家医院的供货价格,甚至跨渠道采集全省药店最低零售价格来作为下一轮挂网价格参照依据,剥夺了企业自主决定销售价格的市场化权利,那么企业只能舍弃所有低价供货市场,杜绝各种低价销售行为。

在招标价基础上,企业自主决定各家医院的采购价格,自主决定产品的零售价格,本是企业合法的经营权利。过度而不科学的干预,收效往往相反,更与国家推行简政放权、充分市场化的方向相悖。

三、不同企业不同中标价格，参考降幅而非价格

同一产品，不同企业不同中标价格，这样的招采规则令人啼笑皆非。有价格差异，医疗机构就会厚此薄彼。既然是招标，同一产品而言，一个企业一个价格就失去了意义，还不如一些地区各个企业执行统一价格。无论价格低了高了，大家均等，企业不再有包袱。

参考降幅而非价格同样偏离了招标实质。区分质量层次中，过了专利保护期的原研药长期以来享受特殊待遇的问题，也值得反思。不同质量层次中，价格相差比例不宜过于悬殊。

四、二次议价，企业降价医疗费用却上涨

实行零差率的地区，医疗机构推行二次议价表面上放弃了15%的加成，却向企业伸手要20%、30%，甚至40%以上的高额返点，外加国家5%～8%的政府补助，同时大幅调高医疗费用；而未实行零差率的地区除了继续享受原有15%的医药加成，仍向企业伸手索要高额返点。

二次议价机制不尽合理，典型的借助垄断地位向下游产业吃拿卡要，民众并未享受到企业让利，反而无奈地为医疗费用上涨买单，各种贪腐现象极易滋生。

二次议价不仅不合理地盘剥企业利润，同时还将企业中标价格进一步拉低，只能招致全行业抵制。

五、医疗机构用药机制未改变

中标仅仅是企业具备向医疗机构销售产品的资格，并不代表医院会进你的药，更不代表会用你的药。

价格差异不仅仅来自同一产品间，同样来自各个品类间。当某一个品类受挂网价格影响失去运作空间时，就会集体垮塌。其他更具空间优势的品类自然会替代。行政机制与市场机制相碰撞时，降得越低，产品死得越快。

六、企业失去合理运作空间，无力支撑

药品尚未上市，产品研发、市场推广、GMP（药品生产质量管理规范）改造、人力费用等待摊成本就高达数千万元，甚至更高，税收也占到药品出厂价格的20%左右。

研发需要"八年抗战"，营销推广同样又是一轮"抗战"。产品准入周期长，等待医保挂网至少三到五年时间。等市场真正成熟，往往在医保后三年左右时间。这之前都只是漫长的持续投入阶段。员工工资与原材料成本等运营成本也在逐年上涨。各行各业产品销售价格无不在上调，唯独医药行业只有必须下行一条不归路。

价格制定如果不考虑企业前期投入和运作成本，只有三无企业适合低价中标，即无质量保证、无品牌运作、无可持续发展。如同某宝假货屡禁不绝，其根源正是在于只注重拼低价，缺乏质量保证，企业销售价格如果连正常的销售费用都无力支撑，甚至连生产成本、研发成本都倒挂，企业如何能有做大的那一天，而没有规模效应，如何能实现降价？没有合理的利润和空间，企业生存都成危机，医院不喜欢，客户不喜欢，患者也不喜欢，没有品牌信赖和信誉保证，只怕是便宜没好药。

医药行业正处在巨大的漩涡急流中，一边是铁齿钢砧，写着"不降价，死！"忍痛爬过后却发现并非通向桃花源，而是通向利刃悬崖，真是上刀山下火海的光景，难捱。

政策制定更需贴近市场，更重实效，真正解除企业的心病和顾虑，提高医药产业全链条的规范度和平等性，让医与药共同为民众利益服务，而不是千般为难和腰斩医药行业与企业，百般加价于患者，幸福了医疗机构这一个宠儿。

他山之石，可以攻玉。不能让医药企业数千亿、数万亿计的产品研发投入和固定资产投入统统打水漂。企业和员工有了稳定的生存发展条件，药品质量和安全性才能稳定可靠，行业才有希望。

做好五大渠道，药品落标不用怕

张小平

2017年的药品招标玩真格了。医疗机构实施严格的处方管控。如果落标了，怎么最大限度地降低伤亡量，让队伍活下来？

那就是处方院外化。我们分别来看，DTP及泛DTP的模式，这是处方院外化最主要的营销渠道。

DTP 的定义是什么？

DTP的模式是指直接面对消费者的营销模式，终端消费者有可能是患者本人、患者的朋友和亲属。

在国内最早进行DTP的是外企肿瘤产品的企业，比如阿斯利康、诺华。它们的肿瘤药品价格很高，医生和患者都想急着用。这时候，医院和药企之间就一个愿打一个愿挨，在外产生了DTP药房；且一进去就发现跟普通药房不一样，气氛非常不热烈，药品非常少，陈列非常差，但是生意特别好。

什么是泛DTP模式？

这是指医院处方院外化渠道模式。比如伟哥本身是一个处方药，消费者很感兴趣。这种情况下怎么给消费者进行相应的宣传呢？

外企动了很多脑筋。其中之一是外企聘请一些专家，在正规的刊物撰写关于男性患者的科普文章。通过合适的办法把刊物发到男性患者手里，中间没有提到药品本身。这也是合法合规的。

如果大家认为泛DTP这种院外化，只是换了一个渠道这么简单，那就错了。

处方院外化最大的特点，就是要求企业和病人之间要建立更密切的联系。

大家想想，过去大医院，哪家给病人提供过术后贴心服务？比如我在协和医院看病回来了，接到一个电话："你好我是协和医院客服部的人员，你刚才在协和医院看病，不知道你看得是否愉快？"如果服务是这样的，我想我会流眼泪。这和单纯地更换药店渠道相比最大的变化是健康管理服务，从过去以医生为中心逐渐过渡到以患者为中心。

这是一个处方院外化的特点。我们看到DTP能够给医院、患者和药企带来三赢。对患者来说，不仅有医生的处方，还能得到后续的服务，另外患者也会更多地得到一些实惠。

很多药企做DTP的时候，会联合公益组织对患者进行各种各样的优惠措施，我把它叫作合法的处方。处方药不能促销，如果通过公益组织来走，就能做促销了。比如第一个疗程收费，第二个疗程开始免费。这是一个很好的办法，患者也很容易接受。

对医院来说，能够降低医院药占比，同时让医患之间的关系得到升华和提高。所以对医院和医生来说，目前也是逐渐能接受的，尤其是药占比这条。

医院禁止处方外流才是违法

2007年中央发布的《处方管理办法》第二十七条和第三十二条的规定，所有的医院不能够限制处方的外流，患者可以自由合法地到药店和医院取药。

但是近来江苏衢州和山东临沂患者按照医生的处方到院外取药后被曝光，称这是一件违法的事。其实，到指定药店买才违规，不指定药店就合规。相反，如果医院不让他们到外面去买，这才是违法。

处方院外化，哪里是最好的渠道？

1. 院内自费的药房。

这是最好的渠道。我们在实际工作中发现，它最大限度地不改变医生过去的处方习惯，让医生在处方系统上直接看到你的产品，这就是最佳渠道。有没有呢？院内的托管药房都是近水楼台先得月，不可能一个普通的连锁药店就可以托管一个医院的药房。因此，他们在托管之初往往就会达成这样一个协议：要么在处方药系统上，要么和自费药方互联，首选的渠道一定是处方药系统。你可以看看有没有这样的渠道可以使用。

2. 院内三产商超器械商店。

比如北京某大型医院，医院所有自购的药品、耗材、试剂等，要通过医院内的一个三产公司。它跟你来谈判，然后就可以进医院了；当然，还必须得到科主任的签字。

3. 院外DTP的专门药店。

也就是前面讲的，要符合这几个条件，要专业的客服队伍，毛利率要求适中，对产品要求条件高。

4. 院外的单体药店。

不做深入阐述。

5. 院外连锁药店。

不做深入阐述。

医药销售，已经淘汰三批人，下一批是谁

刘 检

笔者在企业培训时与几位老板和高管聊天，在谈到近年来医改对企业及市场的影响这个话题时，笔者认为无论医改怎么改，对于市场而言，只是好事。"改"正说明其发展受到了制约。政策调整，其实正预示着下一个大市场的到来。但对企业和企业中的所有人而言，当下却是一场淘汰赛。这场淘汰赛，淘汰的不是你的生产能力、产品价值、营销模式，而是对企业组织和销售人的奖罚制度。

回望十年前或更早，那时的医药销售人大多是由非科班或没有经过专业培训的人组建起的浩浩荡荡大军。在奔向医药市场时，第一批倒下的人，多是由于行为懒惰：懒于动手、懒于拜访、懒于按要求坚持做事。第二批是因为懒于学习。学习往往是痛苦的，它会打破一个人固有的想法，甚至习惯。对新知识的学习往往最考验一个人的能力，因为不具备学习能力的人往往很难在工作上出彩。对一个自己从未从事过、没有一星半点经验的工作来说，唯有通过学习才能迅速破解上路之初所遇到的各种疑难，而懒于学习的人在同样的工作时间内，很轻易地就会被勤于学习的人所超越，自然撑不了多久就败下阵来。第三批是因为懒于动脑。手勤、腿勤、嘴勤、脑勤是在同处一条起跑线上时的个人成功模式，到今天看来仍是颠扑不破的真理。懒于剖析工作疑难产生的原因，懒于分析客户心理，懒于探索解难之法，虽知道有问题而只停留在知道二字上，却不去寻根究理找寻破解之法，"懒得想"成了很多失败者的口头禅。

剩下的胜者，也许无科班背景，也无甚丰富经验，却往往是那些信奉"做药如老农种地"，几年如一日般行动，"朝闻道夕可死"般如饥似渴地学习，整日

里绞尽脑汁于客户、市场，穷思、总结、分析工作不足和深掘市场机会的勤快人。

我用两个例子来具体说明。

第一是几十万字的工作笔记。笔者有一朋友，现坐拥近千万身家，可以说是功成名就。其做药时是从跑药店开始。当笔者到其住所聊天时，见其桌子、板凳上放了不少有关销售的书，床头上整整齐齐放了几十本牛皮封面的笔记本。

笔者心生好奇，随手拿起一本工作笔记看，第一页是地图，上面密密麻麻标示着很多数字，第二页是每个数字对应的药店名称，第三页开始是对每个药店情况的具体记录，从老板基本信息到个人喜好，再到××天与店长吃饭时所谈涉及促销话题的记录，一本就是近万字。几十本笔记无一不是记载的这些细之又细的客户和销售信息。几十万字之下，笔者当时就认为其不成功是没有天理的。

第二是博士医生的病历。笔者在广东做市场时曾因牙疼到了一区医院口腔科，首诊的是一位年轻女医生。我当时心里有些担心，习惯上认为年纪轻的医生经验不足，万一看不好白折腾。但在近15分钟的问诊时间内，其一边和我交流一边不断地在病历本上刷刷地写，问诊结束后写下处方叫我去办理交费，我接过病例翻开一看，瞬间对其佩服得五体投地。整整两篇病例，工工整整地写着我的主诉、症状及我的既往病史和用药情况。出了门诊时抬头才看到值班医生介绍牌，×××医生、博士——我们还有什么资格去偷懒而言成功。

2015年起频出的种种医改新政，确实对整个医药行业产生了巨大冲击，影响深远，但对企业而言，对身处销售中的每一个人而言，它是否是我们多年来习惯于"望天吃饭"，靠政策、靠产品本身的销售力和靠费用赚钱，舒适之下懒生百邪的当头一棒？

现在有多少销售一线人员还在数年如一日坚持写工作日志，又有多少主管在认真逐一批注下属的汇报总结？多少企业又在做严密的市场调查再到工作计划？笔者近年来看到的多是漂亮的幻灯片、煽情的文字与光耀的数字，却难见条理清晰、执行有据、落地有方的市场调查分析与营销计划；更多看到的任务指标就是数字，行动方案就是图表，落地保障则是大篇空洞的想法与誓词。

东汉陈蕃的"一屋不扫何以扫天下"、惠普创始人戴维·柏卡德"小事成就大事，细节成就完美"的警语，时至今日仍应如黄钟大吕一刻不停地震荡在我们每位企业主和每一个销售人的耳畔，否则我们拿什么去妄谈剩者变胜者？

万丈高楼平地起，没有扎实的市场基础工作，轻视销售最浅显的基本功，就先别忙于谈升级转型和追求完美方案。行为懒惰、学习懒惰、懒于思考、懒生百邪下，政策即使重回到十年前，估计也是风光不再。

　　堆砌在沙砾上的市场基础，承载不起太多的方案与计划；五花八门的销售奇招，顶不住"一力破十拳"下老农的一个"实"字。只有如此，才不会成为第四批被淘汰的医药人！

医院销售：带金销售已死，学术营销回归中心舞台

刘 检

医药多年来都是个靠政策吃饭的市场。带金成为促使上量最容易也是最快的手段，变味的各种学术会议充斥其间。2015年前，笔者在各种场合都会强调重视以个体为审视对象的精准学术推广的价值和重要性。那时说这些在同行看来是不合时宜的，太理想化了，以药补医是铁律，打不破的现状下，任你讲干喉咙也是支持者寥寥。

打破带金销售的时间节点已到

打破多年现状的时间节点要到了，以省级招标带头下的轮番砍价，已让带金无力支撑。笔者在此为后面所述事实强调，产品没有临床空间了！随着新医改政策的快速实施，大家都一样，在失去带金作销售支撑的情况下，企业和个人都要问问自己：怎么办？

此时大家都寄希望于一种新的方法使以前的处方销售能继续下去。但真有什么创新的方法让我们在失去带金支撑下仍能确保临床处方的销售吗？

老方法挽救不了降价、弃标后的市场

笔者认真地回答：不习七十二变，妄想过八十一难。现在转零售、院外、基层医疗、电商，不过都是在渠道上想办法，以此来挽救降价，甚至弃标后的惨淡。但现实是，转型无论企业还是个人，其支付的成本更大，成功几率更低。为什么？因为当70%以上的同业或同行都在试图转型时，你还没下脚，却已到了深水区。

笔者在此没有什么创新方法贡献，但仍想强调，无论企业还是个人，若想继

续在临床处方药领域生存和发展下去，请你把临床销售的基础打牢，那就是重回以个体为审视对象的精准学术推广。

90%的代表不知医生如何完成的首次处方

在笔者接触到的代表工作中，医生如何把你的第一片药片处方给患者的，90%以上的人回答不出来，因为他们得到医生处方这一消息时，医生的处方过程已经完成。这一结果已让我们的销售目标达成，你却不知道原因。可惜，说现实些，你本来有的一次唯一不受是否带金或医保影响的长期销售机会，就这样白白浪费了。

临床医生对某药物处方习惯的形成，是基于三点产生的：

1. 个人以往用药经验；
2. 个人临床用药反馈；
3. 值得信任同行的个人经验。

医生的处方习惯都是基于个体形成的，不要妄想医生的职业就让其脱离了普通人从认识到认知，最终形成意识，并在意识指引下体现行为这一逻辑顺序。问问你自己，你会看了说明书或者推销员的说辞而不经个人信息处理，就产生购买商品的行为吗？尤其对于药物这样牵连甚大的产品，在笔者的经历中，除了基于自我认知和判断，也没有医生在初次用药时不通过他人用药信息收集或交流就产生大量处方的。

随着医院级别不同，医生接触陌生药物的机会也大不同。初次使用药物或已有些认识的改良型药物，都会产生联合使用的情况。一种药物的单一使用在临床上基本已难寻其踪，这源于疾病的变化，也源于各种不合理的诱因。因此，医生在使用药物时，个人对某药物的临床用药反馈，和值得信赖的同行的个人经验，变得越来越重要。

医药代表的价值回归在未来越发重要

现实是，每天面对大量的患者，医生停留在具体处方患者身上所得到的临床用药反馈越来越少，这又导致同行的经验也同时缺位。在此情况下，医药代表使用企业市场部或医学部基于产品本身客观属性特点优势所做的产品定位"患者肖像"式的用药宣导，就成了用药反馈和同行经验的最有力的补充。

可惜的是，我们太多企业不重视这方面的起始培训，代表从进入临床那天起就没有这种意识，不知不懂不会，错失了首次处方时与医生形成明确正向反馈的机会。对于此产品的处方习惯因医生缺少个人认知就无法形成客观依据，医生没有明确的自主处方意识，那就只剩下医生基于自己对药物安全性的试探，只依靠带金的推动产生处方，带金一旦缺位，处方量就会大幅下降或者停方。

喜欢而非爱，等来的是医生的抛弃

文至此处，想必大多数读者会提反对意见，列出种种当下事实告诉笔者，学术推广仍不能像带金一样让我们更现实地获取处方销量，在补贴不到位的情况下，以药养医的现状不改变，带金就不会消失。

笔者承认此观点有其当下存在的市场，但笔者想提出的是，当新版GMP（药品生产质量管理规范）大锤落地，仿制药质量疗效一致性评价大限导致同类产品厂家消失2000家，同类产品消失50%时（这恐怕不是危言耸听），你凭什么获得剩下的药企、产品的青睐？哪一个厂家不是有自己多年信赖的自营或代理商队伍，为什么要换掉现任，选择你来负责它剩下的"香饽饽"？你于市场、于临床、于客户有什么核心价值是别人不可取代的？

笔者在此再次提醒，事物的发展进化论告诉我们，唯一恒定的规律就是发展变化，不变的就只是变。先不说医药分家何时全面落地，就说当下的药占比、临床路径、处方点评、医保限方，使药品份额在临床上各地已有报道的从30%降到25%，甚至到20%时，你还能单靠带金获得多少销量？进入不了医生个人固定的治疗方案，不得不让医生重新审视你的产品，只是喜欢而非爱成为鸡肋，第一个舍弃的就是你的产品！这些我们不愿看到的现实，刚开始是很小的些微变化，起始是从一个地区、一家医院、一个医生开始的，但你挡不住它在政策大棒力量不断积蓄推行下雪球式的增长。

没有夯实的临床学术推广功底作基础，即使你忍痛降价也换不来市场。想法做法违背环境大势下，笔者认为无力去谈什么转型，熟门熟路的生意都做不好，直接转业倒成了现实该考量的。如果能痛下决心打造坚实的临床学术推广队伍，宁肯坚守住产品做大做强的价格底线，暂时放弃些无法顾及的市场，埋头打造几个省级市场，不图面积讲体积，那么才能在深耕细作下拿着你有力的核心价值，去迎接和开拓剩者变胜者下的医药春天。

不会学术营销，怎能打下未来天下

刘 检

我和厂家朋友一聊临床学术推广，大体往往是轻视、漠视、口头重视而工作上无视，永远处在只知攻城略地不管守城拓土的状态。这也是国内众多民营药企做不大，甚至"作死"的重要原因之一。

成了花瓶的市场部

由于国内中小企业的产品往往是购买而来，而产品的学术价值是在研发时就决定的，所以往往大家都认为产品就这样了，关键是要卖起来，有钱赚，因而出现只一味重销售而轻学术的局面。即使设了市场部、市场专员这样的部门和人员，貌似就是重视学术在做学术了，其实只是东施效颦。

实际上绝大多数企业承担学术推广重任的市场部门也只是在做乱七八糟的事务性工作，真正市场上的事因不受重视和缺乏支持不得不如蜻蜓点水般一带而过，比如做个幻灯彩页、接待下专家、培训下业务经理什么的，一年下来大小培训手指头都数得出来，有时感觉纯粹是个花瓶摆设。

千辛万苦招来的专业人员做着并不需太专业的大后勤工作，让人哭笑不得。结果自然是老板不满意，员工心里苦水多，部门里人员流失率高或直接撤掉部门。这种现象在行业里屡见不鲜。

有些企业市场部人员不太专业，这与重视程度和薪金待遇是成正比的。甭指望请内勤的工资招来一个五年医学本科。网上随便看看各企业招聘广告里对市场部人员的要求与销售人员的要求，再瞧瞧薪水待遇，我不禁要问：老板，你是怎么想的，哄自己玩呢？

一味谈销售不去做学术，铁定打一城丢一城

产品批文拿到手，先生产先卖起来绝对没有错，但当企业过了温饱线进入发展期后，如果还只是一味谈销售而不去做学术，就铁定呈现打一城丢一城的局面。永远在搞开发，但总是守不住。

看看多少国内中小企业每年都大会小会、各种命令死盯招商和医院开发，但到年底一看，大多是新招代理商数量和死掉代理商数量、新开医院数量和死掉医院数量渐成正比。为何会出此怪象？厂家说起来好似都一把辛酸泪，空间都给了代理商了，有心但是无力去投入了云云。在笔者看来，其实根源是"懒"和"小富即安"心理。

说到这，肯定有大神跳出来，指出大量看似铁律的东西，有多少产品值得做学术？谁不想做，可产品就那样，做不出东西来，做也是白花钱。是，不得不承认，前面已说过，产品的学术价值是在研发之初就决定的，但先天不足没妨碍你后天补，关键你有无这眼光、有无干事的念头。凡事只要念念不忘，必有回响。枯树开花也不是没有，而且有时往往在你眼里是枯木，在有心人有能力的人眼里、手里，枯树开花又迎春才是市场营销的真正价值所在。

学术是开发大品种的重要武器

在这里我们不讲西药，西药大多数在研发之初就具有不错的学术价值，我们就讲讲时下火热的中药大品种。其实市场上早已有类似这样鲜活的例子，如天士力的"复方丹参滴丸"和取得西医广泛认可的"清开灵"。

我们再接地气一点，往小了说，不说什么大品种培育，往中药的二次开发上说。以国内著名的心脑血管药"××通"为例，你说它有多少学术可讲？从中医角度概括来讲，就是一简简单单的活血化瘀药物。中成药十个有九个出来都是讲这玩意，但为什么它做大了？

据笔者所知，该产品在 2000 年前还是按保健品在销售，但至今都是以每年不低于 15% 的速度在增长。17 年了，一年就这一盒药产生的销售额就顶得上一些中小药企全部产品 3～5 年的销售额。我们称一些掌门人为企业家，而称另一些为老板，其实潜意识里也有着自己的评判标准吧。

就中药而言，学术是一种渗透竞争者地盘并蚕食其销量的最佳利器，举着专家团学术的大旗，总会影响到一片。先不说在不断研究中挖掘其新的临床运用价值和亮点，哪怕是说来说去就那几样，但换个方式说，按西药推广方式去说，说多了，就不一样！

销量出在客户脑袋里，装了多少、记住了多少，这些效应叠加起来，就会影响到处方习惯，而习惯是带来稳定增长的销量，并筑起牢固销量堤坝的基础。这些是一味的客情带不来的，且客情的影响也是不能持久的。

医院市场的变化

近来和几个厂家销售总监在一起时，反复聊到千万要保持一定的敏感，各级销售负责人千万要时不时到医院里去走走，无论你是直营还是招商，无论你是处方药还是非处方药，无论你是老总还是主管，无论你是中层还是高层，都要挪挪这么多年来舒舒服服坐大班椅的屁股，真正下沉到市场上去。

我们这行生意的源头在哪儿？二级以上医院！医生从最开始开盒药能得到一条毛巾就很开心，到现在直接提各种让你左右为难的要求，投入越来越大，回报越来越小，企业也苦不堪言。为什么？抛开政策面影响不说，因为行业在发生巨变，客户也在变。客户首先要被动跟着行业变，其次是跟随客户群体结构的变化而变。

从行业层面上来说，看看国家所发的和原卫计委所发的两份招标政策文件，还有不断涌现出的各种让人大跌眼镜的行业新闻，亲身去招标办排排队，看看如沸锅炸骨的现场，去医院门诊、住院部悄悄观察下医师每一笔的处方变化，偷听下医患之间的谈话，再盯盯竞争对手代表在做什么，定让你体悟到大火烧棺材板的滋味。

从客户层面来看，近几年来客户年龄结构在变化，职业晋升方式在变化，个体需求在变化，处方影响力在变化。现实是，以前搞得定客户的野路子，现在越来越不起效、不顶用了。原因在此不多说，建议亲身去类似广东二级以上的医院看看。现在各大医院门诊年轻人越来越多，他们的显著特征：高学历、不唯上、好钻研、讲证据。

他们不讲师承，他们讲英语。他们从学医那天或留学那天起就没这意识，他们不搞个人崇拜，他们喜欢求证搞钻研，他们处处跟你要证据，产品彩页能给你挑出一堆毛病。你再看看他们写的病历，那叫一个专业、认真！

但可怕的是，来门诊是练手，进阶就至住院部，功成有很多条路高就，此处不能露头，外面抢的人多着呢。他们是以后处方的主力军，而且是今后大牌专家的前身。若你仍是按老路子，满足不了今后处方主力军客户的需求，先不说以后的学术影响力，即便现在对下级医院医师都潜移默化产生着较大影响。

行业在巨变，也许你还有很多以前的老客户，但并不表示会一直这样继续循环下去。若甘于温水煮青蛙，就是混吃等死自掘坟墓，都不等到国家新政实施到位，不会做学术的厂家就会死上一大片！

患者是白米，客户是大锅，产品是干柴，学术是浇油，销售是点火，缺一不可，与其等别人火烧到你眉毛，不如先实实在在动起来，给自己这笼火浇上油。

临床失守？医院处方销售永不消失

刘 检

现在不少临床处方药企热议的"控销"模式，笔者不知，与2000年开始因市场窜货冲击而采用的控制价格（供货价/零售价）、渠道（供货商业）、终端（药店）有什么实质不同？当时我们把这种销售管理手段称为"三控"。请看清楚，是销售管理手段，而不是指市场销售模式，更不指代一个市场。

控销是在产品空间巨大、能实施层层发包或有大量自建队伍的条件下才能实施的。在笔者印象中，控销模式的先行者既不是修正，也不是葵花，而是被称作"普药大王"风光十几年，至2012年前后因"苹果皮充作板蓝根"和"毒胶囊"事件已死掉的四川"蜀中"制药。而四川蜀中大规模在地市实施层层覆盖的策略，其实又是跟更早的三株口服液学的。细细回忆起来，当时国内保健品市场横空出世的巨兽"三株口服液"当年也是轰然倒塌在"喝三株喝死人"的一则新闻报道所引发层层揭露的质量黑洞之下。

控销，对价格空间的要求其实比临床处方产品更高，市场操盘能力相较临床要求也并不简单，否则多少企业早转型了，大家何必现在还在临床处方药市场上苦挨呢？若所谓的控销模式真那么容易通过学习来复制成功，当下早应有至少100家修正和葵花了吧？

临床处方药企开辟药店、诊所、城市社区卫生服务中心等终端本是作为主业之外销售的有力补充，但指望控销成为临床失守后的救命稻草，就有点夸张了。因为控销需要具备两个基础才能运用实施。

第一,组织合理、指挥有力的专业市场操作队伍

处方药企可以自己组建实施控销的专业队伍,但周期相对比打造临床队伍要长,投入也大,因为控销面对的市场是要下沉到县、乡(镇)的。另外你可以借用别人的队伍,当然这也是现在处方药企最热捧的一种方式。

但这对操盘市场和管理外来队伍的水平要求相当高。控销队伍要么是自学成才的,要么是在修正、葵花、仁和多年培养打造下成长起来的。能为处方药企所用的大多具有多年"盘踞山头、自立为王"的特点。处方药企企业文化和管理体系面对这样盘踞一方、散漫惯了的队伍,要想政令畅通、指挥有力,非从自己内部组织架构改造开始;否则队伍好收不好用,没有充分的准备就去运行,杀敌八百,自损三千都有可能。一定要记住:严密的市场组织体系是所有营销成功的基础。这不是单纯请一个修正、葵花或仁和的前销售大将来就能立刻开动马上见效的,体系和组织架构不匹配,神仙来了都没用。

第二,主次有序、攻守有方,从内到外地丰富产品线

粗看一下,修正、葵花、仁和的产品结构无一不齐全、丰富。从头到脚、从内到外,没有低于 100 个品规的,但正因这样才能让主打产品和辅助产品前攻后守,进退有序,充分适应第二、第三终端市场。而国内处方药企都是 1~3 个独家品种包打天下为多,面对资源聚集的医院临床是优势,但面对庞大的其他终端市场和其丰富多样化的产品需求,即使收拢上十几个 OTC 产品,轻言控销,立即就会陷入巧妇难为无米之炊之地,攻城略地更无从谈起。修正起家之时,虽也是一品打天下,可现在再看看,其产品不下一千个,还有仪器、小型医疗设备,设置独立事业部十几个,现在还在进行内部市场细分,这岂是处方药企能够轻言复制的?

控销当前乃至今后不是还能"火"多久,而是其实施的市场会怎么变化。

"控销"是管理市场销售众多工具中的一种,其再强、再受追捧也是工具,而不是所谓模式,更加不是个市场。此点笔者再次强调:临床处方药企一定要认清控销本质,其实质是"器",而不是"市",不要眼里只有工具而忘了要做的事(市)。再好、再巧的工具都是为把事做好而设计的,而控销所服务的事,就是我们产品要销往的市场,具体指向就是"终端",切莫搞错了概念。

而这些终端,在"互联网+"时代背景下,面对市场自身需求整合、医改新政大刀频出的局面,笔者认为当前乃至今后所要关注的重点不是控销这把工具还能"火"多久,而是其所运用的市场会怎么变。

通过笔者对市场的观察和营销实践得出的分析是,市场深刻的内部变革早已开始,作为当局者,医药企业不得不细察。

下面让我们来细细看下目前的医院之外的各类终端呈现出怎样的变化。

销售终端从原来依靠打电话或当面下订单,从业务员、商业处拿货,到现下越来越多通过各种互联网下的采购平台比价采购。

大型连锁一次动辄上亿资金、上百家规模地收购兼并个体药店或小型地方连锁,与每年近万家单体药店的大量死亡形成强烈反差。

地方医药商业从以往内斗不断,到现在看清形势结成联盟,步步布局自设终端,抗拒大连锁的跑马圈地。

从前,消费者在医院强制处方下大量购买药品,或在药店促销刺激下购买药品,现如今,常见病、慢病、术后康复已逐步回归基层医院。

还有医保覆盖率大大提速及医院实施零差率销售下,药店零售价格与基层医院相比出现倒挂优势变劣势。

从天猫医药馆到滴滴快药类O2O消费的兴起。

从发改委一纸药价放开通知终结政府定价时代,都让"控销"这一销售管理手段相对应的终端市场发生了重大的变化和转向。

笔者认为,在消费者理性消费意识日强、碎片化购买决策、购买主权回归之下,类似"众筹"模式的市场去中心化、多经济结构、市场大数据指导下的专业合作将成为"控销"今后所服务市场的变化主基调。

在笔者看来,医药市场上所谓的成功模式,从来没有靠单纯的学习或复制就能成就的,我们层层剖析下来就可看到当下整个医药市场已从"满足消费者购买需求"转向"满足消费者需求差异"。而"快鱼吃慢鱼,大鱼吃小鱼"就是当下控销所服务市场的现实。处方药企要想顺利进入这一市场,首先得掂量掂量自己是否具备做"大鱼"或"快鱼"的本钱。

放弃自己本来擅长的领域,而在其他领域妄想一夜称大,得先准备交高昂的学费。你有见过耗子跟猫学习抓老鼠的吗?把控销作为砍入医院之外的终端市场的大刀，更是本末倒置，让人哭笑不得。

医药圈并不大，当面对太多自己听不明白的概念时，笔者建议最直观的学习方法就是亲自到最远的终端去实地走访，细细梳理其流程，到底是怎么回事，立即就明白了。

当下临床处方药市场确实面临着很多的困难和打压，正经历着一场"冰桶挑战"，但这都是在医改新政实施初期必经的过程。欲享受后期变革所带来的红利，就应了"剩者为王"这四个字。前期经不起考验肯定不行。只要有患者存在，医院处方销售就永远不会消失，更别说人口基数如此之大的中国。

医药行业在国内作为朝阳行业，明天仍是艳阳一片，仓促跨入陌生的领域以期解决当下存在的问题，除了深入学习控销"本质"，上下一心，科学改造自身，还需直面、接受、解决目前面临的困难。当面对压力时，我们更需要做的是拿出更多勇气，把工作做得更专业、更细致，除此，笔者认为没有更管用的法宝了。

处方药销量为什么上不去

刘 检

销量为什么老是上不去

我们知道,医药代表都要通过统方来了解医生处方反应。但小小处方里存着大学问,一个个数字都暴露着处方医生对产品属性、利益、特点的理解与认识,是学术推广落地方法的来源和实施结果优劣的真实体现。

我们知道,若想让客户多推处方产品,前提是客户对产品了解越多、认识越透,对其价值需要才越深的基础上实现的。但在当前实际情况下,处方医生因个性差异和社会不良舆论大环境影响,都不太愿与代表沟通治疗、用药。这让代表很难了解到医生对产品接受度的真实想法。但处方不会骗人,处方中的每个字每个数都是医生意识主导的外在表现。

如一个代表有一处方潜力极大的客户,客情做了不少,也自觉处处小心服务到位,但通过统方一看,数字就是雷打不动,每个患者就是一盒,甚至还有拆零的(排除限方的情况),没有增长。此时代表自会着急,没有经过学术推广方面的专业培训,不明就里的情况下,第一意识是我客情做得不够。

接下来顺理成章就是加大拜访、增加投入,看似没有错吧?可事与愿违,次月再统方,涛声依旧,苦闷啊。这种情况笔者在临床学术推广实践中遇到过很多,大多数情况下其实是因医生对于处方产品,尤其是新品,首先考虑的是药物安全性。

对于药物安全性的理解认识,前十年还好点,那时药品相对不多,同质化也没这么严重,医生可通过自我学习产品宣传彩页上的内容,查阅些相关资料,再根据其所掌握的专业知识进行初步判断来选择起始用量。

但如果代表认识不到，得出的结论只能是：同样的产品，我付出1块，竞品付出5毛，客户自然选择我的。表面上好似客户是冲着你这1块来的，其实这是你交的学费——医生替你学习的"学费"。客户也许只花了5分钟来学习，可你每盒产品就要从此多支出5毛，亏大了！

但到了今天，新产品层出不穷，剂型、工艺上的改进更是五花八门，药物不良反应报道也日益增多，再加上就诊患者天天像洪水一样堵在门诊上，客户再也无心也无力替你补上这一环了，既没时间又怕出事。所以在落笔处方药物时，医生无一不选择最低用量来进行"安全性"试验，先确保自身安全。

我们细心观察就会发现，临床上在首次按最低剂量处方，至患者复诊时，医生都会根据病例上的处方记载询问患者初次就诊后有没有按医嘱服药，有没有按量服用，服用后有什么自我感觉。当患者回答已按医嘱服药且无类似腹泻等其他表现时，医生就可据此佐证药物安全性与产品说明书或宣传彩页上描述一致，就可放下心来按正常用量处方了。零变整，1盒变2盒就是这样在客情与学术推广的双重作用下产生的。

但现在面对的现实是，当下网络发达，患者就诊前、中、后都会将医生诊断、处方有意无意与网络，如百度知道、有问必答、好医生等的描述作对比，再加上一知半解所致不理性的自主判断，媒体宣传错位等的大环境下，医患之间出现严重的信任危机。

患者首诊用药后，只要自觉症状没有快速缓解，就换医院换医生看病去了，遵嘱率大不如前，复诊率更是因前述或其他问题持续下降。近年来发病率持续攀升效应叠加下来，造成医生面对的新患者越来越多。首诊居高，自然又重复安全自保第一的处方了。医生总是循环在首诊试探这一阶段，临床处方上量自然无处着落。

面对此情此景，很多医药代表还在一味使用客情，寄希望于医生通过自我学习破解（到今天可能很多产品经理或代表都还没意识到这点），还要客户替你学习，那当然要付出更高昂的学费，这也就是代表抱怨费用永远不够，学术推广无用的根源，层层传到企业就成了学术推广无大用，市场部是摆设。

蹒跚而行的学术

学术是苦口良药,不好吞,而不好吞带来的不吞(不用),也就决定了连其有用无用都没法去体验。多少年来国内的学术推广之路,就在这样艰难的环境下蹒跚而行,而这种情况对中小企业来说尤为突出。

限于有限的资源,国内中小企业往往愿意把同样的费用用到在电台上或者电视上打广告等之类的营销宣传上,不愿意花点钱收集个病案。企业存在的价值,就是谋求利润,一切都要用算盘划拉一番,最低投入、最高产出,是经营永不过时的金科玉律。但学术真的只是一个好看不好用的花瓶吗?不是!

就笔者而言,没有学术作"魂",再好看的销售数字,细嚼下也只是流星一现,不可持续,无法学习,复制更是无从谈起。因为销售是动态的射杀,而学术是围猎的盛宴。

话锋到此,必须一转,因为到底什么是学术?市场学术推广和销售到底有着什么样的关系?不解释清楚,再文思如棋,笔风如刀,都无处谈起。

对于上述问题,笔者在此用一段话来解释。

学术是产品的眼睛和灵魂,它解决该飞向哪里、能飞多高;销售是产品的翅膀和双足,它解决能飞多远。说起来就这么朴实。学术与销售,就像剑的两刃,双刃合一自能如意挥洒;只取一刃,则攻守不齐,累死难胜,虽胜一时也难长久。最简洁的大白话就是,市场学术推广,是由"市场"和"学术推广"两部分组成的。"市场"在前,先于"销售"策划如何把产品卖出去、把钱收回来;"学术推广"在后指导,支持销售长久,更多地赚取利润。

笔者在管理岗位服务企业的实践中深刻体悟到,所有企业经营中所涉及的概念,包括专业性极强的市场学术推广,若仅从"大处着眼"停留在纸面上,苦思冥想后堆文砌字于框架方案上,就中小企业而言,往往在呈报时就因"用钱事大",层层报告审批走流程,面临着要重复又重复的解说,而这一过程,往往在某一审批环节上,就因角度不同、认识差异过不了关,导致无疾而终。

即使能得以万幸通过,因要借助于销售落地执行才能得以实现,而对于销售而言,也是怀着犹豫观望心理予以尝试而不是协作,如此下来,方案、计划、指令在经历层层切割后,早已面目全非,到落地时已是立不起来,或虽立也立得无力,自是得到"劳民伤财"的结果,销售自然又要回到"糖加大棒"——立马见效的原始野蛮战术上去了。

但如果倒着做，从"小处着手"，先行去落地执行一些大方案中见效最快的小项目，往往是帮助"大处着眼"的市场学术推广整体方案能得以最终促使上下理解通过、全力实施的法宝。能让人通过"看得见"去理解、去接受的就不要让人去想象。英雄何苦为难英雄，更别为难自己。

从小处着手去做，既能快速获得见实效的客观数字和证据，又让人觉着简单易用好理解，那就不要舍近求远，纠结完美。让大家在对小项目的执行中真正体会到其好处，通过去"做"来"懂"，是可实现欣然全盘接受、通力配合落地执行大方案的有效手段。

笔者把这种小处着手的市场学术推广暂且称为"小学术"。小学术策划执行得好，往往能有大能耐。哪怕它一开始只是一种战术手段，运用得当，既锋利又能复制，进化上升到战略，也是不无可能的。

小学术是什么？怎么做？

笔者的观点是，小学术是整个学术推广中最见实效的个性化、有针对性的推广。

临床上量，无论对自营还是对招商代理制下的厂家、代理商、医药代表而言，都是所有工作的重中之重。开发医院其实大家心里都有数，那是可折现于货币，称斤掂量达成的。可产品进院后，才是一切重头戏的开始，临床上量是如"庖丁解牛"般的细致活。

临床上量方面坊间有很多方法手段，高招法宝秘籍花样繁多，但在笔者看来均难脱"客情"两字，至于学术推广最多就是在此基础上能把产品特点按说明书和厂家彩页讲到。

"客情"是在具体临床上实施学术推广的基础，必不可缺，但后面的学术推广若只是止步于把产品说明书内容照念、把产品宣传彩页上的内容讲到，这就远远无法达到"学术推广"的实质要求，仅仅是取经路上刚出门而已。

学术推广在开始阶段，无一不是根据前期产品在研发之初从多中心、大样本等临床研究所获数据、结论为"本"，据此制定出一套产品"纲领"。纲领里浓缩着产品属性、功效特点等，由此展开设计一套套PPT，变化出一份份不时更新数字与内容的产品介绍彩页、一个个易拉宝、一张张H5自媒体或其他宣传品。

即使再深一些细分出病种、科室等，主体定位、功效特点，包括用药方案也是万变不离其宗，实质还是"一招鲜吃遍天"。临床做学术推广，是要通过学术去推动处方，其面对的受众、客体是一个个有血有肉、与你我一样七情六欲俱全的处方医生，单靠一套着眼于全国、全局、全市场而制定的产品学术推广纲领，是无法解决入眼、入心、入处方的问题的。

而且，临床通过学术推动上量，其实施主体是一个个同样鲜活的"医药代表"，堆文砌字罗列如浩瀚星辰又枯燥无趣的临床数据，对非医非药专业的代表而言，犹如看甲骨文般晦涩难懂，再加上每家企业产品经理的培训水平参差不齐，更让代表在理解上要经历着破译密码般的痛苦过程。

即使医药科班背景能看懂能理解，可怎么和临床一线需求相结合，需要运用到另几门细分专业和学科，其中至少是包括市场调研和消费心理学知识的。由此看来，医药代表可真心易入不易做呀。

不易做，是因担负着培训重责的产品经理没意识教，或自己也不懂不会教。这又是产品经理这一环的事了。第一是产品经理自己对学术落地推广的认识理解到哪一步，自己没认识就会没这意识，代表培训就少了最重要的临门一脚技能。

第二是产品经理对学术落地执行推广路径、方法、手段掌握运用到哪一步，自己都没亲身实践过，当然没东西可教。一环扣一环下来，这就是有纲无目、有目无方。医药代表学术推广培训只简化到产品知识培训，只拿着"大一统"的武器向"准目标"实施无力的开火，打不倒人反而累个半死。代表喊冤又叫苦，对学术推广弃之不用也就理所当然。

药企做大市场的三大狠招，不得不说的"病案"

刘 检

有读者频频询问：笔者在多篇文章中反复提到"病案"一词，那到底病案有什么作用，在真实环境下又该如何开展？

下面笔者通过展示一个具体病案收集方案，来向读者朋友作出解答。希望通过此病案收集方案，能让读者初步了解病案收集跟进在临床学术推广上量中的作用及基本步骤。首先来简单说明病案在当前临床学术推广上量中的作用。

病案跟进——客户记得越清楚，销量就越高，利润就越大。

"妇科感染——非西药抗生素口服用药治疗典型病案征集"活动策划提案

一、本次通过典型病案征集拟实现三大目标：抢、逼、攻

抢：抢夺市场（空白市场）

趁着当前政府对医院市场开展整治商业贿赂，各地大力打击"带金"销售，门诊限停输液之风渐起，各地对"限抗令"执行力度进一步加大和分级诊疗强力推行之机，种种看得见、看不见的"大手"都在导致处方医生在面对西药抗生素输液使用上顾虑重重，不敢再继续或大量使用的心理。

紧盯西药抗生素真正受限或退出的市场，反其道高举学术大旗，用病案征集此种不带商业气息的专业学术化推广手段，打造公开合规的沟通平台，帮助各地学术代表与医生进行更深层次的交流，强化、促进医生对中药抗生素口服制剂的清晰认知与用药定位，抢夺、占领空白医院，或已开发但原与西药抗生素输液争夺无力的细分市场（科室），有力帮助开发，促进销量。

逼：逼出市场（原输液竞品占据市场）

一是通过准确产品定位及病种细分，逼使竞争西药输液或未有效跟进的同类中药产品让出医院份额。

二是逼使自身普遍只会做客情不会讲学术的一线人员按图索骥，与提供病案的医生就病案进行"因题沟通"，促使一线人员在市场部及各大区指导下自觉学习以提高产品相关临床用药知识，也打造与医生平等对话的平台，围绕病案进行沟通，在主题沟通中迎合、实现医生在当前环境下对产品较竞争对手价值差异的认同，借以影响其对竞品的习惯用药，减少竞品处方，提升公司产品处方销量。

攻：攻占市场（细分市场学术制高点）

在细分市场（科室）中通过病案的前期收集过程，"1+1"固定频率集中话题的沟通，中期地区性"城市病案研讨会"的集中经验分享所形成的区域学术价值认同，到后期"全国高端优秀病案研讨沙龙"的省级、国家级专家的导向发言，《妇科感染——非西药抗生素口服用药治疗典型病案汇编》一书的直递发行，都将层层汇聚成强大的处方导向氛围，占领细分市场一定时期学术制高点（此时制高点的形成或在两三年内都有影响），直接及间接促使销量抬升。

二、三大手段，两种媒介

三种专业手段

①"1+1"式固定频率的代表直接面对医生沟通（即一对一病案话题沟通），地点：代表工作城市。

②地区性"城市病案讨论会"，地点：省会中心城市。

③全国性"高端优秀病案研讨沙龙"，地点：国内重点一线城市。

两种专业媒介

①一本专业汇编：《妇科感染——非西药抗生素口服用药治疗典型病案汇编》。

②一种专业自媒体：妇科感染在线。

混乱的临床反馈，销售真让人提心吊胆

刘 检

临床上不了量，正应了"成功原因千万种，失败原因都相同"这句话。这让笔者不禁要真心说上一句：各位老板，先别忙着找什么成功方法了，别再往"老坑"里跳也就是离成功不远了。

下面通过剖析一个例子来说明，营销系统各级管理人员在未经专项培训下，势必陷入对下属指导无方、拍脑袋决策的局面，而企业在没有依据临床规律建立科学的市场一线反馈机制，并未对代表展开针对性系统训练情况下，代表长期逻辑不清，思维混乱，层层提报上来的临床销售反馈是多么的不忍观看——企业若据此作出决策，又是多么令人提心吊胆！

一段市场临床用药反馈引出的上量困惑

有一网友向我反映，他的下属代表经常反映说：医生不认可我们的产品，但因为客情做得好，医生给了一些处方销量，现在就是不知如何上量。

我把这问题放在一线代表圈里询问，群友马上给了很多答案，有从如何更详细介绍产品来解的，有表示通过加大客情来解的，有从增加费用来解的，千奇百怪，什么样的解招都有，还有联想起自己同样的境况而怨声载道发泄吐槽的。

通过该代表的反馈，笔者却觉得答案本身就在问题里。

下面我们不妨小题大做，像解剖麻雀一般，通过不断提问，采用逆向思维，依据逻辑推演来解读这段反馈。

首先，我们通过发问来剖析这段反馈的"真"与"明"，不真不明的反馈自然得到错误的结论和解法。

一、"医生不认可我们的产品"

好笼统的一句话，听得我云里雾里。我要问：A. 医生不认可的客观具体表现请先列举 1. 2. 3. ……B. 医生不认可的具体指向请先列举 1. 2. 3. ……C. 医生反馈"认可"的"标准"请先列举 1. 2. 3. ……

二、"但因为客情做得好"

又是好笼统的一句话。我要问：A. 你采用"客情"来作投入，那你选择采用此方法投入的客户标准是什么？请先列举 1. 2. 3. ……B. 有无制订针对性客情投入计划？列举 1. 目标, 2. 方法, 3. 时间……C. 具体做了哪些客情，请先列举 1. 2. 3. ……D. 你认为客情做得好的具体表现，除了"医生给了一些处方销量"，还能列举出其他佐证吗？1. 2. 3. ……E. 你是否认为上量是单靠客情获得的？如果不是，那除了采用客情，你还采用了什么方式？请列举 1. 2. 3. ……

三、"医生给了一些处方销量"

无语，是惜言如金，还是不会表述（很多销售人员的口头归纳和表述实在让人理解起来全靠猜）。我要问：A. 你是以什么作标准来定义"一些"的？列举 1. 2. 3. ……B. "给了"是怎么给的？医生是自主处方还是在患者要求下开具的？C. 自主处方，是面对什么样的患者（详细描述），面对什么病症下处方的？独立使用还是联用的？用法是怎样的？用量是怎样的？医生面对这样的患者、病症，固定都这样处方还是不固定的？D. 你有多少这样"客情做得好"的客户？这样的客户在你所负责医生中占比是多少？其销量占比又是多少？请列明 1. 2. 3. ……

在营销实践中笔者往往这时是问不下去了，不知读者是否也有同样的感受？真实的数字是经得起问的，是不会混淆我们的思维的，真实世界里的表现也不会骗人。

其次，我们通过逆向思维、逻辑推演，从这段反馈中得到当下上量的反思。

1. 问题：不知如何上量？
2. 目前现状："医生不认可我们的产品"。
3. 当下措施："但因为客情做得好"。
4. 得到结果："医生给了一些处方销量"。

据此倒推得出的公式是：医生处方药品＝客情做得好－医生不认可药品

这就引申出一个关键性原则：医生依据什么开处方药品

我们都知道，药品使用事关生死，其既能救人也能杀人，而一旦错误使用，出现不可预期的医疗事故，所有风险都会直接落在医生个人身上，其结果甚至能让该处方医生获刑！如果读者认可这一客观事实，那笔者不禁要问：什么样的"客情"能让医生顶着"杀头"大罪为你搏命开药？

如果面对这个关键性原则都还有人存在歧义，都能被打破，笔者也不知该如何解了。

期间在群内有很多朋友跳出来说：但事实就是这样，客情做得好，医生就是会用！

看上去似"对"。但这反过来只证明了一点，你反馈的"医生不认可产品"这句话不成立。

为什么不成立？那就是哪怕无良医生真把你所谓的"神药"去处方，也是基于他认可了你所有产品信息中的一点，即安全性！笔者不否认并主张客情在临床推广中作为铺垫学术推广落地的桥梁和润滑剂，但绝不认同客情是一定能换取处方的"法宝"。

另外，医生在基于产品是安全的"模糊"认识下……先打住。为何说是模糊？因为代表反映"医生不认可产品"，说明该代表并没有意识或探询到医生"当下"真正所需了解的产品信息是什么，代表传递的信息与该医生"当下"临床用药需求不符！医生解决当下即使因为代表"客情做得好"而愿意为代表处方该产品必须获得的产品信息，还是靠医生自主学习得来的，只是他没告诉你，而你也不问。

最后上量之法就是依据关键性原则，根据逻辑、参照习惯、理清脉络，由结果"倒推"。

临床现实中医生面对用药安全性的拷问，习惯依据以往用药经验和自己所掌握的药品知识，首先在"自主"判断下，选择相对"安全""可控"的"特定"患者和病症来选择用法、用量使用。这其中涉及的处方规律，一句话即"安全在前，利益在后"，在此也不累赘述。但如何上量的路径、方法、手段就是从医生的这一"自主"选择中来的。读者依照本文强调的"逻辑""规律"细推之下，在笔者已经给予了提示的关键词指引下，答案自会显现。

临床通过学术推广得以真正上量和销售持久，不是靠技巧和所谓法宝能根本解决的；临床学术推广上量无招，落地无门不见实效，其首要原因是"不会"：从上至下逻辑混乱，意识不清，放着花小钱长赚钱的事不做，只一味增加客情投入，又焉谈"得天下"。

处方药院外销售，药企这样"拿下"药店

张小平

很多工业企业同仁们已经开始了处方院外化的征程。可是一谈起和药店的合作，就会倒一肚子苦水：进货要求低折扣，连锁药店进店费不能少，被主推竞品终端拦截……和药店合作处方院外化，真的就这么难吗？

实质上这是工商双方对处方院外化（DTP）模式的误解和惯性使然。双方共同对处方院外化模式的误解主要在于：将处方院外化和处方药零售混为一谈了。

据笔者的观察，这种混为一谈在各个企业和药店内广泛存在。由于战略上没有区分清楚，导致后面的资源配置、队伍配置、渠道控制等都混乱了。

必须明白，处方院外化与处方药零售是有区别的

在这里有必要重申一下处方院外化（DTP）与处方药零售的区别。

处方院外化（DTP），是通过医院推广队伍的临床推广工作，将医生的处方持续地引到院外专业药店，由执业药师进行审方验方后将产品售给患者（或者提供送药上门服务），并给予患者后续的持续用药咨询或者疾病病程管理工作。

其商业模式更接近于传统的处方药医院销售模式，只是增加了药店专业化的处方承接和患者的后续专业服务，因此这种 DTP 模式参照了医院进药顺加 15% 的扣率模式来确定进货扣率，双方合作的前提是处方的引流，基础是药店的专业，核心是患者的服务。

很多 DTP 合作模式都引入了公益组织的赠药等福利政策，也是对患者服务的升华。

处方药零售，核心驱动力是药店而非医院（只是会有医院处方的自然流出），核心队伍是药企的零售队伍而非医院队伍，核心操作方式是陈列促销教育主推等

零售运作方式，只是其中会请医生做讲者或者咨询服务。

处方药在药店零售参照了药店平均进货毛利率的要求，一般综合毛利率在零售价的 40% 左右。处方药零售本质上是医药零售模式，主要依靠药店的主推和会员管理等药店的资源，所以企业对于药店的投入也比较大。

由于将这两种模式混为一谈，药店对前来合作的药企按照零售的行规习惯性提出了扣率、进店费、是否主推的要求，而药企则怎么算账也不合适，双方合作不下去，丧失了大好的市场机会。

同时，处方药企业有一个惯性就是和医院合作时没有讨价还价的习惯，习惯性地对医院和招标办等的要求要么言听计从，要么"含恨而去"，不做更多的拉抽屉谈判，因为没有这个谈判地位。

所以处方药企业听到药店提出的条件，不善于灵活调整合作方式，只在同意和拒绝之间选择。须知药店和医院最大的不同是其完全市场化，只要能赚钱、赚可持续的钱（持续的客流量、较高的客单价和可观的毛利，注意这三个要素之间的均衡性，否则一个要素过大会导致另外的要素降低），才是王道。

理论上的毛利率不能转变为实际的毛利率，谈什么都是虚的，所以走错了可以调头，走对了可以加码。

处方院外化，药企与药店合作三大思路

处方院外化，针对药企怎么与药店合作，我给出以下三个建议。

（一）和药店讲清楚是做处方院外化，不是做处方药零售

做持续的处方引流，引来高质量的患者流量，需要药店配套专业的服务来承接。处方院外化的扣率也有一个行规，希望药店能接受。

如果此药店确实分不清楚，按照处方药零售的标准来要求处方院外化产品了，且经过解释仍然不通，那要么换合作的药店，要么先给药店讲清楚，必须分清二者的区别。

（二）如果药企的同一产品已经在药店有零售队伍在销售，又必须要在药店进行处方院外化，则按照以下原则执行

1. 必须分品规。做处方院外化的品规和做处方药零售的品规不一样，进店的扣率也不一样。

2. 同一产品的不同品规不在同一家药店同时出现：将做 DTP 的药店分出来，

专门放 DTP 的品规；将零售的品规放在其他药店，专门做处方药零售。DTP 队伍和处方药零售队伍按照其不同模式和资源配置分别进行合作。

3. 保持不同品规之间价格的稳定性。尤其是零售的品规，不做打折降价的促销，可以做一些非价格或合法促销活动。因为价格一旦有波动，对于医生处方的引流工作将带来巨大的影响。

（三）与药店进行"对赌式"的合作

药店的最终目的是赢得顾客赚到利润，这是合作的根本。

药店提出的条件比较高，就是计划从与药企的合作上获得多大的利益（举个极端的例子，如果药店认为药企的产品合作毫无前途，就会在进货费、陈列费、赞助费方面要很多，最后卖不动撤出药店时自己也赚到钱了）。如果起始条件过于苛刻，则双方可能开始就上不到一条船上，或者在这方面耗费了大量的时间。

怎样解决这个问题呢？"对赌式"合作是其中一个办法。怎么对赌呢？举个例子：如果药店要求的进货扣率较低，可商谈一个双方都能够接受的、最终药店会赚到目标利润额的数，先以较高的扣率开始合作，如果在约定时间内达不到这个利润额，药企负责补偿全部或部分差额，或者按照最初提出的低扣率来结算。

这只是一个例子，但它的最大优点就是很快会启动合作：药企会按照自己的资源分配方式去开始行动，而药店则会有一个利润安全线，所以一开始也会给予最大的配合。

笔者的销售队伍按照上述方法与药店合作已有一年左右了，结果是双方都比较满意的。所以这三大建议，能够帮助战略上决定做处方院外化的药企迈出这最关键的一步。

处方院外化还是处方药零售

张小平

处方院外化的必要性和紧迫感就不再赘述了。这已经不是一种趋势,而是一道洪流,滚滚而来了。

然而,在实际操作中,实施处方院外化战略,这五个问题是必须要解决的。解决方法不对路,处方院外化就不能顺利推行下去,最后在固有阻力和新的质疑声中,将会不了了之。

这五个问题分别是:

1. 是要做处方院外化,还是要做处方药零售?
2. 什么产品适合做处方院外销售?
3. 处方院外化,惹怒了院长怎么办?
4. 药店要进场费和较高毛利空间,渠道成本过高怎么办?
5. 已有队伍做,还是新建队伍做?销量怎么分?

处方院外化,是指患者凭医生处方,到医院药房之外的地方去购药的一系列行为总称,简称"医生—患者—药店"模式,加上其中企业的推力和报销政策的因素,就是"企业—医生—患者—药店—医保"的"DTP"模式。

DTP模式的核心要素,我认为不是单纯地从操作产品是否是新特药、慢性病用药等来判断,而是基于以下三个特点:

1. 其核心动力源来自医生的处方,药企在医院端布局销售队伍引流处方出来。
2. 药店端有专业的硬件设施和执业药师审方,有与院内相同甚至更实惠的报销和购买政策让患者进得来。

3. 售后由医生、药店、药企组成的专业客服能够给予患者长期的用药咨询和阶段跟进的疾病管理服务。

业界容易将处方院外化与处方药在药店零售混淆,其实二者之间有本质的区别:处方药在药店的零售,核心驱动力是药店而非医院(只是会有医院处方的自然流出),核心队伍是药企的零售队伍而非医院队伍,核心操作方式是陈列、促销、教育、主推等零售运作方式,只是其中会请医生做讲者或者咨询服务。

二者的核心驱动力不同决定了企业和药店合作的产品折扣截然不同:DTP 模式参照了医院进药顺加 15% 的扣率模式,而处方药在药店零售则参照了药店平均进货毛利率的要求,一般在 30%～40% 的毛利点。

很多药企在判断不清二者区别的前提下资源配置出现错位:本来是该做 DTP 的却付给了药店高额的渠道费用,本来是该做 DTP 的却在药店市场配置零售队伍,本来是该做处方药零售的却在做医院处方的引流工作,本来是该两者都做的却不能区分销量属于哪个队伍……资源错配就不能发挥最大压强法则,最终错失市场机遇。

因此,想做处方院外化的同仁们先照着上面所述的三条标准和三个区别鉴定一下自己拥有什么、想要什么,是处方院外化的 DTP 模式,还是处方药的零售模式,抑或是二者都要。如果二者都要,扣率怎么谈、销量怎么分?

梯子搭对了,再远的路都有捷径。

OTC 营销

OTC市场正在发生四大惊人变化

李从选

随着医改的深入、招投标的继续、电商的冲击、网络环境的巨变、大健康产品和市场的持续大幅度升温等因素冲击，OTC（非处方药）市场开始变革与创新。

OTC产品市场营销的渠道、终端推广、品牌塑造、零售供应链等都出现了一些新的动向。

电商及互联网思维成为OTC企业的标配

互联网，尤其是移动互联网的来临，使得中国医药行业的集体焦虑症在加剧，论坛社区必有互联网话题，聊天必谈互联网思维，人人都想搞电商。药企搞电商很快成为标配。笔者认为，电商在OTC企业将出现以下趋势：

（一）纷纷成立电商相关组织架构并配备人员编制

无论你怎么重视，如果连专门的电商机构和人员编制都没有，就谈不上真正重视电商。没有人具体开始运作，无论看了多少有关电商的文章和了解了多少电商运作，都是没有用的。

（二）电商线上渠道和实体店线下渠道出现价格冲突越来越不可避免，需要规范

冲突来自两个方面：

1. 各连锁药店的网上药店和大健康产品在京东、淘宝等低价竞争，对实体药店的冲击巨大，且心理冲击大于销售冲击。消费者拿着网上价格到药店找麻烦，导致药店信心降低，这需要OTC药店强力维价。

2. OTC自己建立的电商的低价竞争。

避免的思路如下：产品分线运作，线上和线下运作不同的产品线。在线上要

培育线上销售为主的品牌产品线。这才是真正的电商和独立的渠道。此外，可以从机制上避免自己建立的电商渠道对实体店的冲击。方法是自己的电商部门只做平台、技术支持和客服相关工作，具体不承担销售考核指标，不打价格战，尤其是在传统渠道已经成熟的产品更是如此。

（三）品牌、市场沟通、营销管理手段开始网络化

打造品牌的方式不再依赖电视媒体。各企业开始纷纷利用新应用工具，如微博、微信、今日头条、微电影、微视频、邮件、公益口碑传播、各种APP、百家号、二维码、搜索引擎优化、线上线下互动、大牌电商合作、微支付、网络会议等，进行品牌传播、消费者教育与互动、店员教育与培训、工作沟通和OTC代表的日常工作监控。

这是互联网思维落地的具体方法，也可以看成是商务电子化，也就是以各种网络手段提高工作效率与效益。

进军OTC市场的处方药企业剧增

由于国家打击以药养医、狠抓处方药营销领域的商业贿赂以及招投标落标退出等影响，越来越多的处方药企业转型进入OTC领域，包括外企处方药企业也开始重视OTC产品与市场营销。如拜耳收购滇虹进入OTC市场，法国益普生集团等外企看到中国OTC市场的快速扩容也纷纷进入。

马太效应凸显，行业集中度快速提升

市场经济、集中度提升是必然趋势。一段时间以来，医药工业、医药商业、连锁药店的兼并重组、倒闭的步伐大幅度提速，大有"山雨欲来风满楼"的态势，比如销售五个亿以上的优质连锁企业都出现要卖掉的传闻。

在OTC营销方面，未来有品牌、有实力、有团队的OTC传统强势企业，将在竞争中处于优势地位，会推出更多的重磅产品及其二线产品，牢牢占领OTC市场。未来仅有产品优势或者独家产品的企业，已不可能获得市场，因为同质化的产品多如牛毛，做不起来的产品只能是空有批文，其选择只有一条：把产品总代理给有销售团队和销售能力的企业。

由于连锁集中度的提升，凸显了KA（关键客户）工作的重要。不和大连锁合作意味着放弃OTC主流市场。因此，未来还有一个趋势是各大品牌工业的KA

团队必将快速扩大，覆盖与服务的终端数量也会扩大。

仅有推力、铺货、连锁的高层重视是远远不够的，因为高毛利产品在连锁药店有 1200 个之多，品牌高毛利也成为连锁首推的标准，高毛利产品太多，就形成店长、店员的注意力分散和市场容量共同分享，故抢夺店员注意力和眼球以及抢占终端货架的工作重要性越发凸显，毕竟药品主要是靠店员卖出去的！而这需要大量的终端团队，拥有执行力的 OTC 市场营销团队必将成为营销的核心竞争力。

未来一段时间连锁供应链及品类合作的趋势

未来连锁药店对 OTC 企业和 OTC 产品的要求是：

（一）增量和弹性需求品类，品质品牌双优

独家品种、目前药店尚未完全满足需求的品种、弹性需求的品种、增量品种是药店品类构建优先选择的品类，而已有的体量品类（各类药品）药店已经构建完成，非品牌的高毛产品体系也已构建完成。连锁药店对品类的需求不强烈，甚至无需求，只有一些升级换代优化的需求，且目前大多数连锁店缺乏数据分析，优化升级没有依据，只能是凭着感觉和关系导向来做品类管理。

（二）控销或者专销产品和直供、贴牌成为大连锁的需求

控销、专销是大连锁保护其利益的正常诉求，OTC 工业应对策略是产品体系分类运作，不同连锁供应不同的产品，然而这一差异化产品线策略是大企业的游戏，小企业只能是一城一家渠道模式来做了，或者干脆无法提供第二套产品线，因此未来的市场是大企业的天下。

（三）大健康新品类

这是一个持续升温的市场，是全民保健意识提升后人们的必然选择，也是健康中国的必由之路。中药品类尤其是参茸贵细成为这一品类的龙头品类。药店需要突破医保限制非药销售的问题，且学会销售非药大健康产品。药企要开发出适销对路的产品，尤其是如果要在 OTC 渠道销售，则产品的准入资质是 OTC 产品和有蓝帽子保健食品批文的产品，仅仅是食字号还是有很多问题难以突破。

（四）提供品类优化系统营销解决方案，不仅是单个产品

产品群合作，黄金单品突破。突破有系列动销方案做支持，比如地面团队的终端各种动销与推广相关工作，系统到位的店员销售技巧培训，推广费用、方案、物料支持。

（五）强强战略合作将进一步成为趋势

资源争夺战和资源投向成为连锁药店和工业都关注的问题。强强联合，投入有产出，合作快速上量，市场培育共同，工商之间相互妥协、相互支持成为共识。事实证明，凡是自以为是、拒绝优质品牌供应商的连锁，门难进、脸难看、事难办、机制复杂、效率低下的连锁药店，都没落了或者被迫卖掉了。

OTC营销十大模式

李从选

医药产品销售中，OTC（非处方药）产品最为市场化，竞争最为激烈，因此OTC产品的销售模式也就变化最快。两年营销模式不创新，就会落后于行业和对手，也不被终端客户看好，销售开始下滑。最近几年来，OTC产品的营销都经历了什么样的模式，各种OTC营销模式的发展趋势是什么，笔者做了系统的梳理与总结，与各位同仁分享如下。

一、广告轰炸塑造品牌的拉动销售模式

模式模型：选择央视或者卫视组合，在黄金时段进行大曝光量的电视广告投放，树立起品牌产品形象，然后依靠品牌拉动力量，反过来倒逼渠道终端不敢不销售。

代表企业：哈药、仁和、江中、云南白药、康恩贝等。

模式趋势：随着网络新媒体的出现和媒体分化、碎片化以及新《广告法》的正式实施，广告轰炸塑造品牌的拉动销售模式日渐式微，成本越来越高，效果越来越差。但这一模式并非就不能使用，这一模式的媒体投放趋势不再以黄金时段为主，而是以精准的靶向投放为主，以选择目标受众收视率高的栏目或者合办赞助栏目为主。

笔者认为，50岁以上的老年人，由于眼睛的问题和长期养成的看电视习惯不会一下子改变，因此电视广告塑造产品品牌形象这一模式还是不会消失的，只是需要更加创新而已。

二、新媒体塑造品牌拉动销售模式

模式模型：把传统电视广告媒体投放转移到新媒体和自媒体上，依靠新媒体投放把年轻的网络媒体接触者作为主要媒体受众，拉动销售。

媒体选择：网络投放、微博、微信、微电影、小视频、H5、病毒营销、事件营销、互动营销。

代表企业：三九、广药、三金、康美、康恩贝等。

模式趋势：新媒体塑造品牌拉动销售的模式，伴随着电商的野蛮疯狂式增长，必将越来越显出其生命力，尤其是当"80后""90后"成为购买主力的时候。企业必须紧跟时代趋势，加大这一模式的研究和应用。

三、直供终端连锁药店贴牌推动模式

模式模型：生产企业选择一些品种，尤其是同质化的品种，只给大的主流连锁药店供货，或者与以纯销为主的商业公司合作，给终端或者商业专供、贴牌（连锁自有品牌模式）、总代理。这一模式基本上是把所有利润让给连锁药店，或者让给总代理的纯销型商业公司，依靠连锁药店终端的推力或者商业的推力实现销售的模式。

代表企业：四川禾邦、南宁维威、太极等。

模式趋势：随着连锁药店并购的步伐加快，直供还将进一步发展，包括外企和大型品牌企业的一线、二线品种的专供产品和专供品规模也将快速发展起来。如果连锁集中度快速增加，直供终端模式对于没有特色独家品种和竞争力不强的工业企业来说，将是一种灾难，其份额必将被贴牌和连锁药店的自有品牌取代。

四、直供药店采购联盟模式

模式模型：通过赞助以及直供各地以省为单位的药店采购联盟，把产品快速导入各地连锁药店，通过联盟内部首推、培训或者活动来销售产品。

代表企业：浙江维康、鲁润药业等。

模式趋势：由于企业家刘忠良先生推动中国医药物资协会在各省都成立了药店采购联盟，且联盟是今后中小连锁药店抵御全国性上市连锁公司竞争的一个较好方法，因此该模式还是有一定生命力的。个别企业也因此解决了产品的准入问题。

五、第三终端深度分销人海战术模式

模式模型：产品种类齐全的生产企业，通过大量人员配置到三四级（县乡镇）市场，协助商业送货到广大基层终端和协助重点终端做推广活动；或者通过商业三员（采购员、销售员、开票员）奖励让产品覆盖所有终端。

代表企业：葵花、修正、仁和。

模式趋势：该模式在目前阶段还是有一定的生存空间的，毕竟基层终端各种客户有此需求，但随着直供终端的快速配送公司的发展和政策监管的趋严，尤其是国家金税工程对涉税行为实施的信息全采集，使得低价偷逃税票的行为被终止后，这一直供基层终端人海战术的模式将会逐步被一些控销模式取代，未来前景并不看好。

六、OTC 产品的选择性控销助销模式

模式模型：通过差异化的产品，在控制终端数量和距离的选择性基础上，进行控制性销售。主要控制有货终端数量，控制销售区域，不发生低价冲窜货行为。控制好各级价格体系，尤其是零售价，保证各级利益和推力。

代表企业：康美。

模式趋势：控销是一种选择性合作，是未来最有前景的 OTC 营销模式，其控销的终端从社会零散终端到城市药店逐步铺开，其本身的发展趋势是从控销到助销。其中助销是关键。

控销模式是最近两年突然之间火爆的模式，其原因有三个：

第一个原因：终端规避竞争的需求

我们知道最佳的竞争战略就是"不与别人竞争"。由于我国终端数量已经达到 45 万家，过度开店、过度竞争其实不可避免，价格战无法控制。控销模式通过控制有货终端的数量，规避了竞争。控销模式往往是一街一店、一镇一店，其实就是为了这个商圈内只有我有这个产品卖，不怕别人来打价格战。

第二个原因：工商选择性合作的需求

未来的连锁药店供应链竞争，选择性合作将是趋势。就是一群连锁和一群供应商合作，另外一群连锁和另外一群供应商合作。除广告大品牌出品，终端别想所有产品通吃，都卖得好。同样，供应商也别想着所有终端都能卖好我的产品。两大原因导致选择性合作：一是连锁药店员工的注意力有限，不可能关注到所有

厂商的所有产品；二是供应商的资源和人力永远有限，只能选择性投放到合作好、有产出的连锁药店和终端，不可能关注到和服务好所有终端。

第三个原因：终端构建差异化的需要

连锁药店差异化的根本还是商品差异化。没有商品的差异化，其他差异化意义不大。控销模式是实现差异化最佳最快的途径。即使完全相同的产品，不同药店卖的产品产地、规格、包装、厂商都是不同的，也可以在一定程度上实现差异化。

七、KA 营销模式

模式模型：本质上是控销的一种，只和某个城市中排在前三位的主流连锁合作，把所有资源投放在主流连锁上，产品也不给社会散店供货。或者专供 KA（关联客户）连锁产品或者品规。

模式趋势：KA 合作模式随着连锁上市的疯狂并购，规模快速扩大。门店数占到全国的 40% 左右，药品零售额占到约 60% 以上。主流百强连锁成为不可忽视的终端主要销售力量。因此国内大企业和外企，纷纷成立 KA 部，专职人员负责和连锁药店打交道。专供产品或者专供特殊品规的产品，协助主流 KA 连锁药店上量。

八、线下销售者活动拉动销售模式

模式模型：主要医院医生拉动和自己的业务员在线下针对消费者的各种教育、培育、传播、公关活动，让消费者认可其产品的好处和利益，成为忠实消费者。

代表企业：百洋企业集团（迪巧，10 多个亿的销售，没有电视广告投入）。

模式趋势：大数据时代，针对消费者的培育，利用粉丝经济和自媒体互动传播是一种趋势。因为药品面向的始终是窄众人群，培育消费者需要精准的活动投放。

九、OTC 普药渠道覆盖模式

模式模型：主要利用纯销型商业渠道或者大的药品交易批发市场（如安徽太和药市）进行深度分销覆盖广大终端，对三员进行奖励，扩大销售。

模式趋势：随着其他模式的崛起、同质化竞争的白热化以及国家税控体系的严管，使得社会小药店不要发票因而价格可以便宜的优势消失等原因，这一没有销售能力的企业普遍采取的粗放式营销模式不具有活力，必将日渐式微。

十、电话直销模式

模式模型：在全国性发行量大的大报上刊登咨询热线，线下建立自己的呼叫中心和电话客服团队，建立顾客档案，然后再通过社会物流公司邮寄方式把产品和宣传资料直接寄给消费者。

产品选择：老年人产品、保健品、医疗器械（如眼镜）等类型产品。

模式趋势：这仍是一个有效的 OTC 产品销售方式，看看《参考××》上频繁的广告，就知道这种 OTC 产品营销模式的力量。电视大多是选择生冷品种，大幅度提高售价，消费者现身说法，按照疗程销售。新广告法后还能不能持续不得而知，这里不再赘述。

OTC 市场销售"五部曲"

刘 检

最近,处方药进军 OTC(非处方药)市场成了一大热门,但是,对于 OTC 市场怎么操作,处方药企大多不懂,而且大家虽然都是在卖药,却老死不相往来、互相看不上由来已久,都拿着处方药那一套去做,所以转型成功者少。

其实 OTC 比处方药难做,那么,OTC 市场应该怎么做?下面是笔者总结的 OTC 市场销售"五部曲"。

一、"挖坑"深掘市场机会

"挖坑"于我们的销售而言,就是分析市场,挖掘市场机会点,根据企业的研发能力和能承担投入的资源,锁定最有可能谋取最大价值的那块市场,并予锁定。市场是什么?是消费者群。

我们国内大多数药企长期以来所做的市场调研和分析不是依据消费者群来做的,而是依据产品来做的。为什么?因为产品要么仿,要么根据一个老方子来做,或是干脆用直接买来的批文。产品是孩子,已经生出来了才去找奶娘。企业的研发部门大多也没真干研发的事,更多的是在不断换装上作文章——有糖换无糖、口服改针剂、片剂改胶囊。

所以,我们做的市场调研和分析,就是依据现有批文把同类产品拿来一个一个看。从历年的销售数据到做出增长曲线,从产品供价、零售价到包装规格,从全国到一个省视野下的渠道覆盖率,从其销售政策到合作的渠道客户等。谁销得多,这就说明好卖有得赚。如果我们已有这样的产品,就改个更好看的包装直接上;如果没有,我们就买个这类批文回来包装上市,或找个相同适应症的方子来重弄一个产品上市。这就是简单、粗暴、原始但有效的挖掘市场机会，简称"挖坑"。

二、渠道为王下的"埋灶"

这"灶"，指的就是产品能最直接到达消费者的销售渠道。因为都盯着吃现成的，同类的往哪卖我就往哪去，所以我们热衷于去渠道中挖掘机会点。

如何占别人的坑，把别人逼出坑，让自己产品多挂上几节车皮，这是最重要的"营销"大事，这也成了我们从销售概念转到营销概念的启蒙过程，渠道为王时代就此拉开大幕，渠道成了市场。

三、构建渠道拉拢消费者

但市场总有天花板，摸到时就到了市场优胜劣汰的时候了。所以，如果想合理选择渠道先把自己拉到消费者面前，紧跟着要做"堆柴""浇油""点火"的事了。

"堆柴"就是渠道架构如何搭建的问题。首先是从渠道集中度来选择的。因为消费者群在当时是相对分散的，所以渠道在跟着消费者群走的情况下，搭得太集中就容易出现火烧得太小，销售曲线平缓，总量达不到财务周期中的增长要求，回报曲线相对太长，把企业直接拖到饿死；堆得太松虽然起火容易，但是烧得太快，水刚烧开火就熄了，产品生命周期被人为缩减，企业立即陷入无米下锅之地，毕竟批文价值不菲，再投入新品不是那么容易的事。所以，搭建渠道这门技术活就成了市场模型产生的起点。

另外，就是经济概念下的渠道选择。在没有大规模城镇化之前，北、上、广、深为代表的一线城市就是又有购买力又有购买欲的城市，剩下的都可称为农村。攻关的渠道就是这大农村概念下的城市二级医院和县级医院。于临床处方药而言，是农村包围城市还是城市拓展农村，本是个双项选择题，但因为城市都被外企原研药占据着，所以大多被迫单选，走了农村包围城市这条路，如扬子江、步长、黑龙江珍宝岛的明星产品。

四、渠道维护重在"浇油"

渠道搭建好了，但这一渠道上对手众多，再加上国内并没有自主研发真正意义上的独家产品，所以如何刺激渠道偏好自己的产品，快速把产品推至消费者群面前，就成了摆在我们面前的又一大事。

思路跟着渠道转，要想马儿跑得快，就得让马儿吃得好，成了指导我们做渠道的思想。此时就要投入"香油"滋润渠道，换取独宠。以 OTC 为例，各种针对渠道大到厂商联盟独家销售，小到具体的买赠，深度分销、义务店员培训就开始了。而渠道此时相继提出了进店费、上柜费、陈列费、店庆费、培训费，现在更热衷于贴牌代工式的合作。

五、"点火"终端实现销售

还是以 OTC 为利，因为笔者觉着 OTC 相对临床还算是一个不唯政策吃饭、自由竞争的市场。药是靠店员一盒一盒卖出去的，渠道竞争者众，谁都舍得出香油钱，但渠道滋润了，终端卖场的店员不推，仍是让人望洋兴叹，这就又进入了"终端为王"的时代。

至此就该给这市场点把火让它烧起来了。于是，针对终端店员我们除了再给点经济刺激，为让其推得容易，我们同时打起了刺激消费者购买的念头，这就是"销售就是推、拉结合"这段话的由来。

怎么做？为刺激店员，我们先对店员额外给提成，到后来发现店员家家药企的提成都在拿着。我们无法做到独家供应，自然失去了独宠。于是我们开始往店里面输送专职导购员。人在门店内工作，工资我出，但其只专卖我的产品，这样既可防止别人终端拦截我的产品，也更给了我们 100% 拦截购买别家产品的顾客换购我们产品的机会。

同时，针对消费者，我们不需要去研究他们的消费需求或习惯，只要来到门店就是来买药这一点是板上钉钉的，只是买谁的必须要引导。于是针对消费者这块，有钱投的就猛打电视广告，再没钱的也得搞点买赠，抽奖，空盒换药，买药送鸡蛋、送卫生纸、送油、送米、送洗衣粉等促销。店员和消费者两头点火后，这"市场"总算是动起来了。

在这销售五步曲中，除了挖坑这活做得不地道之外，"埋灶""堆柴""浇油""点火"这一通弄下来，渠道和终端这两个销售的齿轮终于动了起来，销售真正地开始，剩下的就是继续重复上述五个步骤。到此回头一看，我们的一切工作不过仍是在紧紧围绕着渠道殚精竭虑。

药企七步打造"超级终端"

祁 刚

普药控销模式历经十几年的发展到现阶段，国家监管越来越严，厂家之间竞争越来越激烈，使得普药控销领域的各级人员纷纷感受到了任务的压力，很多时候都觉得不太会"玩耍"了，甚至有种"江郎才尽"的感觉。

那么，在新形势下，普药控销完成任务的保证在哪里？

我们都知道，普药控销成功的关键点在于控渠道、控价格和控终端。对于控渠道和控价格来说，它们只是控销模式发展的保障手段；而对控终端来说，才是我们大幅度提升销量、得以完成任务的必要条件。

所谓控终端就是我们可以自主选择终端进行操作，通过铺货、陈列、店员培训、活动推广等手段完成产品的销售，而对其他未被纳入在选择范围的终端，则不予合作。

对于选择的终端，我们完成任务的重担自然在它们身上了。大多数时候，我们无法完成省总制定的任务，我们肯定会责怪这些终端不给力，但是不是也同样需要反思一下终端不给力的原因以及如何能让终端给力吗？

众所周知，国际奥委会在选择赞助商的时候，有一个"TOP 计划"，也称为顶级赞助商，又名"奥林匹克伙伴计划"，是国际奥委会为保证奥林匹克运动充足和稳定的财源于 1985 年推出的一个市场开发计划，从全球范围内选择各行业内最著名的大公司作为国际奥委会的正式赞助商。它向整个奥林匹克运动提供资金支持，是目前国际体育市场开发最成功的项目。

TOP 计划每 4 年为一个运作周期。加入该计划的企业将获得在全球范围内使用奥林匹克知识产权、开展市场营销等权利及相关的一整套权益回报，更为重要的是，TOP 伙伴享有在全球范围内产品、技术、服务类别的排他权利。这种类别的排他权利通过国际奥委会与各国家（地区）奥委会签订协议的方式在各国家和地区得到保障。

那么，对普药控销来说，是不是也可以借鉴这样的操作模式，实施我们的TOP 计划呢？

一、优化终端数量，将合作终端打造成"超级终端"

我们都看过成龙主演的《超级警察》系列电影，对主人公超凡的能力和勇猛顽强的精神赞叹不已。如果每名警察都能成为超级警察，那么何愁重案大案不能侦破，犯罪分子不被绳之以法？同样，对于终端来说，如果每家合作终端都能打造成为"超级终端"，还愁我们的任务不能完成？那么，超级终端需要具备什么条件呢？

（一）必须有广泛的消费者基础和较大的影响力

超级终端必须要优中选优，必须是区域内成立时间早、信誉良好、专业水平高、医保涵盖的终端。只有和这样的终端合作，我们才能达到抢占战略制高点、强强联合的目的。

（二）必须有并肩奋斗的共同理念

双方的合作一定要建立在互惠互利、相互认可和尊重的基础上才能实现。我们相信终端的实力，终端认同我们的发展规划，这样双方才能配合默契、达成双赢。而绝不能是某一方"剃头挑子一头热"。如果那样的话，合作的前景一定不会乐观。

（三）必须要签订合作协议，确保各项工作开展得到遵守

现在比较流行的一句话叫"契约精神"，双方在合作前一定要充分沟通协调，明确双方的责权利，在签订合作协议后，都要彼此遵守契约，让各项工作能够顺利开展，真正落到实处，最终确保任务的完成。

二、通过"组合拳"，让超级终端真正发力

适合操作的"超级终端"选择好后，我们就要开始实施打造计划了。通过我们的"组合拳"，四招打造"超级终端"。

（一）营造主场氛围

我们要通过形式新颖、种类丰富、让消费者眼前为之一亮的各类宣传物料，将超级终端打造成我们的"主场",达到像我们自身企业专业门店一样的效果,营造良好销售氛围,刺激消费者购买。

(二)把店员培养成"家人"

打造超级终端,必须要得到店员的支持。我们要通过店员培训会、微信课堂、活动现场传授等方式对店员进行有效的培训,让店员掌握疗程推荐和联合用药的技巧以及如何提高"客单量"和"客单价"的技巧,使得店员学会更多的技能,在行业内更好地发展。让店员认可和信任我们,把我们当成"家人",真心帮助我们推荐产品。

(三)全品铺货并清退其他控销企业竞品

既然我们给予超级终端全面的支持和帮助,促进超级终端提高知名度和竞争力,获得更大的经济效益,那么对方也必须给予我们全品铺货和清退其他控销企业竞品的保证。这样才能确保我们整体产品群的销售以及有效打击竞品,促进销售最大化。

(四)持续开展店头促销活动带动纯销

我们不但要定期为超级终端开展店头促销活动,确保超级终端产品动销、不压货,还可以像一些知名超市定期发放宣传海报、开展不同时段的优惠活动那样,定期为超级终端免费制作宣传海报,帮助超级终端利用节日开展相应主题的促销活动,提供活动方案和活动赠品,成为超级终端的活动策划和推广顾问,更好地促进双方长期合作。

有的人会问,实施 TOP 计划有什么意义吗?我给大家举个例子,如果你原来操作一个区域的 20 家终端,每家终端每年销售 1500 元,那么你完成的任务就是 30000 元;而如果你从中打造出 10 家超级终端,在你的规范操作下,每家超级终端每年销售增长到 4000 元,那么销售额就是 40000 元,这样就可以达到在减少终端的情况下,你的销量不降反升!而对你来说,减少了一半的精力投入,让你不必疲于奔命,同时你的销售费用也在减少,经济效益自然会有较大的提升!

TOP 计划虽然让我们又减少了一定数量的可操作终端,看似减少了销售的机会,但我们却从此换来了终端全品销售和清退其他控销企业竞品的转变,同时也牢牢地把终端掌控在自己的手中,这样的意义难道还不大吗?

如果你还认为,这样的操作太过于理想化,很难去实现,那么,我希望大家记住这样一句话,"用极致的态度去做事,想做不好都难"。如果我们真的是用极致的态度去对待自己的工作,对待 TOP 计划的操作,那么,我想迎接大家的一定是豁然开朗、"柳暗花明"的畅快感觉和一片崭新的天空!

百强连锁销售上量的三个绝招

刘 检

在面对不少处方药厂家招标降价弃标的同时,我们也见到一些处方药进入百强连锁药店后,单品年回款都能有几千万元。但看似比较容易上量的连锁,尤其是百强连锁,在产品真正开发稳定上量的整个过程中,其难度往往是比原来的医院招商、开发、上量更加艰难的。经过营销实践,笔者在此提出处方药产品针对国内百强连锁药店实现快速开发上量的"落剑三式"。

第一式:"直剑式"

高层开道、中层跟进、基层切入、抢占高点。百强连锁是稀缺资源,为兵家必争之地,其具有组织结构庞大、环节复杂的特点,异于医药代理企业。处方药企在没有操作百强连锁的经验和地缘人脉关系的情况下,单靠中层如大区经理等很难在短时间内迅速展开接触并完成合作谈判,因此要采取上层直接突破。

在洽谈具体合作时,处方药厂家销售人员与百强连锁主管采购人员作为执行层各为其主往往很难达成共识,甚至厂家销售人员在进入市场后会出现一两个月都不能与采购人员展开实质性洽谈的困难局面。

但医药圈都是相通的,双方高层与高层之间通常都有相互结交的需求,因此处方厂家高层必须借助此需求点亲上一线,利用自身圈子迅速搭建到锁定的百强连锁高层,通过各种中间人脉快速与百强高层结为朋友,在双方非物质价值交换的意识作用下,直接促成厂商间在战略层面上的合作。

高层达成合作共识,中层就能快速跟进获得走"绿色通道"机会,解决进店铺货问题,同时也直接促进落实基层人员锁定重点门店,正常开展各市场推广及销售工作。这就像大血管不打通,小血管就难于运行,造成微循环堵塞,那再高妙的招术都使不出来。

这其中要注意的是,必须利用此良好时机一次性解决保障产品今后上量的问题。例如,在结款上尽量避免"实销实结"这种容易陷入拖拉扯皮的付款方式,要力争做到预付款或压批结款,归在重点类别产品而不是其他分类,作首推而不是次推等。一开始就从"制高"点上给予保障,是确保今后开展市场推广和销售上量工作的前置。

第二式:"合剑式"

部门协作、周密计划、准确定位、快速切入。处方药企业市场部与销售部门是同一把剑两面刃的关系,在达成合作谈判后要紧密协作,共同开展市场指导与销售执行工作,避免方向不清盲目进入,造成执行上反复调整,工作停滞受阻。这阶段首先在产品还在办理资质审核发货之前,两部门要一起协同进入市场及商圈内各重点药店门店展开数据调查。

市场部要站在整个区域市场及商圈的角度,着力于市场及药店门店所处商圈内医院处方对院外市场的购买影响度、准目标客户群体的识别特征、消费意识与习惯、决策及购买能力、市场未来三年内消费变化、其他竞争连锁药店市场表现、同类竞争厂家产品定位、卖点及市场占有率,等等。

销售部门则站在直接涉及实施销售的连锁药店总部和下属重点门店角度,着力于调查了解连锁总部相关环节负责人情况;各采购、推广、物流、回款环节管理流程,重点门店内销售排名前三的竞品的主要销售模式,在店内常规促销方式,连锁对其合作表现反馈,其与连锁上下客情情况及主要公关手段,门店内店长管理、店员推荐习惯,患者卖场内决策消费习惯,竞争厂家代表表现等。

在这些外在内在、大数据小数据都经汇总整理后,两部门就这些市调数据情况经充分沟通讨论分析后,由市场部门制定出具体的销售指标及投入预算、市场推广目标、阶段推进和达成计划。销售部门据此制定人员配置、考核激励机制、促销政策及目标达成实施计划。

这阶段涉及很细的内容。例如,在市场推广计划中,市场部在产品主定位下,还需准确设计出在门店内具竞争性的副定位。从易于快速切入催化上量的角度出发，产品副定位或设计为单独使用，或定位于联合用药，举例如下（文中产品名称为化名）：

泌克胶囊：泌尿感染、妇科炎症、皮肤性病新特药。

三大症状（尿频、尿痛、尿频）、两大卖点（专利）、一个承诺。

女血捷口服液：防早更，治痛经，经前经期都适用。

一个指标（平均红细胞体积升高）、三大症状（手脚冰凉、色斑掉发、经少成块）、一大卖点、一个体验。

通舒软胶囊：中西联合疗法，不痛不泻治便秘。

瞄准人群，盯紧阶段（初期），敢验疗效。

腹宁片：快速止吐停泄，小儿服用放心。

痛疏停分散片：国家专利，头痛立服痛疏停！

第三式："聚剑式"

落实首推，锁定标杆，关注陈列，复制放大。首先是跟踪连锁药店总部，层层推动各环节将产品首推文件下发到营运部，敦促门店营运部执行首推政策，推进片区经理、店长执行，引导落实店员首推。其工作重点是要采取多种方式宣传告知店员产品定位首推属性、首推政策（最好计算到每个店员有多少元的提成），以防连锁采购截流部分首推资源导致销售流产。

其次，要第一时间获取连锁药店详细的直属门店的名单，从准确信息来源中勾选出其总店、旗舰店、同品种一级店，挑选出适宜打造的标杆门店并予以锁定。榜样的力量是无穷的，从众心理是国人的普遍心理，争先恐后的心理更是值得利用。一定时期内要聚焦于锁定打造的标杆门店，在人、财、物上予以重点保障并严格考核动销、上量过程。

优秀的陈列是门店内无声直面消费者的第一推荐员。中层管理者尤其要关注对此项工作的指导和检查。做店长店员等的工作是需要一个时间过程的，而优化后的产品陈列是当下即可实实在在促进销售的法宝。

只有经过培训的店员才出生产力。接下来通过微信群、DM单、产品胸卡、店内小会、陈列PK、POP创意大赛、微信晒单、首推竞赛等各种方式和手段展开门店包装、上架陈列、店员产品知识培训、销售激励。（记住：首推政策不落实，店员培训激励不到位，包装陈列放任不管，其他工作做再好也白费。）

在样板店中，陈列、产品知识、动销成为最好的典范。这个过程中最关键的是搞定样板店的店长，让其愿意并积极配合我们传播产品如何动销上量的手段方法，以影响带动其他门店的销售。

锁定打造的标杆门店内产品动销了，政策跟上，慢慢就会形成良性循环。这个时候，需要将标杆门店的成功经验予以宣传放大到其他门店，此时就需更进一步加深与门店的客情，让店长和店员真正认可我们的企业、产品，代表我们提供服务。

店长联谊等活动就是最好的方法。从店长开始，可以在当地定时组织标杆门店＋普通门店的销售人员联谊会等宣传公关活动，鼓动大家复制标杆门店的成功做法，放大标杆门店的成功果实。

如果处方药生产企业在面对百强连锁药店时，能参考以上"落剑三式"——落实执行，相信必会有不俗的收获。

药企如何攻下连锁药店和诊所

祁 刚

普药控销模式自兴起发展到现在已经有十几年历程了,目前很多品牌企业看到了以修正、葵花、仁和为代表的普药控销企业的超常规的发展速度和远大的前景,纷纷加入普药控销领域,力争抢夺更大的市场"蛋糕"。

处在竞争日益激烈的普药控销领域,我们将如何提升自身的销售能力,确保在普药控销领域处于不败之地呢?目前,业界人员一致认可的好策略就是"两所(锁)"攻略。

所谓"两所(锁)",指的是连锁药店和诊所。"两所(锁)"攻略全称叫"上攻连锁,下攻诊所"。下面给大家详细讲解。

随着国家对药店GSP(优良的药品经营管理规范)认证的严格和规范,单体药店必须配备执业药师以及对药店其他硬件的要求越来越严格,造成很多单体药店纷纷倒闭,退出药品零售市场。今后更多的单体药店为了生存,将选择加盟连锁。目前我国的医药连锁率在36%,预计到2020年以后连锁率或将达到60%,甚至更高。

在连锁日益发展壮大的趋势下,我们将如何真正攻克"连锁"壁垒,从而通过连锁达到销售上量的目的呢?

一、做好连锁店员培训工作,让店员变成"家人"

有这样一句话:"培训是企业给员工的最大福利。"对连锁门店店员来说也是如此。参加优秀制药企业组织的产品知识、药理病理知识、推荐技巧、疗程推荐、联合用药等专业技能的培训,对提高连锁门店的客单价、客单量、整体经营水平以及连锁门店店员的个人能力、专业素质和自身经济收入，都会有很大的帮助。

如果连锁门店店员真正认可我们的培训，那么店员们就能变成我们的"家人"，真心实意地帮助我们推荐产品。而我们同样也会通过开展连锁门店店员培训，和更多的店员建立起更加密切的关系，通过建立连锁店员微信群，建立企业微信课堂，随时随地对店员进行产品知识、案例分析以及推荐技巧的培训，利用定期送微信红包、组织店员旅游等形式将店员们紧紧地团结在一起，建立更为真诚更为融洽的客情关系，让店员真正成为我们的"家人"，让我们的产品真正成为连锁里的"首荐"品种。

二、营造良好的销售氛围，让产品在连锁成为主场

从事医药销售领域的人都应该知道产品陈列以及营造良好的销售氛围的重要性。在与连锁的合作中，一定要确保我们的产品能够在连锁门店营造出良好的销售氛围，要利用产品包装盒陈列、端架陈列、堆头陈列、花车陈列、爆炸贴、POP、气球等一系列组合形式让连锁成为我们的主场，成为我们产品的"海洋"，形成强大的气场，让消费者只要置身其中，就有购买的欲望和冲动，再加上店员对产品的强力推荐，一定能够达到消费者购买成功的目的。

三、开展连锁联爆促销活动，让连锁销量呈爆发式增长

在完成以上两点之后，接着要做的就是和连锁联合开展店头促销活动，利用药店自身的品牌影响力再结合连锁的口碑以及战略布局，让店头促销活动起到联爆的重要作用。

能够合作开展联爆促销活动的连锁应具备的条件：

1. 成立时间较长，门店数量多，大部分生意较好，有较多数量的会员。属中型连锁及以上连锁，适合做联爆活动的"试点"合作对象。

2. 在当地市场具有一定的影响力，利于后期活动效果的快速宣传。

3. 连锁负责人对于整体营业额的提升和声势的打造要相当重视，关注的是人气和利润额，而不是利润率。这样的连锁客户才是重点合作的目标。

4. 连锁管理要完善，员工执行力较强，这样可以保证促销活动的纯销。

5. 我们与连锁的客情关系有一定的基础，合作中快速建立信任感，合作中出现的问题可以及时、快速地解决。

开展连锁联爆促销活动的好处有以下几点：

1. 让连锁感受到我们优秀企业开展促销活动的专业精神和细致服务，在今后和合作中更加信服和认可。

2. 通过促销活动让连锁的销量有巨大的增长，让连锁对销售我们产品有更大的信心。

3. 通过促销活动的开展，加深与连锁门店各级人员的客情关系。

4. 为今后连锁清退其他普药竞品，双方开展独家合作奠定基础。

如果按照以上方法操作连锁，那么就可以确保我们的产品在连锁中有地位、受"待见"、纯销好，我们的连锁合作策略是成功的。

四、如何实现诊所上量

我国的个体诊所数量有18万多家，以前，很多普药销售人员都把主要发力点用在了连锁和单体药店上，而忽略了诊所，虽然个体诊所这几年发展势头一般，但国家已发文，诊所市场放开，只需备案就可开办；未来市场巨大，个体诊所的开发也就变得越来越重要，如何提高这些资源的销量是关系到销售能否上量的重要环节。

那么如何通过诊所上量呢？

1. 必须开发区域内有影响力的诊所。针对诊所开发，更需要遵循销售中的"二八"理论，不要把重点放在开发数量上，而是要放在开发质量上。要把自己的精力用在最值得开发，也能真正帮助我们上量的诊所上。因为只有重点诊所才能既销售了产品，还能带来产品的"处方力"，带动产品在整体药店的销售。

2. 通过订货会形式促进诊所上量。选择各地诊所资源比例大的并且较有经济实力的医药公司做载体，由它们出面召集客户。药企制定统一的促销政策以及活动方式，开展诊所订货会，通过订货会能够起到以下的作用：

（1）让诊所更加了解企业文化和品牌影响力，和企业建立更为融洽和信任的牢固合作关系。

（2）通过订货会，诊所大量进货，从而让其他厂家的产品无可乘之机。

（3）通过订货会，让诊所对产品群有更为深刻的认识，从而带动其他品种进入诊所销售。

（4）让销售人员更加坚定操作诊所的信心。

3. 通过开展旅游促销促进诊所上量。在每年的旅游季节，可以组织诊所负责人开展旅游活动，会起到较好的效果。因为通过旅游促销活动既可以进一步拉近双方的客情关系，还可以让诊所负责人之间有相互学习交流的机会，并且还可以利用开展旅游促销活动的机会让诊所多进一些品种，力争实现在诊所全品铺货的目的。

通过以上手段开发和维护诊所，让诊所为我们的任务完成做加法，成为销量持续上升的基础和保障。

普药销售人员一定要对"两所（锁）"攻略深入领会，真正让药企在连锁和诊所领域快速发力、快速行动，挖掘和发挥出"两所（锁）"的巨大潜力，笑傲普药销售之林！

药企该拿什么产品决胜 OTC

刘　检

近十年来，消费者的需求不是被充分满足，而是日益丰富和膨胀。医改即使能得到全程推进，也无法完全满足这一时代的需要。

消费者收入的增加和市场上产品种类不断的丰富，促进了消费者自主养生保健意识的抬头。而目前临床医学发展水平与治疗疾病可实现结果间的差距，使得消费者在药店的消费呈现出了多样性和明确的服务要求。网络与移动终端的兴起在去中心化和去渠道化的呼声下，消费者购买场所也不再局限于药店。由此，整个医疗健康行业进入了真正的市场化竞争、"满足消费者需求"时代，而市场也将会因此形成"三足同立"消费局面。

这"三足同立"的局面，缩微到药店消费而言，简单说就是药店内产品群上呈现出了三大类：一是"基本医疗"类，二是"中阶保健"类，三是"个性养生"类。至于现在药店内普遍设置的日常生活用品货架，在笔者看来目前只是为实现差异化的补充，还不能成为支撑药店的获利主流，故不详述。

一、"基本医疗"类产品

仍是以医院处方拉动的同品种和由关联销售产生的其他相关产品销售为主。比如对于日常感冒，药店内消费推荐时可由"泰诺"关联维 C 与阿莫西林销售等。源于"续方"的慢病用药、清热解毒类、妇儿用药、泌尿感染药品、皮肤病药品及消毒用品仍将是主流。其原根植于二级以上医院处方带动的消费来源将被打破。随着医保审批的放开、分级诊疗的推行，药店进入了高速"规范"和多项竞争时代。这也直接带来消费者购买习惯的改变。

之所以说药店将进入高速"规范"和多项竞争，是因为在GSP、药品流通大整治等连番举措实施下，能生存下来的药店必然在经营上会快速规范。而门店医保放开及工业带动下的院外销售模式的推进，使原已奄奄一息的个体药店有了据点和与连锁抗争的机会。连锁本是在"规模采购效应"最大化形式下迅速崛起的，目前形势会促使近年来热衷于下大力气跑马圈地收购药店的成本增大，进度会放缓。这打乱了连锁原来的战略企图，跨度从原采购规模效应的竞争，加入了地缘效应和专业服务的竞争。

在满足基本医疗所需这一层面上，随着分级诊疗的全面推进和实施，原二级以上医院医师及门诊会下沉前移至基层社区，一举破解社区卫生服务中心长期因医疗技术低下及伴随的患者首诊信心不足局面。社区首诊、慢病及术后康复等会由二级以上医院转移至更大的社区市场。

而在多项利好刺激，尤其是更充分的医患沟通和医保政策引导带动下，患者的需求在社区内，会更紧密地随处方而动，而这也给以社区为据点的药店，带来了更加稳定和可观的消费源。但其同时对药店在产品结构、服务上，也提出了更高要求。立足于患者展开的销售，是基于更加符合时代特色的服务需要，而绝对不是价格，否则药店线下优势就会全丢。

这一时代药店的品类不再以处方外流为主，而是以配合处方为主。关联销售不再是要研究的命题，及时掌握了解医院医生的用药方案可能更是顺应自得之道。其机会在于医改伴生的药品改革下，二级以上医院的药品种类会急剧收缩，尤其是辅助用药会被大量清退，但原诊疗方案只关注"治"，不考虑愈后和康复的"处方点评""医保限方"，弊端早已让医生和患者都怨声载道。在社区内因占据地缘优势，药店或可解决和补充这一块短板。

基于此，在逻辑推演下，我们可看到，OTC市场已经不是靠一个黄金单品、高毛利、品牌效应和擅长开拓的销售队伍就能迎合满足的。战略意义上的单品和多兵种联合作战，面向整个市场而不是基于一个渠道的考核激励政策及与之匹配的生产、运输等后勤保障，都迫使多维角度的营销模式需要在更细致和广泛的视野下去打造。

二、"中阶保健"类产品

中阶是近几年坊间常提到的中产阶级，维生素、矿物质、新健康食品、药妆等是这一群体日常卫生保健类的消费主流。就保健品来说，以往的大包装、精包装、产品宣介上的所谓"历史渊源""功能"对这一群体是无效的。这一群体对维生素、矿物质类的新健康食品和新资源食品不乏追捧。细究下我们发现，简包装或个性包装、注重品质和文化属性而不是牌子是其表现特点。

符合这一阶层时代思维下的新健康概念产品都有不俗表现，其中像主打减肥概念的各种清茶饮料、主打排毒概念的各种软硬胶囊、主打保持机体能量和保持皮肤美容概念的各种维生素和矿物质产品等。

但随着网络和移动终端的普及泛滥，这一群体对消费形成了不同的"圈子文化"，其对产品的评价不在于价格和广告，而在于是否符合其所属文化及消费体验。在这点上作为药房来说不是再跟随广告，而要进入这一群体的信息圈，了解其变化，只有先属于这个群体，你才能获得这个群体的消费。

关注网络热点及移动终端传播，群体关注什么就要准备好推动圈内热议至线下。比如小型便携式的一些美容器械在社交群里的泛滥，起于网络，但因药房没有反应，全部拱手让给了网络，但网络不能解决线下面对面的"真实"消费体验或话题交流。药店需要对这一群体消费有足够的介入，坐等客户消费的时代已经过去。

三、"个性养生"类产品

这一层面的产品目前来看其趋势是满足个人"治+养"的消费需求，也符合"健康中国 2030 规划纲要"提出的健康消费升级。中药饮片、特殊定制食品、更个性化的便携式医疗器械会在这一层面大放异彩。中国在城镇化进程下，中间型区域的划分越来越模糊。在笔者看来，就像贫富差距所表现的两极分化，以后的城市没有一线、二线、三线之分，只有有钱的和没钱的概念。随着疾病变化呈越来越复杂的多样性和不确定性，当前的医学水平所能达到之处与之对比形成的差距越来越明显，尤其对于肿瘤的治疗。

预防大于治疗、治病同时关注调养，这些原来被认为是炒作概念的词汇现在没人再去当作笑话听了，而是都在各自判断下寻求一种不生病的法门。运动对于这一群体是讲究适当和轻微，而依靠特殊定制食品从天天打针吃药中解脱出来，更好地帮助控制或治疗疾病，是有足够购买力消费者勇于去尝试的。

有调查显示，50 岁以上人群年龄每增加 5 岁，对中药的信任度和需求就上升 15%。中国文化的影响毕竟是深入骨血的，幸福生活里的人们对于打针吃药是极度恐慌的。能走不坐、能坐不卧的运动观念已深入人心；能中药不西药、能口服不输液的观念也早潜伏在意识里。50 岁以后，它们就像约好了一样会不断跳出来指导这个年龄的消费者消费。

作为立足社区的药店，要有所作为。中医毕竟在医院圈里，而中医所带来的中药饮片类消费在社区里可说正是天时地利人和都占了。笔者相信，未来中小型中药配方颗粒一体机进驻社区或落户药店不是不可能的事。如何获得与"特色中医"资源的对接是当下药店面临的第一个问题，但在笔者看来，网络到了今天获取非实质形的资源总有办法。

而单一地服食药物或保健品来防病治病或延长衰老，已经不符合这个时代的思维了。随着高技术的研发驱动和高科技产品的不断涌现，人们对机器的迷恋也过渡到了个人所用的医疗器械和小型检测设备上。更精巧、更符合心理所求的需求正日愈凸显。人们已渐渐偏向于相信科技已到达了我们未曾想到的水平，只是暂时没有找到地方能买到而已。

在此层面上，笔者认为，药店与特色网上平台合作，不失为一个各取所需的策略。作为其网下实现意图的点，清晰定位自身，扮好自己的角色，事圆你也就成了。

今后 OTC 市场的消费变化，一言以蔽之，就是将从原来致力渠道打造的"满足消费者购买时代"全面走向"满足消费者差异需求时代"。单一的救急治病药物，已不是药店终端零售市场的主旋律；中医理论指导下"调 + 治"相结合的产品，有文化属性的年轻态健康品、非药物产品及个性化医疗器械势必精彩纷呈，将和原 OTC 药物共分天下。

给药店带人气，药企这样做才能做好终端动销

孟庆亮

任何一种生意，没有实现回款就等于零。

在"连锁药店系统开发与动销上量"的课程上，经常有连锁药店的供应厂家、代理商的销售代表或者销售总监向我说："连锁药店月销实结就是耍赖，就是想不回款，拖延回款，这个模式就是从你们湖南的连锁药店搞起来的，对我们供应商太不公平了。"

总结一下，连锁药店有这几种回款模式：

1. 预付款，就是提前打款。
2. 月结，一个月给你回款一次。
3. 日结，通过谈判达成30～N天内不等的时间回款。
4. 批结，卖完一批结算一批。
5. 月销实结。卖一点给一点，一个月给你结算一次。

连锁药店预付款给了谁？

我们先看连锁药店的预付款基本上给了谁。包括高毛利动销的黄金单品，自己总代理、贴牌的畅销产品，销售非常稳定的大厂家产品等。

上述第2、第3、第4这三种回款形式，一般是产品的动销还可以，销售相对稳定，没有太大风险的产品，连锁药店就会给予厂家这样的回款形式。

月销实结，一定是连锁药店完全没有把握，担心有太大风险的产品，是我们的药企又没有好的动销方案及案例验证的。

连锁药店占据了终端，占据了与消费者见面的阵地，如果供应商的营销方案

不能高效地成交消费者，让产品快速动销与加快周转。如果没有连锁药店样板市场的数据，连锁药店客户为什么给你较好的结算方式？

这个老板，药店用劳斯莱斯接送

连锁药店的产品平均周转天数是近 90 天一次。如果你已经有几个连锁药店 30 天以内就销售几千盒或者几万盒的动销案例，而且让连锁药店能够赚到很多的毛利，连锁药店一定不会在回款上耍"赖"。

举个例子，原广东心宝制药的老总到重庆，万和连锁药店是用劳斯莱斯接送的，因为心宝一年给万和带去千万级毛利。

湖南的某慢性病管理项目不仅做到了预付款，还可以一家连锁药店收取 3 万元培训费，部分连锁药店还收取保证金 1 万元。如果不愿意交费用，就必须分解每月销售量进行保证。

因为他们可以帮助门店抢夺慢性病专业会员，帮助门店建立服务会员的体系，这是其他企业做不到的，连锁药店也做不到。当你能够给连锁药店带去顾客，又具有唯一性时，一切你说了算。

可见，月销实结不是连锁药店在耍赖，而是一种保护自己不受到伤害的回款方式。

同时，笔者对月销实结这种回款方式还有另外一种看法：如果你将产品放到连锁店了，关键是如何加快产品上柜，加快店员培训，加快产品陈列，加快搞活动，如果你的产品卖好了，一个月可以上几次货的可能性也有；换言之，你一个月就可以回几批货的款。

供大于求的时代，得顾客者，才可以得天下

有没有耍赖的连锁药店呢？一定有，但还是比较少。比如说，你发了第一批货过去是 8000 盒，卖掉了 7850 盒；第二批货又发了 8000 盒，销售了 5350 盒。他告诉你只能开第一批的 7850 盒的货款，因为还有 150 盒没有卖完，这个就是耍赖，害得你与公司财务都无法对账。这个一定要在合同上约定，或者在开户谈回款的时候讲清楚。第一批货没有卖完，但是第二批来的货已经开始销售，两批货销售的总量超过了第一批的发货量，就必须将第一批货款当月全部回款。

无论何种回款形式，其实最为重要的还是要快速动销与周转，帮助连锁药店

赚到钱，赚到人流量。

最后再说两点，"我"是一切的根源，自己强则一切都好。供大于求的时代，得顾客者才可以得天下。

普药的药店促销五招

祁 刚

从事普药控销的人员都清楚，要想让普药销售呈可持续发展状态，就必须确保产品的动销。如何才能确保产品动销，开展成功的店头促销（直接在药店门店开展的促销）活动是确保产品动销的重要手段。

那么，我们要做好哪几个方面，才能成功开展一场店头促销活动呢？

一、操作成功范例，为今后持续开展打基础

成功的店头促销活动必须具备以下几个要素：

1. 活动药店必须品种齐全，最好全品铺货，活动期间所有品种都要陈列在药店柜台上，营造良好的销售氛围，形成强大的视觉冲击力。

2. 活动药店和我们必须建立坚实的客情关系，必须理解促销活动的意义以及对自身带来的巨大影响，和我们配合默契，统一按照活动方案执行。店员必须首推我们的产品，不能拦截我们的产品。

3. 活动中必须要有一支专业的检测队伍，这也是开展店头促销活动的秘密武器。通过配备检测仪进行专业检测来聚拢人气，有效针对目标人群需求，确保极高的销售成功率。

4. 店头促销活动必须要注重细节。销售中有这样的论断：细节决定成败。因此做好细节是店头促销活动制胜的关键。这就要求我们必须在活动中要分工明确，各司其职。

5. 衡量店头促销活动是否成功的指标是销售额是否增长，而销售额的增长必须靠更多的顾客购买更多的产品来实现。这就要求我们必须要做到活动宣传到位，前期和当日有效宣传，确保客流量。

二、前期策划要到位（活动设计、活动物料）

1. 目前市场已经操作较成熟且易操作的形式：

（1）鸡蛋买赠：药店所有药品，2元钱送1个鸡蛋，宣传及礼品费用由终端经理承担。活动日药店销售金额的2倍或3倍确定为药店进货金额。

（2）礼品买赠：顾客购满28元、58元、88元、128元、168元等不同金额，赠送礼品。礼品不同，金额不等。宣传及礼品费用由终端经理承担。活动日药店销售金额确定为药店进货金额。

（3）会员招募／储值卡：销售药店会员／储值卡，消费者在卡内预存钱，赠送礼品。当日不消费，日后消费，帮药店锁定顾客。宣传及礼品费用由终端经理承担。活动日药店销售金额确定为药店进货金额。

2. 可随机增加环节：

（1）抓钱机体验：活动日凡购买58元以上药品的顾客，可获得一次5秒钟抓钱机会，能抓多少钱，顾客就得多少钱，让顾客感受一种前所未有的促销体验和乐趣。

（2）前××名顾客，进店有礼：当日前××名顾客，凭活动宣传单，免费获得礼品。可增加人气，让顾客愿意前来捧场。

（3）抽奖：消费满××元，即送奖券一张，可在活动当天或最后一天××点，前来抽奖。优点是能够大量聚集人气，搞活氛围，且抽奖前的临近几分钟也是消费的高峰时段！

3. 活动需要的物料有：活动传单、活动海报、音响设备、展架、产品单页、活动拱门、遮阳棚、抽奖箱、抽奖券、奖品等。奖品一定要选购顾客信赖的名牌产品，同时活动物料一定要在活动前检查一遍，避免现场出现问题，影响活动的开展。

三、终端谈判要专业

我们在和终端谈判开展店头促销活动的过程中，实际上就是要说明这两个问题：药店开展店头促销活动的理由是什么？为什么选择和我们合作开展店头促销活动？我们需要这样明确告诉终端：

药店开展店头促销活动的理由：

1. 聚拢人气，扩大宣传，提升知名度；

2. 单日销售额翻 4～5 倍；

3. 发展会员、利用充值卡锁定顾客；

4. 消化库存，消灭旧批号产品；

5. 无投入，买赠礼品厂家出。

为什么选择和我们合作开展店头促销活动？

1. ×× 是知名品牌，信誉度好。

2. 专人活动组，经验丰富，成功率高。

3. 品种全，且全是热销品种，即使大量进货也不怕。

4. "健康使者"检测，强效动销，提升专业度。

5. 协助进货品种动销，解除后顾之忧。

四、宣传造势要重视

1. 宣传彩页：设计—印刷—发放

（1）宣传单的设计：原则是不怕不美观，就怕说不明白！一定要将关键的细节说明白，比如是消费买赠，还是充值卡预存；消费、预存多少钱，送什么；药店的地址是哪里；搞活动的厂家是谁；活动哪天开始、哪天结束。

（2）印刷：计算好时间及数量。确保活动 3 天前拿到手。一般 5000 份宣传单即可。

（3）发放：活动前两天，发放的效果最好。参与活动的消费者大致分为三类：第一类是数量最大的，是药店附近的居民；第二类是比较闲暇的中老年人，离药店较近，看到有活动，既好奇又想得到优惠，来看看活动；第三类就是路过且恰好有需求的顾客。

发放的地点选为：

a. 药店附近居民区：此作为发放的重点。小区门卫室放一些，请门卫帮忙发放；宣传栏上贴几张，供中老年人饭后乘凉看；挨家挨户送一张，确保有效宣传。

b. 广场：早/晚人群集中时，特别是广场舞结束时。人群集中，效果较好。

c. 早市/夜市或学校放学：这个方式只能保障流动人群，无法很好地解释和沟通活动，所以活动前 1 天发放即可，且不需要太长时间。

d. 药店：门口张贴，药店柜台放几张，对前期的顾客进行提醒，积累人气。

e. 活动当天宣传单发放：药店门口的流动人员是我们的主要人群。只要看到他向我们的活动场地投来目光，就要上前去解释，发传单。

因为顾客和我们接触的时间很短，所以一定要几句话就将活动解释明白且要打动顾客，要跟着他的脚步走，一直把他领到礼品区，让顾客自己看奖品，才能起到更好的作用。

奖品区的员工就要描述产品如何如何好，发传单的员工继续回去发传单。奖品区的员工也不要一直狂轰滥炸，给顾客一点自己筹划的时间。

发传单的人分站在彩虹门左右两侧，一侧一人。

2. 场地布局

原则：场地宽敞，尽量多地容纳人和礼品；热闹、繁多但不乱。

（1）保证人流进出流畅，不会出现阻滞状况，将药店门口空出。

（2）礼品区美观、吸引眼球，但要保证安全性，以防丢失。

（3）彩虹门搭建边缘，遮阳伞规划区域，有效保证活动场地的明确性。

3. 现场拿麦克风：声音在哪里，销量就在哪里

（1）小型 USB 音响，循环播放音频，解释说明宣传单内容。

（2）喊麦人员，增加宣传灵活性：要及时向路过的人宣传有什么样的活动、有什么样的免费检测。哪怕是回答顾客的问题，也要对着麦克说，像表演一样，增加人气。

（3）演艺表演，增加人气。

五、活动细节要抓牢

1. 检测人员开出的"处方"，必须要有店员、促销员或我们的员工跟单，目的就是：为什么选择此家的产品，而不是选择其他厂家的产品。

2. 二次解说病情，突出产品疗效，保证每一个处方都产生销售。

3. 检测人员一定要按疗程推荐，既可以增加药店的活动销售额，又可以让顾客能够按疗程长期服用。

4. 一定要在活动现场为儿童准备一些小礼物，如小张贴、气球等，吸引儿童并获得家长好感，促成儿童顺利进行检测，达成向家长推荐产品的目的。

一个日销售一两千元的小单体店，开展店头促销活动一上午销售××药业

的产品就达到6000多元，当日活动总销售额20000元。销售额是平时日均销售额的10倍。一场成功的店头促销活动真的就是这么"任性"！

　　星星之火，可以燎原。希望每位地级经理和终端经理都能掌握好开展店头促销活动的要领，用心做好每一场店头促销活动，让我们的店头促销活动"燃烧"起来，越烧越旺，形成普药销售拉动需求、带动纯销、提升销量、抢占市场的"燎原之势"！

开发连锁药店"六不做"

孟庆亮

为什么连锁药店不愿意经营你的产品,是因为连锁药店有这六条原则不能破:

一、品质不好不做

医药大健康,最好的品质就是疗效,因此医药保健品没有很好的疗效验证,你想让客户经营是非常难的。

在没有上市之前先内部体验非常重要,好娃娃当年就是上市前内部体验、小范围试点,当产品疗效非常好时,才敢对客户承诺。

二、产能不够不做

很多连锁采购老总为什么要了解你公司的产能、为什么要了解你们的销售情况,就是因为大家吃过亏。一个产品费了很多功夫,市场刚刚打开,企业就经常断货,所以当一家企业产能不够时,对于连锁开发要慎之又慎,在GMP(优良的药品生产管理规范)改造的时候就更加要谨慎。

如果你伤害了连锁药店,下次再合作就非常难了。因此,任何一家企业在开发连锁时一定要考虑产能,同时要加强已经开发市场的进销存管理,做到心中有数。

三、服务不够不做

连锁药店是做平台的。不要指望你的产品可以完全靠连锁药店的行政指令来进行销售;即使有几家连锁药店可以做到,也不要指望大部分连锁药店可以做到。

任何一家连锁药店供应商都要培养自己的队伍,在培训、陈列、促销等方面生动化、常态化、多元化上多下功夫,帮助连锁药店在动销上量、增加客流量、增加品类数、增加客单价上多下功夫，这样的服务才是连锁药店喜欢的。

四、价格不维护不做

没有永恒的朋友，只有永远的利益。如果我们没有价格管理体系，不能够处理好连锁药店与医院、与其他连锁药店、与诊所、与单体药房、与社会医院、与互联网销售的渠道价格管理，不能够让你合作的连锁药店的利益得到长期的保护，没有哪家连锁药店会好好经销你的产品。

目前的控制营销进行价格管理的主要原因也是这样，价格维护的主要目的就是长期稳定的好毛利。

五、动销措施不够不做

为什么连锁药店要收大量的上柜费与条码费，关键就是不知道你的产品是否动销，是否可以长期动销，因此你去连锁药店谈判做产品，一定要将成套的动销方案带去。如果有样板市场图片及标杆门店的数据，可以少交上柜费，或者不交上柜费都是可以的。

目前国内优秀的慢性病管理项目已经做到连锁药店可以先付预付款，反让连锁药店向慢病供应商交保证金与培训费了。

六、利益不合适不做

何为利益，是毛利还是毛利率，或者是其他什么东西？连锁药店的供应商们你们搞清楚了吗？

为什么连锁药店谈判就压你的扣率，就是想争取更多的利益。

连锁药店需要的利益就是一个"增"字，增加消费者新需求的产品，增加毛利的产品，增加客流量、客单价、品单数的办法，帮助连锁药店提升品牌。

笔者认为，你如果能够做到让连锁药店得到好的品质、好的利益、好价格维护、好的产能保证、好的动销方案、好的市场服务，连锁药店一定喜欢与你合作。

这么做慢性病管理你就输了

李秉彧

我国的医药零售市场在经历了几十年的长足发展后，最近似乎进入了瓶颈期。各连锁药店乃至单体药店除了面对GSP认证后带来的运营成本压力，更受到了来自人员工资、房租、税费等变动成本费用大幅上涨的压力。此外，药店与药店之间的竞争日趋白热化，自身盈利能力迎来了最苛刻的考验。主推中高毛利、黄金单品、认购PK、微信晒单……用尽了浑身解数，盈利仍难以保证长期稳定。在这种情况下，很多药店的经营者把目光投在了慢病管理上，期望以此来重新获得药店稳定客流量的同时，再塑自己的核心竞争力。

的确，慢性病是人类最大杀手之一。我国现有明确诊断的慢性病患者超过2.6亿，慢性病已占我国人群死因构成的85%，疾病负担的69%。随着老龄人口比例不断增加，慢性病人群也将逐步扩大。如何更好地为慢性病人服务、方便患者治疗、延缓慢病进程、减少并发症、降低伤残率、延长寿命、提高生活质量，是慢病管理的一项重要课题。

国家对慢性病管理的政策

原国家卫计委在2012年5月发布了《中国慢性病防治工作规划（2012—2015年）》的通知。通知中指出，"坚持预防为主、防治结合、重心下沉。以城乡全体居民为服务对象，以控制慢性病危险因素为干预重点，以健康教育、健康促进和患者管理为主要手段，强化基层医疗卫生机构的防治作用，促进预防、干预、治疗的有机结合。"

"基层医疗卫生机构要全面履行健康教育、预防、保健、医疗、康复等综合服务职能，建立规范化居民电子健康档案，及时了解社区慢性病流行状况和主要问题，有针对性地开展健康教育，免费提供常见慢性病健康咨询指导。"

在 2015 年 3 月，国务院办公厅发布的《国务院办公厅关于印发全国医疗卫生服务体系规划纲要（2015—2020 年）的通知》中更是进一步明确了我国医疗卫生资源优化配置，提高服务可及性、能力和资源利用效率，指导各地科学、合理地制定实施区域卫生规划和医疗机构设置规划，争取在 2020 年实现全民基本医疗服务全覆盖。由此可见，慢病管理的主体在国家政策层面上是以基层医疗机构为主导的。

竞争还是竞合

慢病管理以基层医疗机构为主导确定后，我们注意到，在全国大部分省市已经执行了此政策，并按患者的数量给予基层医疗机构一定金额的医保补贴。这使得基层医疗机构，特别是社区卫生服务中心或卫生站的工作积极性有所提升，在为这些慢病患者进行服务时，服务态度和服务热情与以前相比有着极大的改观。

而在服务内容上，不仅为患者提供检测服务，更能从日常生活方式调理上、饮食控制上及心态调整上帮助患者改善健康状况。而药事服务，则放在了从属地位。尽管也在销售基药（国家基本用药）产品，但是销量提升较为有限。其原因则十分简单，药品是成本中心而非利润中心。在药占比控制在 30% 以下的政策趋势下，我们预测基药中关于慢病的产品在基层医疗机构的总量是一直增加的（增加的原因是慢病患者的覆盖度增加），但增长率是有限的。

随着人口老龄化持续增长、人民健康保健意识的兴起，预防胜于治疗的观念越来越强。众多的药店非常敏锐地注意到了这个市场机会，开始纷纷介入慢病管理。有资源有条件的药店开设中医馆，应该说中医院的开办对慢病管理有着积极的意义。

但问题的焦点是，不是所有的门店都能开设中医馆。一个中医馆的开办不说投入的费用有多少，名老中医如何聘请的问题就会让每一个药店经营者头痛。一个中医馆是否能覆盖全市？答案是否定的！因而慢病管理对药店而言不是某一两个门店的事情，而是所有门店的事情。那么问题来了：

药店介入慢病管理该如何定位呢？与基层医疗机构是竞争关系还是竞合关

系呢？

如果是竞争关系，则药店在慢病管理中就要和基层医疗机构争抢客流量。胜算有几何？从费用的角度看，基层医疗机构尽管将药事服务放在了从属地位，但患者在此购药，不仅能获得处方权，且在用药结构上受医生的专业影响较强，比药店受店员的影响要高得多，而且在用药费用的报销比例上较高。

从人员的层次上看，从业医生的学历水平多是大学本科为主，药店则是以中专、技校、职高为主；在职业素质和对慢病的治疗检测上也显得比药店专业得多。这就使得药店在与基层医疗机构的竞争中不占主导优势。

如果是竞合关系，则药店要分清楚自己在慢病管理中的定位。医疗机构主要承担慢病治疗的作用，药房可以在慢性病防控宣传教育中发挥积极作用，同时也将承担药事服务的重要作用。药店在门店数量、覆盖的人群、便利性这些方面都比医疗机构具有更好的优势，所以药店承担起慢病教育、管理和药事服务的功能具有更大的优势。

但遗憾的是，多数药店在慢病管理这个课题上选择了前者。有些药店甚至建立了以追求利润为根本的慢病管理。这就使得药店在为患者提供慢病服务时一味以卖药为主体，买药笑脸相迎，不买则冷脸相对。

部分药企也打着帮助药店提升慢病管理能力的旗号进行大规模的品种替换和上量工作。这样做，久而久之，会使消费者满意度下降，忠诚度降低——慢病管理成了药店吸引消费者的一块遮羞布。长此以往，势必对行业产生不利的影响。

提升药事服务水平是药店慢病管理的核心

药店在慢病管理中与二三级医院、基层医疗单位不是竞争关系，是分工、协作关系。医疗单位需要药店提供专业的药事服务，是药店切入慢病管理的突破口。正如湖南诺舟大药房的董事长易军所言："原因在于我们的药事服务水平太低。医院是看不起我们的，我们所谓的专业化服务在医院眼里，那是在自娱自乐，穷开心。怎么办？练内功啊，不要吃不到葡萄说葡萄酸，我们药店人还是有骨气的，卧薪尝胆三五年，我们就可以挺胸抬头了。

"到那时，医院干医院的；它干不了的、没精力干的、不愿意干的，我们干。基层医疗更多地注入民营机制也未可知，而能承担这一项目的应该是药店。

因而，药店应该大力培养自己的药事服务能力。"

对职业药师在待遇和地位上给予更好的关注，而不是像现在一样形同虚设。在此基础上，建立专业的部门或项目小组来负责，完善相关全员的绩效考核。只有这样慢病管理才有可能做好，并能在管理中实现销售目标，进而获得应得的利润回报。

这三个臭招都是在杀死销售

孟庆亮

顾客不愿意购买是有很多原因的，在药店中有几种错误陈列不仅影响顾客购买，更会赶走顾客。

一、只销售高毛利小厂产品，不愿意经营品牌产品

小王家旁边有两家中型连锁药店的分店，我们用A店与B店来命名。因为A店就在小区门口，故小王经常到A店购药。一次购买皮肤药，点名要"三九皮炎平"。店员故作姿态找，说没有了。由于小王急用，就买了一支小厂的，10克装15元，比"三九皮炎平"贵。小王用后感觉比"三九皮炎平"差多了。

后来，小王又一次想买皮肤过敏药，又到A店，点名要一个品牌厂家产品，结果又没有。这次小王就换到B店去购买了品牌厂家药。

再后来又一次，小王去A店买长沙九芝堂的"六味地黄丸"，看到是九芝堂的品牌，没有仔细看是否是长沙九芝堂总部生产的。购回家一看是九芝堂收购的一个小厂的产品，小王非常不高兴。

从此以后小王再也不进这家药店，并在亲朋好友圈告诉大家不要到这家药店购药。你的商圈位置再好，也不能够多次不顾消费者利益，零售业的核心资产是顾客。

对药店建议：首先是一定要经营部分品牌厂家产品，选择一些品牌控销企业的不同规格的产品销售，但是一定不会是70个点的毛利。对于高毛利，一定要分品牌高毛利及非品牌高毛利，品牌高毛利有30~50个点已经很好了，关键还是要周转快不伤客。

对品牌药厂建议：开发特殊规格控销产品供给药店，让连锁有利可图，共同经营顾客。

二、经营品牌产品，但要将品牌产品藏起来，放在看不到的地方

目前，在药店陈列管理中，这种陈列的非常多。但是消费者走到一家药店里面，想购买一种品牌产品，找不到，品牌意识非常强的消费者就会马上走出你的药店，几次以后便不再来你的药店了。

另外，即使停留在你的店面里，如果你的药店品牌产品全部藏起来，或者放在消费者看不到的地方，即使你向消费者推荐高毛利小厂家产品，成功几率也会大大降低。因为没有熟悉的品牌，消费者感觉非常陌生，对营业员的推荐是反感和不信任的。

对药店建议：最好的办法就是将品牌产品摆在高毛利产品旁边，将高毛利产品放大陈列面，让消费者自己感觉自己做判断，营业员推荐高毛利产品的成功率会加大。

对品牌药厂建议：让药店有利可图，让你的品牌产品不低于药店平均毛利率是关键，同时对连锁推出活动促销、陈列奖励及返利支持。

三、陈列产品不留缺口

笔者随便走访了一些药店，发现很多药店竟然要求营业员在理货时不能留一个缺口，如果发现有缺口，考核时还要罚营业员。

我觉得连锁店真是没有站在消费者角度想问题，如果你的产品堆得很多，但整整齐齐，消费者心里想，"这产品无人问津，我还是不买算了"。有缺口，缺口不整齐，加上产品陈列多，消费者就会判断产品好销，营业员顺便推推，消费者自己认为好的东西就非常容易推荐了。

建议药厂理货员及营业员，在理货的时候一定要制造带头缺口。因为大部分顾客是不愿意消费没有人带头消费的产品的，同时一定要注意去掉灰尘。

因此，建议无论是工厂还是药店，在产品的推广过程中都要学点顾客导购心理学。工厂与药店都要将消费者购买行为后的心理学好好研究。导购就是顺势而为，引导顾客的感受与感觉。只有顾客买单了，工厂到药店的产业链利益才能够实现。

处方药转型 OTC

处方药转型OTC营销新趋势

刘 检

在笔者看来,政策主导下的临床处方药市场与即将迎来充分市场化竞争下的OTC(非处方药)市场,是完全不同的两个模型,OTC市场本身也在面临着改造升级。因此,临床市场的成功经验和模式在OTC市场上是英雄无用武之地,转型不易。

处方药企欲涉足OTC,到底该怎样去做,在此笔者首先对国内OTC市场的前世今生做一些梳理和描述,希望对欲涉足OTC市场的处方药企有借鉴意义,能在先有一个清晰的了解之下再去做,方能有的放矢。

言归正传,纵观国内OTC市场的前世今生,大致经历了三个时代。

1990—2010年,广告为王的时代

近30年来,药店产品销售无一不受医院处方药销售的影响,因为我们知道,药品生意的源头来源于二级以上医院。作为药品的主战场,在药店里,医院畅销的处方药同品类占到了35%左右,而这35%是作为药店吸引顾客的"药引",一直受到药店的关注和追捧。

单一依赖医院处方外流的影响带动的局面,确切地说从1995年起,在以"三×口服液"为代表的高密度广告和名人代言产品轰炸下被打破。随着广告产品的大量兴起和涌入,尤其是滞后的监管给了大量处方药物和各种字号产品狂打功能、疗效的机会。此时药店内产品分成了三大类:一类是所谓的"处方产品",一类是"广告产品",一类是"日常用药"。

此时消费者的消费需求得到了引导和初期释放,特别是对保健品的追捧成为当时的热点。但因购买力不足仍处于"治病"的需求阶段,因此当时保健品和各种非

药准字号的产品在火极一时之后，因夸大宣传和产品质量低劣，很快就为世人所唾弃。

但由此形成的广告类OTC产品进入了黄金时代。在这一阶段，涌现出了如"斯达舒""江中健胃消食片""桂林三金片"这样年销售过亿的所谓"黄金单品"并持续至今。央视广告"标王"争夺，大包装、过度包装是当时的热点，在药店产品中屡见不鲜。消费需求在"治病"的需求下得到了空前满足。各种同类产品层出不穷，同质化越来越严重。360度找产品差异也着实让企业市场部人员头痛不已。所谓"终端拦截"和"关联销售"在此时产生了巨大效力。这也让整个药店业进入了"高毛利"时代。卖药确是一个很赚钱的买卖。

此时还有一个亮点，就是家用医疗器械产品也有了抬头之势，以"三高"为代表的各种血糖血压计成了药店的标准配备，产品推介时的用法介绍和开展免费检测成为了药店通过增加服务提升客单价的有力手段。

但形势在变化，关联产品销售已经不能满足药店获利欲望，如何通过"规模采购效应"将一店变两店、两店变百店千店，成了行业大佬们采取行动的驱动力。

2010—2015年，渠道为王的时代

在这一时期，随着城镇化的大力推进，乡村也催生出了药店刷出彩电冰箱的怪象。如今的医保大洞可说是当时的各种"医保套现"留下的恶果。在城镇化促使消费群化零为整的形势下，催生的是市场销售渠道的"大跃进"式扩张。更多的店面，更多的优惠，更多的消费者，就会带来更多的销售和更多的利润。

在这种思维主导下，凭借"规模采购"效应给了连锁大力扩张的底气和资源。渠道多了，但消费者的需求变化并没有被充分关注。即时能取悦消费者的价格战仍是不二法器。这直接导致整体行业又进入了微利时代。再加上GSP认证和每店一名执业药师的硬性要求，让个体药店没有了还手之力，大型连锁也轻而易举地就能在一夜之间收编几十、上百个个体药店乃至中小连锁。

以上两个时代无论其有多少变化，本质上仍处于"满足消费者购买"阶段。此时消费者的需求变化并未因行业内的"初级较量"而停滞。因为中国式消费是以购买力为先决条件的：当购买力增长时，消费需求和意识就会产生巨大变化，消费者话语权比重与满足购买权重之间呈现倒挂，倒逼行业回到"市场"——着力关注消费需求群去重理未来方向。

我们回过头来看当下。

2015年至今，营销模式的多维重构

原根植于二级以上医院处方带动的OTC消费来源当前再次被打破。随着国家基药政策的全面落地执行，医保审批的放开、分级诊疗的推行，医药电商、DTP（院外销售）及O2O模式、移动医疗的纷至沓来，都迫使以药店为代表的OTC市场进入了高速"规范"和多项竞争时代。这也直接影响消费者购买习惯的改变。

之所以说药店将进入高速"规范"和多项竞争，是因在GSP、药品流通大整治连番举措实施下，能生存下来的药店必然在经营上会快速规范；而门店医保放开及药企带动下的DTP模式的推进，给了原已奄奄一息的个体药店与连锁抗争的机会。连锁本是在"规模采购效应"最大化形式下迅速崛起的，目前形势会促使近年来热衷于下大力气跑马圈地、直接收购药店的成本增大，进度会放缓。这打乱了大型连锁原来的战略企图，跨度从原规模采购效应的竞争，加入进了地缘效应和专业服务的竞争。

随着分级诊疗的全面推进和实施，笔者预判原二级以上医院医师及门诊将下沉前移至基层社区，一举破解社区卫生服务中心长期因医疗技术低下及伴随的患者首诊信心不足局面。社区首诊、慢病及术后康复等会由二级以上医院转移至更大的社区市场。

在多项利好刺激，尤其是更充分的医患沟通和医保政策的引导与带动下，患者的需求在社区内会更紧密地随处方而动，而这也给以社区为据点的药店带来了更加稳定和可观的消费源。但其同时对药店在产品结构以及服务于社区医疗上也提出了更高要求。立足于患者展开的销售，是基于更加符合时代特色的服务需要，而绝对不是价格，否则药店线下优势就会全丢。

基于此，在逻辑推演下，我们可看到OTC市场已经不是靠一个黄金单品、高毛利、品牌效应和擅长开拓的销售队伍能迎合满足的。战略意义上的单品和多兵种联合作战，面向整个市场而不是基于一个渠道的考核激励政策及与之匹配的生产、运输等后勤保障，都迫使多维角度的营销模式在更细致和广泛的视野下去打造。

一句话总结，旧有的OTC时代已经过去了。在特定时代背景下，关注和着力于渠道管理而产生的控销模式，面对正处巨变下的OTC市场，同样需要升级再造。处方药企若欲涉足当前乃至未来广义的OTC市场需更加审慎，需要立足未来去学习和改造自身。

处方药转战OTC最快最省力的方式

李秉彧

受临床招标的影响,越来越多的临床线企业开始征战OTC市场,期望借助多年在医院辛勤的劳动,在OTC市场上建功立业。但是,我们知道政策主导下的临床处方药市场与充分市场化竞争下的OTC市场其操作模式有着本质的不同。

OTC与临床关注的焦点不同,故不能将临床线的成功经验和模式复制到OTC市场上。结合笔者多年的OTC操作经验和近几年操作临床产品的经验,我认为临床产品进入OTC市场应遵循如下路径。

产品品规的区分

临床线销售的产品品规应该和OTC市场上销售的产品品规进行区隔,但包装风格必须统一。这样做其意义有三:

首先,避免不同销售渠道窜货的可能性;由于临床线企业多数采用招商代理制,而代理商受利益驱使,容易在本区域内进行窜货销售,故通过不同品规的设计可以进行有效的市场管理。

其次,有助于企业对不同渠道的市场进行销售控制,统计各销售团队的销售数据。处方药企业刚进入OTC市场是需要一个培养期的,品规进行区隔市场,通过出库的数量可以看到OTC销售团队的市场覆盖情况。

最后,有助于维护OTC市场的价格体系,避免影响临床线的销售。与临床线不同,OTC市场的价格维护难度系数比较大。由于受市场化操作影响,各零售终端为了争夺客流会不可避免地拿一些产品来打价格战。一旦价格战波及了这些处方药,则在某种程度上会影响到临床线销售团队的积极性,进而会对招标产生不利的影响。需要说明的是，在 OTC 市场上销售的产品规格应该比临床线大一些为好，这样差比价后的零售价格就与中标价差异较小，零售终端比较容易接受。

产品价格的制定

与临床产品不同，处方药进入 OTC 市场，价格制定是极为关键的。按 OTC 市场的操作特点，处方产品价格制定分零售价格制定、终端供货价格制定和出货价格制定三种。

零售价格制定：需要制定全国最低零售价，这个价格需要以在医院市场的中标价为制定基础。由于可能存在着在各省中标价的不同，通常情况下，取全国最低中标价的十个省份的平均值作为基础。各地市场的零售价不得低于这个价格，低于属于违规操作，必须严惩。

终端供货价格制定：这个价格是保证全国价格体系稳定的基础。终端供货价格的统一能有效杜绝各地窜货事件的发生。终端供货价格的制定要看处方产品在各地医院的销售情况。如果在当地医院覆盖度较高且销量也较高，建议可以以终端零售价的 70%～80% 进场。如果覆盖度较差，则以终端零售价的 40% 进入。终端供货价格制定的基础是看开发的二、三级医院对 OTC 市场的拉动力度，拉动力度越高进入扣率就越高。笔者曾操作过某强势补钙品牌产品进入强势连锁，谈到了 80% 现款进入。

出货价格制定：这个价格是针对代理制操作的，我们建议按差比价与临床线的出货价格一致。

市场推广路径界定

尽管处方药有临床市场的拉动，但是在 OTC 市场进行推广时，不建议全面铺开运作。而是按照先点后面的思路来进行推广，即先开发"点" KA（关键客户）连锁，后进行"面"中小连锁和单体药店。

先开发 KA 连锁可以快速提升这些终端的重视度，将企业有限的资源进行重点投入，进而拉动产品快速上量。当销量达到一定程度时，再以此为模板对中小连锁和单体药店进行开发。这时 KA 连锁起到了样板市场作用，加上临床线已经教育了大量的消费者，使中小连锁和单体药店不得不买你的产品。

这种市场推广路径应该是最快的也是最省力的方式。如果企业的资源比较丰厚且也愿意大规模投入，可以点面一起开发。

品牌推广方式的建立

未来的 OTC 市场一定是品牌的天下，没有品牌的产品在市场中生存将越来越难。与带有 OTC 标示的产品不同，处方产品受政策所限不能在大众媒体上进行广告宣传，因而品牌推广难度也相对较大。医生教育固然重要，但前提是你的产品必须要中标。一旦出现了掉标情况，OTC 的品牌推广就显得尤为重要了。

处方药的品牌推广一定要利用好零售终端的店内各项资源，如陈列、吊旗、橱窗、POP 等，在店内形成良好的销售氛围，博得店员和消费者的重视。此外，还要加强对店员的培训和开展社区的患教活动。针对产品治疗的疾病，阐述疾病病理、治疗方案、服药周期和生活上的注意事项等。持之以恒，树立消费者的偏爱度和喜好度，进而带来忠诚度。

随着越来越多的处方药进入 OTC 市场，可以预见的是，OTC 市场的竞争激烈度会越来越强。处方药企业要想在 OTC 市场快速发展，必须改变原有的思维模式和运作方式，组建一支精干的 OTC 营销团队，并按上述路径规划市场推广方式，并改善与之配套的生产、运输、销管等后期保障体系。假以时日，必如农夫耕耘，在 OTC 市场收获良多。

临床转战 OTC 有三大误区

李秉彧

随着医改的深入进行，各地招标政策的陆续出台，以往风光无限的临床线已经成了明日黄花。销售额和利润额的下降迫使众多的处方药企营销转型，而转战至以前不屑一顾且市场化程度较高的 OTC 市场将是最好的选择。凭借多年在临床线精耕细作教育出的大量消费者，在 OTC 市场上进行获利。

在这种背景下，扬子江、齐鲁等众多企业开始逐渐进入 OTC 市场，并在 OTC 市场上进行发力。但是，我们看到众多的处方药企业进入 OTC 市场后，多数表现得很平庸，其具体情况如下。

营销团队不专业

多数处方药企业在医院市场的处方药都是采用代理制进行销售的。这些代理商对临床线的操作轻车熟路，搞定医生和相关部门人员并维系好这种关系，按时兑付医生费用，销售基本就不愁了。带着这种思维，我们看到众多处方药企业进入 OTC 市场也采用这种操作模式：无论是招商经理还是代理商都认为，单纯地搞定了零售终端总部几个人就可以高枕无忧了。殊不知这种操作只能把产品送上一条不归路。

产品上量并不是零售终端几个人说了算的事。仅凭给予的利润支撑没有专业的终端销售人员跟进，产品上量会一直停留在自然销售状态。毕竟零售终端的商品部经理、营运部经理、店长、店员等一系列销售人员要从日常需要维护的至少2500 种以上的商品中重点关注你的产品，是不太现实的事情。因而，建议专业的人干专业的事，临床线和 OTC 线的销售团队必须分开操作！

渠道管理规划性不强

处方药企业以往在操作临床产品时，最重要的事情就是各省的招标工作。招标价格一旦确定后，只要制定良好的价格空间就可以高枕无忧了。但是OTC的工作与之不同，在市场化的运作前提下，维价是重中之重的工作。毕竟价格体系出现了问题，产品的生命周期就走入了尽头——你的产品没有利润，终端谁还愿意卖？

而维价体系的核心是针对渠道的管理。笔者在市场上关注到某一治疗高血压的临床产品，中标价为40多元，给代理商的结算价为10元左右，由于采用底价操作模式，在一些省份的商业公司中，渠道价格为11元，终端的零售价格为13元左右，比医院的临床价格低得多，其结果可想而知，彻底影响了产品在医院的销售。故处方药企业在进入OTC市场时，必须在渠道管理上有个良好的规划。

营销期望值过高

处方药企业销售处方药时由于营销模式的特点，多数在招标工作告一段落后，开始招商进院工作。销售上量在进医院后两个月左右立显效果。但是，OTC营销上量则不会这样快。由于影响上量过程的环节和人较多，特别是改变原有终端店员售卖习惯，养成新产品的售卖习惯是需要一定时间和大量基础性工作来完成的。

而一旦养成后，这种习惯也是不容易被竞争对手轻易改变的。因而与临床线相比，OTC上量期较慢，销量下滑同样也是比较慢的。因而处方药企业在进入OTC市场后对操盘手要求不能操之过急，要给予一定的时间来进行系统性的操作。

综上所述，处方药企业进入OTC市场时千万不要用操作处方药的思维来做，可以聘请专业的OTC操盘手来进行整体市场的运作，以实现两条腿走路的战略目标。

医药控销

普药控销的"一二三四五"真经

祁 刚

终端控销模式是目前最流行的普药销售模式,代表企业有修正、葵花、仁和等。这些企业在普药销售上创下不凡的业绩,成为其他企业学习的标杆。在这里盘点做好普药销售的"一二三四五"真经,供大家借鉴。

一个目标

作为普药省总,在接受公司下达的销售目标后,一定要在团队中准确无误地传递这个目标,并且要坚定地落实这个目标。不要制定低于目标的所谓保底目标,目标不能有任何水分,不能有任何讨价还价的余地。这就是销售领域流行的"目标的唯一性"。

二个认识:用方案去销售产品,销售的最终结果是纯销的增长

"用方案去销售产品"要求我们哪怕只是卖一盒产品,都应该有方案,而且方案要有针对性——针对重点客户进货的 VIP 客户答谢会、旅游促销活动,针对消费者的购药送鸡蛋、抽大奖的店头宣传促销活动,针对终端进行重点品种和新品奖励电动车、手机等各方案。只有用方案去销售产品,销售才能有条不紊,尽在掌控。

如何去衡量销售的最终结果?那就是纯销的增长。必须掌握每一家重点客户的月销售额的变化,确保产品都处于动销状态,而不是积压状态。要掌握重点客户所铺货产品的结构和效期,一旦产品效期不好,就要及时协调客户开展店头宣传促销活动,确保产品动销。反之,如果我们把工作重心都放在压货上,那么即使完成了销售目标,也只能叫库存的转移,而对培育市场是无益的。

三个活跃：产品活跃、客户活跃、团队活跃

首先是产品活跃。铺货的产品在终端要确保在品牌、同名品种竞争、产品利润、销售氛围营造、店员推荐技巧等方面优于对手，要让消费者到终端购药的时候感觉是到了我们的"主场"，要有气势。这样，我们的产品才能在终端处于销售的主动地位，而不是自然销售状态。

其次是客户活跃。客户既包括药店，又包括消费者。先从药店来说，要接触的层面有老板和店长、店员。如果想多销售产品，就一定要和老板处好关系，让其感受到我们的与众不同——高于行业标准的专业性和细致入微的售后服务。如果能够分析出医药行业的发展趋势，为其答疑解惑，同时给予老板促销活动支持和对临效期产品换货支持，那么，每个老板都愿意和你合作，你的产品在这家药店的销量一定最棒。

对于店长和店员来说，他们是从药店到消费者"临门一脚"的最关键人物。要教会他们产品的卖点以及产品组合搭配、按疗程销售的技巧，让他们学会如何提高客单价、客单量。教会了这些本领，胜过多少物质刺激。在他们及家人的生日和节庆日表达我们的心意。这样店员会把我们当成朋友，积极帮助推荐产品。

对于消费者，要让他们对购买我们的产品永远充满期待，因为我们会不定期推出一定的优惠促销活动，比如购药送鸡蛋、抽大奖等活动，还会利用药店的会员日采取专家义诊、公益讲座等方式提高药店的人气和企业的公益性、产品的美誉度，让产品在消费者心中树立良好的口碑。

最后是团队活跃。团队成员要心往一处想、劲往一处使，要有团队意识和集体荣誉感，对能力偏弱一点的成员采取鼓励和帮扶策略，让其尽快迎头赶上，不被其他人员落下；开展各种PK竞赛、交流，让团队天天想着工作，天天围绕目标去干，使得团队的心在一起。在团队中形成"比学赶帮超"的正能量风气，成为一支"招之能来、来之能战、战之能胜"的优秀队伍。

四个核心：核心品种、核心终端、核心店员、核心策略

关于"核心品种"：我们操作的普药产品品种很多，但不要"眉毛胡子一把抓"，面面俱到。要分清主次，选择出操作的核心品种和辅助品种。销售工作要围绕着核心品种来进行。要制订针对核心品种的主题促销方案，让核心品种在普

药产品群中脱颖而出，成为"拳头"产品，带动整体产品群销售。

关于"核心终端"：品牌药品销售讲究的是市场占有率，是针对整体终端而言的铺货率；而普药销售采取的是控销模式，讲究的是市场占据率，是针对核心终端而言的铺货率，即产品在所辖区域内重点终端的铺货率。销售中的"二八"理论要求我们必须要重视核心终端，确保产品在核心终端最大化的销售才能达到占据销售制高点、大幅度提升销量的目的。

关于"核心店员"：针对核心终端，还要在店员中找到关键人物，让他们成为我们的核心店员。核心店员除愿意帮助推荐产品，擅长产品推荐技巧，还要成为我们的"信息员"：竞争对手采取了哪些优惠手段和促销活动，药店老板对哪些品种布置了销售指标，哪些品种的销售趋势明显上升或下降，都要及时反馈给我们，让我们及时在市场中做出有效反应，在竞争中抢占先机。

关于"核心策略"：对于每一家核心终端，如果想让其销量达到我们的预期，就要采取销售策略作为指标完成的保障。终端的基础和发展方向不同，制定的策略也不尽相同，可以是"一店一策"。这"一策"就是每一家核心终端的核心策略。关注核心策略的制定，让我们可以真正掌控核心终端的销售态势，确保销售始终处于良性发展和可持续增长的态势。

五个手段：激、培、勤、沉、盯

关于"激"：地总（地级市经理）、终端经理是普药销售最宝贵的资源。省总要多讲人性化、人情味。必须让员工得到利益、感受到氛围、看到前景。管理能力不是简单的控制能力，而是激励能力。激励分为正激励和负激励，激励也有物质激励和精神激励。如何将正激励和负激励用得恰到好处，如何将物质激励和精神激励有效结合，这是省总应该多多考虑的课题。要以人为本，把整个队伍的积极性放在第一位，把塑造有积极性的队伍作为管理的核心。

关于"培"：培就是培训和培养，普药管理者不仅要学会培训而且要善于培训，企业核心人物的创业史、企业文化的形成、企业理念的练就、产品知识、促销技能等都需要培训传导给地总、终端经理、店员、消费者等。因此，普药销售必须用好培训工具，必须将培训贯穿于普药销售的每一个环节。此外，省总还要做好培养工作，培养地总、培养情趣、培养激情、培养精神等。普药管理者的培训能力和培养能力决定你所领导的团队能走多远、能飞多高。

关于"勤"：勤奋是普药营销成功的基石。勤就是勤快、吃苦、耐劳、奉献、牺牲和敬业。做普药的人要走遍千山万水，说尽千言万语，吃尽千辛万苦。"三千三万"是对普药营销最生动入微的刻画和写照。这"三千三万"我们不需要从理论上去论证它，发生在身边的或者说我们知道的和了解的许多实例就足以说明它对普药销售的重要性。

关于"沉"：做普药其实是没有捷径的。如果要说有，那就是沉，潜下心来，沉进去；由浅入深，由深而浅；由薄而厚，由厚而薄。跟读书和做学问差不多，沉要求用心、用心、再用心！刻苦、刻苦、再刻苦！沉要求抛弃一切杂念，集中精力去想、去做、去干！沉要求忘我地去寻、去谈、去缠、去拿到手！沉要求忍得住、耐得住、盯得住、顶得住、抓得住！沉是一种过程，更是一种境界！

关于"盯"：省总要多想，想得到，下属才能做得到！省总是一个马力强劲的火车头，要始终保持动力十足。若稍有松懈，地办这些"车厢"就也会放慢速度，最多是凭惯性前进。

省总必须拉着拽着，带领大家在致富路上快跑！省总从烦琐的事务中抽出身来，抓人心，确保超额完成任务。逼，就要人人头上有任务，人人天天想着任务！而这一切的关键是要盯得住！省总对地总、地总对终端经理，电话不断，短信和微信不断。每天都保持做市场、要打仗的激情，营造出剑拔弩张的战时状态！盯住365天，让销量在"盯"的氛围内快速增长！

普药销售博大精深，做好普药销售其乐无穷，普药省总们只要牢牢抓住普药销售的"一二三四五"真经，定能有大的突破！

控销和OTC模式相比，优势到底在哪里

祁 刚

控销模式，顾名思义就是"管控营销"模式，是生产企业为了提升销售业绩，在渠道分销及终端动销的过程中，对价格和货物流向实行严格控制，从控制渠道、控制价格、控制终端等方面着手，确保将市场操作和终端合作的主动权掌握在自己手中的一种模式。

目前在医药销售领域，控销模式已经深入人心，成为医药销售模式的主流。很多企业纷纷尝试结合自身企业特点选择产品群，打造控销团队。

那么，同以往的OTC操作模式相比，控销模式的优势到底在哪里呢？笔者个人觉得，这些优势从以下三点集中体现。

一、控销模式能够有效控制销售费用投入，发挥各级人员的主观能动性

众所周知，OTC操作模式下的销售架构基本是省区经理、商务代表、区域经理和OTC专员，即使是人员采取本土化招聘，不必建立更多的地级市办事处，节省了部分地办开设费用，但仍要支付相关人员的工资和提成、项目繁多的销售费用、合作商业公司的返利以及交际费用等；同时还要顾虑各级人员是不是会全心全意地工作，而不是在混日子；是不是每笔费用的发生都能产生真正的效果，而不是把市场费用揣进自己的腰包。

因此企业对OTC操作模式的人员考核必须坚定有力，以低底薪加高提成为薪酬结构，以每年纯销增长为考核重点，否则将很难控制销售费用，甚至会造成销售费用的巨大浪费。对每个省级市场来说，都存在着一个销售平衡点，如果达不到这个平衡点，那么企业的投入和产出就不成正比，就一定处于亏损的状态。

而控销模式则不同，因为控销模式采取的是三级承包模式，通过利益链条设计，让省总到地总再到终端经理等各级人员，都有相比OTC操作模式更高的利润空间，让各级人员都有为自己做事的感觉，根本无需调动各级人员的积极性，"不待扬鞭自奋蹄"，所以控销模式下的各级人员都会把自己当成市场的主人，从而积极在市场进行投入，在创造更好销售业绩的同时为自身创造更好的经济效益。

二、控销模式能够更加有效地和终端开展合作，更好地挖掘终端潜力

OTC销售模式基本都采取产品空中广告与人员地面推动相结合的形式，以重点药店为锁定终端开展工作。工作的内容大多是产品陈列、店员教育和店宣（店面促销）活动等方面，多采取店员带金的方式进行销售奖励。因为OTC专员有工资保证，而且所操作品种还有一定的基础量，所以很少有OTC专员真正深入到自己的工作中，每天摸索探求让产品动销起来的有效方法，大多是等待公司或药企下达产品促销方案执行了事，而这类促销方案大多还是在渠道上开展产品进货奖励，如"进十赠一"等，只需OTC专员告知终端在活动期间进货即可享受奖励，但这类渠道促销对终端的纯销增长的效果却几乎没有。

在这类促销方案的影响下，OTC专员的各项工作基本上是流于形式，对药企下达开展店宣活动的要求往往是为了做活动而做活动，应付了事，对活动准备、活动实施以及活动跟踪都不重视，活动效果自然无从谈起。因此OTC操作模式下的市场，形成不了规模效应，有"名"而无"实"、有"形"而无"神"。

而对于控销模式来说，地总和终端经理每天想的都是如何让新产品进店销售，如何让产品动销，如何让店员更了解产品和大力推荐，如何策划形式新颖、效果突出的促销活动吸引消费者、拉动消费者需求。当前，和终端的合作早已提升到更高的标准：从产品陈列进化为氛围营造，从主品销售进化为品类组合、联合用药，从店员培训进化为客单价、客单量的提升，从会员服务原来的积分兑换礼品进化为抽大奖、旅游、健康咨询、身体检测、生产厂区参观等无所不包，从店宣活动进化为消费者体验、运用互联网思维进行线上线下互动等。

在控销模式下，地总和终端经理通过自己的不断学习、实践和领悟，已经逐步从药品的销售者向终端顾问的角色转换，并和终端建立了更深厚、更具有影响力的客情关系，为终端提供更多的增值服务，帮助终端成长和壮大，从而能够影响产品销售进程，掌握产品销售的主导权，更大程度挖掘终端潜力。

三、控销模式能够更加有效地发挥产品群的优势，创造更好的效果

OTC 操作模式的产品，基本特点是品种种类较少，形成不了产品群，重点主品都是有一定品牌知名度、有广告支持，并且通过商业流通辐射到终端的产品。

而对于终端来说，这些 OTC 产品基本都是用来"砸价"的，因为这些产品没有太大的利润空间，终端不愿意销售，但由于消费者受广告影响主动购买所以又不得不进，因此这些 OTC 产品在终端的地位是尴尬的，是"不受待见"的。即使 OTC 专员做店员的工作，也很难在终端发展成为主推产品，销量也不会发生太大的改观。因此，OTC 操作模式下的产品无论从主品还是辅品，都很难发挥优势。

而控销下的产品销售策略是单品突破、多品合围。在这种销售策略下，公司和省级办事处每月都会围绕重点主品开展主题促销活动，将重点主品打造成"黄金单品"，最大程度上调动终端销售重点主品的积极性，提高重点主品的市场影响力和消费者对重点主品的忠诚度、美誉度，让终端通过重点主品的销售组合获得更大的经济效益，成为终端的首推产品，并最终清退其他竞品，成为终端的同类独家产品。而多品也在重点主品的打造推广中受益，扩大销售份额，提升整体销量。

综合以上对两种模式的多方面对比，我们可以看到：无论从控制市场费用、发挥团队积极性、有效掌控市场和终端还是通过产品群突破等方面，控销模式都明显优于 OTC 操作模式，因此对于现阶段采取 OTC 操作模式的企业领导来说，控销模式值得深刻领悟，并认真分析自身企业是否具备开展控销模式的条件。如果企业暂时不具备，就要加快改进和调整的进程，向控销模式靠拢，学到控销模式的精髓，让企业通过转型控销模式真正在市场中获得发展和突破。

普药控销必须掌握的四类数据

祁 刚

进入21世纪以来,互联网的发展始终在"创新与改变"中跨越前行。每天开启网络,迎接我们的都是可能或正在发生的各种改变。眼下,人们还在津津乐道云计算的时候,大数据时代已经悄然到来。

城市数据、企业数据、医疗数据、网站数据成为我们虚拟与现实生活的重要组成部分。

什么是大数据?大数据是指无法在容许的时间内用常规软件工具对其内容进行抓取、管理和处理的数据集合。

对于普药控销人员来说,虽然不太可能设计个软件,整天坐在电脑旁录入和分析这种大数据,但大数据时代带给我们的启示是,普药控销工作再也不能像以前那样随意和无序地操作了,必须建立起自己的销售"大数据",才能在普药控销领域立足和发展。那么,我们需要掌握哪些普药控销中的大数据呢?

一、操作产品的数据

1. 产品基本数据:产品名称(商品名以及通用名)、产品类别(中药还是西药,处方药还是非处方药,医保品种还是非医保品种)、生产厂家、批准文号、规格、剂型、包装、贮藏、形状、成分、药理作用、适应症、用法用量、不良反应、产品批号、效期、各级价格等。

2. 产品销售数据:上市整体产品名称及数量、铺货产品名称及数量、同品名产品数量、各产品组方优势、与竞品相比的独特优势和卖点、品牌优势、年销售额、产品利润空间、药店经销产品年利润额分析、给予的支持(促销活动、年终返利)等。

二、操作终端的数据

操作终端分为三种：连锁药店、单体药店和诊所。

1. 对于连锁药店需要掌握的数据：连锁药店在区域内的销售额和影响力排名，门店的数量，门店类型（开架式还是封闭式），门店中 A、B、C 类药店数量，首次进场品种和数量，整体品种销售率，产品进场扣率，连锁利润率，是否首推，是否包销，结款方式，各门店的产品销量、销售势头（上升还是下滑）分析，同类竞品在该连锁的销量及采取的促销方式等。

2. 对于单体药店需要掌握的数据：区域内整体药店的数量，产品铺货率，整体品种销售率，各药店特色（临学校、医院、早市、夜市、娱乐场所等），各药店销售优势分析，每月产品纯销额，整体产品的效期，未完成任务原因分析等。

3. 对于诊所需要掌握的数据：区域内整体诊所的数量，各诊所的影响力排名，各诊所销量最好的产品分析，整体品种销售率，每月产品纯销额，每月诊所新增产品计划等。

三、操作终端的人员数据

要想真正做好普药控销工作，一定要让自己被操作终端的各级人员所信任和认可，由衷地把我们当成朋友，处处为我们着想，支持和帮助我们做好各项工作，从而提升销量，完成任务。

因此，要做到对终端各级人员的数据掌握，才能加深客情。可以建立一个终端人员档案表，并时刻记在心中。档案表包括：年龄、性别、个人电话、生日（阴历或阳历）、家庭住址、工作时间（早班还是晚班）、性格爱好、家庭成员、结婚纪念日、特殊日子（孩子结婚升学、老人大寿）等。

当遇到这些日子时，一定要及时表达我们的心意，送上祝福。当他们遇到难处需要帮忙时，一定要积极地帮助想办法，哪怕只是一个热心的建议，要多做几件让对方感动的事情，让他们看到我们的诚意，内心深处永远铭记双方之间的友情。

四、操作终端的方案数据

在普药控销领域，讲究"用方案卖货"，因此一定要掌握每一家操作终端所采取的方案数据。

1. 每月开展店头促销活动的药店数据分析：开展几场活动、在哪几家药店开展、开展活动的药店是否具备基础、活动前新增什么品种、活动中促销什么品种、整体活动产出额、产品活动纯销额、投入产出比分析、活动效果总结、活动结束给药店带来哪些积极影响（会员数量增加、回头客多次购买、联合用药增多）等。

2. 每月开展连锁店员培训的数据分析：培训哪一家连锁、培训几场、培训多少名店员、培训哪些产品、培训哪些产品联合用药和疗程推荐的技巧、培训后连锁药店满意程度以及进场新品种的数量、培训后市场检查有多少家门店对我方产品首推等。

3. 每月对店员"有礼"销售的数据分析：店员姓名、数量、"有礼"销售品种、纯销数量、兑付标准、兑付金额、兑付时间、兑付方式（电话费、礼品、微信红包、现金等）、店员满意程度、销量最好店员案例分享等。

4. 每月对礼品压货的数据分析：选择何种礼品（阴凉柜、黄金锅、高级茶具等）、压哪些药店、压哪些产品、增加哪些产品、压货产品的金额、投入产出比分析、药店老板喜欢哪些类型的礼品等。

药企开展的促销方案种类繁多，在此不一一列举分析，但无论采取了何种方案，都要掌握相应的数据。

以上是从事普药控销的人员都应该掌握的四类数据。可能有的人看到后会有这样的反应：我不就是一个销售普药的，记那么多数据干什么？多累啊！有什么用啊！我希望大家记住"磨刀不误砍柴工"和"水滴石穿"的道理。

普药控销模式发展到今天，在普药产品群同质化越来越严重的情况下，在普药控销模式大众化造成厂家之间竞争越来越激烈的情况下，在职能部门监管日趋严格和规范造成药店之间竞争越来越激烈的情况下，如果你还停留在只知道卖多少个品种、每个品种能挣多少钱的最低层次上，那你真的只是一个"卖药的"！

如果你真正热爱普药控销的话，如果你真心把普药控销当成技术工作而不是体力工作的话，你就应该学习掌握各类数据，哪怕每天只进步一点点，久而久之，你就能成为普药控销领域的专家，在与其他厂家的销售竞争中处于领先地位，成为普药控销厂家争相抢夺的人才。

同时，对于从事普药控销的人来说，我们销售的不仅仅是产品，而更应该销售的是信心。信心源于实力。

掌握了这些数据，并认真操作，我们也能成为普药控销领域的行家里手，真正让药店（诊所）老板和店员信服，从而展现出我们巨大的影响力，让他们看到经销我们产品的品牌效应和巨大利润空间，让他们由衷相信我们能够完全掌控市场，从而配合我们的工作，让销售有条不紊地进行，一切尽在掌握。

大数据时代，希望每一名普药控销人员都能掌握这四类数据，进而掌握销售趋势，掌握自己的人生。

永远都不过时的医药控销五大法宝

老 戴

常年的基层走访和各种大会小会的穿梭，听到频率最高的两个词就是"模式"和"控销"。尤其是我客串电话招商员做陌生拜访时，经常被一句话问得很尴尬——"你们什么模式啊？做控销吗？"我其实就想反问一句：你懂控销吗？你知道什么是模式吗？

药品控销缘何如火如荼？这种手法是由东北军团发力推广，并使其声势如潮的。实际上控销的关键在于"控"，就是对销售的一种管理，管理方式由来已久，要系统化才能叫作模式。笔者认为，要做好控销模式，需有五大法宝。

当家产品带路

常规的控销手法中，每个控销部门都缺不了一个黄金单品。这个产品就是"大哥"，带了一帮能形成关联组合的"小弟"，或者是按照产品适应症交集分类，这就是一个产品组。

广告不能停

持续的广告投入，虽然耗费巨大，但是以广告带动百姓认知，通过持续的广告轰炸带来企业品牌的认知。正是这种传播，若干的控销大佬都成了著名的品牌，直接晋级百姓熟知和重复购买的行列，也有助于门店促销和推荐。

终端动销持续

控销有个特点就是终端维护，不简单压货，还有动销协作。除了空中广告的拉动，少不了地面人员的人海作战、各种驻店促销、一句话卖点培训、海报手册、买赠促销、店员带金，终端助销活动等持续不断的整体打法。

三级承包

从省总到地总到县总，三级人员对市场进行"承包到户"。一方面做市场的主人，拿出高促销费用全力投入去培养客户；另一方面，促销形式五花八门，各显神通。我亲眼见到他们的活动有：砸金蛋中金条、欧洲七日游、村医进清华、进货八万八奥迪开回家……非常简单的拼业绩，业绩决定收入、决定地位，可以直接升级。

这种模式极大催发了业务员的工作激情，以疯狂的手法不断刷新销售额，可以叫作"控销火红的年代"。

低成本产品

控销产品大多数属于普药，价格较低，市场竞争非常充分，只有这些产品才能在保证各级利益的前提下提高终端零售价。当然，也需要考虑地域经济情况，能否承接足够高的零售定价。

大家经常调侃说，如今做控销的太多了，事物发展到了高潮，终究是要落幕的；再说了，如果50%的企业在基层都做控销了，那控销就没有实际意义了，还不如省下人力物力放到物流渠道上。

不过，无论是不是控销，以上列举的五个操作方法囊括了产品在终端的基本模式，且永远不会过时。

卖药的快来，看这 84 万个客户如何开发

老 戴

据原国家卫计委统计，截至 2017 年 6 月底，我国基层医疗卫生机构中社区卫生服务中心及乡镇卫生院共计 7.1 万家，而村卫生室和各类诊所有 84.5 万家（仅指有经营资质的）。

诊所，品牌战中的一块沙地

销售的终极目的实际上是品牌推广。

据数据统计，村卫生室及诊所年诊疗人次高达 6.3 亿人次，实际上分散于全国各地的诊所服务人次应该远高于这个官方数字。如此庞大的群体不容忽略。由于很多村卫生室也是私人开设，我们一并将之列为"诊所"范畴。

诊所运作最大的难点就在于诊所的差异化太大，几乎无法复制，投入漫长持续，而单客产出却很低。做诊所需综合全面因素，盲目大规模推广必然陷入沙井，无法自拔。行走诊所，须灯光全开，系统分析和归类。

按照诊所老板的特点进行分类

诊所经营的核心元素在于诊所老板，老板也是诊所的核心员工，是进药和用药的决策者。各类诊所医生的特点决定了诊所的需求：

1. 医学专科学校毕业，在等级医院有实习经历（诊疗中规中矩，沿用临床套路）。

2. 卫生护理类学校毕业，后天自学基础的医疗知识（诊疗盲点很多，安全性是首选）。

3. 乡医世家，家庭传承，中医居多（靠刷脸吃饭，区域品牌人物）。

4. 等级医院医生离职创办，特色专科诊所（专业专科，全临床套路）。

5. 民营医疗集团背景，连锁门诊部（以服务制胜，高端服务）。

6. 厂矿医务室，组织内部配药功能（企业内部的发药机）。

从诊所的需求来匹配产品、价格与促销系统

1. 从药品原始属性思考，由于涉及众多针剂的使用，安全是其第一要素，所以安全性是首要考虑因素，口服产品和外用产品可以一定程度上减小使用风险，因此口服产品在诊所的销售门槛较低。

2. 从消费及地域差异思考，诊所遍布于每个角落，覆盖人员中的消费水平千差万别。在穷乡僻壤，只能使用常用药和廉价药，而在城市高端私人诊所则用药水平不亚于三级医院。在人口固定的社区和村镇，诊所对片区患者了如指掌，慢病患者消费稳定有量；而在流动人口密集的工矿园区及城中村，诊所的特殊患者会络绎不绝。

3. 诊所从业者与临床医生不同，因其机构不同，思维方式大相径庭，与零售店老板也不同，不仅仅是商人思维中的逐利，更有医者仁心之本职。所以，诊所促销系统更需要多元化的方案进行对号入座。

诊所开发套路

诊所开发需要三大要素的有机结合，销售队伍、产品、配套服务。因此，在进行大规模诊所客户开发的时候一定要做足功课，用你最优势的资源或者创造优势资源去匹配诊所的需求。

产品资源对号

类型	适用品类	特点	突破点
厂矿医务室 城中村诊所	抗生素、解热阵痛类、胃肠用药、外用药、皮肤用药、季节性用药	流动人口多、对价格敏感程度低、购买力较高。	突破厂室采购、品单量大、季节性药品领用及发放。
乡村诊室	常规品类配置、需求较齐全、适当考虑儿童药与慢病药物。	客情稳定、忠诚度高、长期服用的慢性药与儿科用药需求量大、购买力较低。	绿色疗法推广及免费检查与筛查、促进销售。

类型	适用品类	特点	突破点
高端门诊	主要价值体现在服务方面、药品匹配多以特色药物为主。	锁定部分群体、忠诚度较高、需要有特色产品接入。	独家高毛利产品谈判、进行学术公关。
专科特色门诊	对应的品类药物，比如儿科、男科、妇科等专科药物。此外，联合使用其他产品。	主攻专科，购买力强、专科产品可签约项目制。	化药专科及中成药独家产品合作。

销售队伍对号

销售的关键在于人，诊所销售队伍打造是成功的关键，所以运作诊所业务需要在销售队伍上下功夫。

1. 熟悉你的产品和竞品。诊所终端对于专业性要求不高，但是需要熟练掌握产品的最大卖点，并熟练对照竞品最大的弱点。

2. 熟悉你的客户需求。诊所的个异化明显，熟悉客户的需求，用临床代表的培训方式来训练诊所代表，准确判断客户需求进行维护。

3. 熟悉你手中的工具。除了产品，配套的产品销售政策、技术支持、终端活动、促销物料等都是配套工具。工具的重要性甚至比产品还重要。训练代表善于使用工具才是业务增长的有效手段。

配套服务对号

这是个讲服务的时代，而且是服务体现附加值的时代，服务就是除了产品能够为客户带来满足感的行为，而诊所的配套服务更需要多元化。

1. 线上传播需要跟上。众所周知，手机的功能之强大，诊所医生也少不了手机党，线上传播平台的使用会快速有效达成目标。比如基层医师公社等靶向性非常强的传播平台。

2. 促销系统成方案。方案，即拿来就执行。针对诊所的促销方案需形成方案库，在利润匹配的基础上由业务员进行单选和多选（买赠活动、铺货方案、诊疗仪器租用、特色疗法学习班、旅游活动、拓展训练、儿童学习及户外营、驻村促销日等）。

3. 上下联线互动。试问，基层医生最渴望的是什么，一是能够获得医疗技术的提高和帮扶，二是获得商人一样的创利能力。因此，启动上下联动的服务互动至关重要，客户的忠诚度源于你能够为他提供持续的服务，信赖的创建方式就是互动。

诊所开发套路简单，但运作成功非一朝一夕，任何成体系的操作方式都需要把握核心，配套多元，多种方式配合才能获得最大成果。

控销战场：如何通过"黄金单品"打击对手

祁 刚

"小病到社区，大病上医院。"这是新医改倡导的分级诊疗模式，也被视为缓解"大医院看病难"的重要手段。在社区卫生服务中心覆盖范围和服务能力有限、个体诊所难获患者信任的情况下，一种连锁化经营诊所的模式正在兴起。这种品牌化、规模化的连锁诊所，正试图撬开基层医疗的大市场。

大医院看病难，小诊所信任难。于是，一些巨头看到商机，开始布局连锁诊所。

线下线上巨头为何纷纷布局连锁诊所？因为个体诊所呈"小、乱、差"特征，遇发展瓶颈，而连锁诊所具有品牌化、规模化、规范化等优势，是基层诊所未来的发展趋势。

医疗信息化背景下，个体诊所信息化成本太高，发展空间有限。从国际大趋势看，个体诊所是在衰败的：以美国为例，诊所医生在向医院发展，或者以合伙人形式出现。信息化背景下，个体模式很难成功。

和美国个体诊所萎缩不同，中国个体诊所数量在增加。不过，中国个体诊所数量虽多，但质量不高。个体诊所"小、乱、差"，社会信赖程度不高，且面临经营模式单一、经营手法落后、利润增长点少、经营成本高、竞争压力大等问题。单点独立运行的个体诊所生存困难，诊所品牌化、规模化、规范化、连锁化经营是必然趋势。

那么，诊所连锁化对普药控销模式会带来什么样的变化呢？笔者认为，这将为我们带来三大商机。

一、三大商机

有利于普药控销企业开展合作,快速上量

众所周知,诊所和药店的区别在于诊所医生与药店店员相比,具备更加专业的业务技能,熟练掌握病理、药理和药效知识,有一定的权威性,对患者的推荐成功率更高,还可以形成产品的"处方源";同样,连锁诊所也希望和有品牌力、有知名度、有较大利润空间的普药控销企业合作。

这样,双方开展合作后,就可以快速将产品导入到诊所,并通过诊所医生的专业推荐快速到达患者手中,这对普药控销企业开发诊所、产品快速上量有极大的帮助。

有利于普药控销企业降低合作成本,提高工作效率

与连锁诊所合作,可以借助连锁诊所的布局以及管理发力,由连锁诊所将产品统一铺到各个诊所,药企统一和连锁诊所进行结算。这样就避免了药企再像以前一样,对每一家开发的个体诊所都要进行客情维护和送货结款。这样将节省很大的合作成本,提高药企的工作效率。同时和连锁药店相比,因为连锁诊所的医生都是专业出身,药企还可以省去对诊所医生的产品知识培训和联合开展店头促销活动等环节,进一步降低了合作成本。

有利于普药控销企业整体布局,精准掌控市场销售

诊所连锁化后,药企就可以把操作的终端分为连锁药店、连锁诊所、重点单体药店和个体诊所四种形式,既可以成立连锁线,统一负责连锁药店和连锁诊所的开发。又可以成立诊所线,负责连锁诊所和重点个体诊所的开发,这样就可以有效地对市场终端进行分类,合理布局,培养和吸纳专业的人才进行专业的工作,精准掌握不同类型终端市场的开发和维护,细分市场并做精做透市场,这对药企整体的市场销售是非常有益处的。

基层诊所连锁化一定会成为未来发展大趋势。

二、如何做好连锁诊所的开发工作

成立分线,建立专业队伍进行连锁诊所开发

有一句话叫"术业有专攻",可以选择前期诊所开发较好的地总和终端经理成立连锁诊所线,组建专门、专业的销售队伍进行连锁诊所的开发和维护工作,同时要制订出合理、渐进式的连锁诊所经营方案（包括开发连锁诊所的品种、任务、规划、产品策略、推广策略、奖罚制度等），确保连锁诊所开发工作有目标、有计划、有过程、有结果。

通过"黄金单品"策略促进连锁诊所快速成长，打击竞品

进入连锁诊所的品种数量不在于多，而在于精，在于药企对自身产品和竞品的精准把握和分析。

要通过在产品群中选择"黄金单品"进行不遗余力的推广，比如在连锁诊所设立诊所"黄金单品"任务超额完成奖、诊所医生"黄金单品"超额完成旅游奖等，形成"黄金单品"在连锁诊所的"爆发式"增长态势，以此树立连锁诊所对整个产品群的销售信心，树立整个产品群在连锁诊所的独特地位，更有效地形成销售规模、打击竞品。

通过提供更多的增值服务提高双方的合作度

诊所和药店不同，诊所既可以销售药品又可以对患者进行治疗。所以，药企在和连锁诊所合作中，可以给予连锁诊所免费提供检测仪器等方式加深双方的合作，还可以对诊所治疗室进行有效的免费改造，营造良好的产品销售氛围，如布置"××药业提示您按疗程用药""××药业提示您合理使用抗生素"等温馨提示牌，如布置带有企业字样的各类疾病预防知识的公益宣传栏，还可以免费为诊所医生提供印有我们企业字样的白大褂、处方签，通过提供这些增值服务促进双方更好地合作，为最终的产品上量奠定基础。

诊所经营连锁化后，作为普药控销企业一定要把握住这些商机，通过以上各种手段加大对连锁诊所领域的占领，互相协作、互相借力，使连锁诊所成为普药控销领域的一个新的市场增长点。

控销"三包",创造销售神话

祁 刚

最近一段时间,有关控销模式优劣的辩论此起彼伏。赞成"控销模式优"的一方认为,控销通过控制渠道、控制价格、控制终端等方式有效掌控销售进程和态势,激发销售人员的主观能动性,是一种处于行业领先的销售模式;而赞成"控销模式劣"的一方则认为,控销模式不成体系,受制于超高定价、销售队伍、贴牌生产、销售管理等不利因素影响,已经走入"穷途末路",成为"明日黄花"了。

自修正药业开启控销模式以来,以修正、葵花、仁和为代表的普药控销企业在短短的十几年中(葵花、仁和进入该领域还不足十年)就获得了巨大的突破:修正年销售额早已突破百亿元大关,葵花、仁和普药控销部门年销售额也有数十亿元。应该说控销模式是经过市场检验的成功模式,虽然控销模式目前受国家职能部门严管的影响,以往高速发展的态势出现了一定的放缓,但我们同样看到的是,医院销售模式实际上受宏观政策影响更大,越来越多的产品因为药品招标的原因弃标。院外市场正越来越受重视。要开发院外市场,控销仍然是非常具有可行性的做法。

而笔者认为,控销模式之所以能够取得突破,是因为控销模式的本质就是"包产到户",释放出了各级销售人员的动力。包产到户大家都知道,在此不再赘述。那么对于控销模式而言,"包产到户"带来的益处有哪些?

一、"包产到户"确保各级销售人员积极投入、长远发展

众所周知,控销模式基本采取二、三级管理,通过省总—地总—终端经理或

省总—终端经理的管理方式进行市场操作。无论是二级管理还是三级管理，对于控销模式的各级销售人员来说，他们都会把自己当成市场的承包者，当成市场的主人，都会在市场中进行大量的投入——连锁进店费、上架费、陈列费用、店员带金、人员交际费用、促销活动费用等。尤其是促销活动费用一项，终端经理的投入几乎占其应得收入的一半左右。

肯定地说，如果不是"包产到户"，那么各级销售人员肯定不会心甘情愿地进行如此大规模、高比例的市场投入。因为他们知道，只要他们敢于投入和付出，那么市场就一定会给予积极的回报，他们就会拥有所辖市场中优质的客户资源和今后长期发展的基础，同时也不用担心自己被企业所调整和替换，而是会一直承包下去，形成长期操作、长期受益的良性循环。

二、"包产到户"确保各级销售人员思维活跃、各种创新手段层出不穷

大家都知道，控销领域的促销活动方式多种多样，在和处方、OTC等操作模式相比时，已经将其他模式远远落在后面。从最初的购药送鸡蛋、购药抽大奖、小单礼品压货、3D彩票抽奖压货、VIP客户答谢会、旅游促销、诊所小处方推广会到现在的连锁联爆促销、专业队伍检测、黄金单品打造、连锁战略合作、诊所医生技能培训等，可以说，在控销领域只有想不到，没有做不到。

对于销售人员来说，他们每天想的都是如何提升客户的满意度，从而与客户建立更为紧密和长久的客情关系；如何创新促销手段，让消费者有更大的热情去购买产品，让产品动销顺畅。因此，只要客户提出要求，只要客户愿意卖货，只要消费者获得更多实惠，销售人员就会想尽各种办法满足客户和消费者。在控销领域，销售人员对客户的扶助和影响让客户销售产品有更大的积极性，从而确保产品畅销。

三、"包产到户"确保各级销售人员分配公正，快速成长

和"包产到户"机制相对应的是"大锅饭"机制——干与不干一个样，干多干少一个样。在控销领域里，几乎不存在业绩很差但靠"关系"和"人情"存活的销售人员；在控销领域里，销售人员的能力和业绩决定着他的收入和发展，收入分配是公正透明的；在控销领域里，根据能力划分市场资源，最有能力的销售人员拥有最好的市场资源。

作为一名终端经理，如果他是全省乃至全国最优秀的终端经理，同时又具备一定的管理能力，那么他就会在今后的发展中晋升为地总，同样对地总和省总来说也存在着这样的发展机会。反之，如果各级销售人员投入意识淡薄，小农思想严重，就会造成业绩不支持，市场表现不好，那么他也无法在竞争激烈的控销领域生存，会很快在竞争的大潮中被淘汰。

在销售领域，其实每名销售人员的能力都是差不多的，但于控销模式而言，高速发展更取决于"机制"。因为"包产到户"的机制让各级销售人员能够把自己当作市场的主人，同时"包产到户"的机制能够让"英雄辈出"，不断刷新着区域市场销售和单品销售的纪录，把以前的"不可能"变成"可能"，创造原来不可企及的"销售神话"，让更多的销售人员无畏激烈的市场竞争，对市场真正精耕细作，深挖市场和产品的潜力，从而获得更快的成长和更丰厚的经济效益。

不可否认的是，控销模式发展到现阶段还存在着各种各样的问题和困难，但基于控销模式"包产到户"的本质，控销模式是无可厚非的，是能够长期生存和发展的。

特色控销：从 3000 万到 20 多亿的六个关键

孟庆亮

笔者发现很多企业正在学习控制营销模式，但是很多企业并没有学到精髓，以为只要设计好包装，报个专利，将产品利益分配好，每个地区找一个客户运作，渠道进行控制、零售价维护好就是控制营销了。

其实这只是表面功夫，企业一定要从控制向"控制+帮助"过渡。

只有真正帮助客户赚钱，帮助客户学习赚钱本领的企业才能够发展好，前提是消费者利益要长期保证。以下是笔者策划的一家企业，6 年来企业效益增长了近 20 倍，从 3000 万元到 20 多亿元以上零售额。笔者总结了从一个小企业成长为优秀控制营销企业的六个关键和大家分享。

案例描述

AB 制药从一个销售为 0 的企业开始，通过十多年的发展，销售一直徘徊在 3000 万元左右。自 2010 年 4 月份，开始导入控销模式试点。当年在砍掉部分批发业务情况下，销售依然突破 4000 万元，整体增长了近 1000 万元，资金流最高一个月突破 700 万元。

这时候被某集团收购，模式没有改变，还不断进行了加强。2012 年回款过 1.1 亿元。继续收购药厂一家，到 2013 年 12 月份底价销售回款突破 1.78 亿元，建立专业医药公司一家，进行品牌输出，开始贴牌嫁接产品。2016 年销售底价过 5 亿元，终端零售价 20 多个亿元。

收购前到底是如何开始的？其实笔者从 2009 年开始就给 AB 制药做顾问，多次导入控销模式，但企业由于多种原因没有实施。

2009年下半年，海南某上市药厂在AB制药贴牌的一个产品突破2000件一次性加工，让AB制药原董事长开始相信控销模式的力量。原来这个产品在AB制药一年销售都不到4万盒，而现在客户贴牌一次就40万盒，AB制药董事长非常震惊。2010年过完春节，AB制药董事长到海南企业考察，发现控销的魅力，回到公司开始组织企业模式改造。

谈到销售模式，首先还是来介绍AB制药的产品：独家品种两个，其他品种都是同质化非常高的普药。

独家品种只有一个在2个省区进入医保，但是销售只在医院，销量不大。其他个别市场乱做。两个品种一年销售1000万元底价左右。

其他产品按普药批发模式销售，主力市场在湖南，每年大概1000万元左右。其他各地市场招商做，也是1000万元左右。

到底如何改造这个企业呢？通过讨论，我们最终确定控销产品是哪些：有两个产品既做控销，也做了批发，但是批发的量90%在湖南。其实这是非常致命的冲突，很多控销企业没有做好，就是想天下所有模式都做、所有客户的钱都赚，但是我们相信是有办法解决的。具体在下面第五点中介绍。

（一）改造产品让产品更加值钱

胶囊产品采用知名企业原料，双铝包装，中英文专利VI设计。尤其是双铝包装及中英文专利包装在进入市场初期起到了非常大的作用，客户觉得可以卖高价，比上述知名企业的利润高，顾客也觉得和知名企业是一样的。颗粒剂也学海南某药厂，上设备改成条装的包装，让客户满意。

当然AB制药为此改造了工厂，增加了设备，一投入就是几百万元，而且从创意到工厂配套90天内全部完成。

为了让终端相信是知名企业原料，我们将知名企业进货单及增值税发票扫描，都印在宣传手册及本子上。

同时将产品生产工艺进行严格控制与创新，其阿莫西林颗粒的溶解对比试验可以打赢天下所有对手。后来笔者发明了一个"五觉对比法"让对比试验更加震撼，让客户开发时有了法宝，不相信产品就当场给客户试验，在同等质量比价格的情况下，基本上能够卖上述知名企业产品的终端，都愿意卖AB制药的产品。

（二）分好钱，让客户先赚到钱

AB 制药是福利企业，3000 万元时，企业利润近 1000 万元，可是 2012 年企业销售额过亿，却没有相应利润，为什么？企业战略非常清晰，要想成为一家大型企业，首先需要有一大帮人跟随你、跟上你。那你凭什么让大家跟随？

大家原来都不认识 AB 制药，和 AB 制药合作首先第一条：能否让客户赚钱。

让客户先赚到钱的"后利"思维产生：我们的战略思想就是"养猪育儿"，将能够产生销售量的产品做出有竞争力的价格来吸引客户，让大家有利可图。在这个过程中再逐步培养独家品种，首先量产的普药品种从价格体系来说是亏损的，但是，是有边际贡献的，工厂其实是让量产的普药来养活的。没有普药就没有独家品种的未来，因为工人都走了，还谈什么未来。

在这个时候，所有的利润差额都是要股东来扛的。

这时股东要看的就是几个重要指标：你的团队是否在增加，他们都赚到钱了吗？这个是最为关键的，没有一支庞大的队伍为你赚钱，一切都是空，但是一定是让客户先赚到钱。

另外，你的销售是否每个季度都在增长，现金流是否在增长，你的高毛利独家品种销售是否在增长。把握了这几个关键指标就不要心慌，不要抱怨与指责你的销售管理团队，而是继续给大家鼓劲。

关于分钱问题。高毛利品种的毛利率在 60% 以上，低毛利品种在 30% 左右，而整个营销费用在 30% 左右，也就是说公司的管理费用、财务费用都必须高毛利品种摊销。

在具体的市场分钱体系中，基本上是这样的：按控销最低零售价的 ×× 扣左右为底价，另外给予市场代理商促销支持、礼品支持、返利支持、特别奖励、推广会基金、培训支持等。市场出货到终端价格为 ×× 扣左右，当然也会指导客户进行终端返利、推广会等。但是连锁会另行制定价格。

试想，如果你只给予客户一个底价，如何与客户建立良好的客情关系？

（三）选择合适企业的销售组织模式，并配套管理

如何选择你的销售模式？最为重要的就是分析你的产品及毛利空间来决定。AB 制药产品大多数在 10 多元，贵的产品也就是 30 元左右，这是典型需要大量

分销才能够产生大销量的情况，同时很多产品从底价到零售价不足4倍空间，因此，如何建立扁平化的销售组织是公司的必然选择。

于是，我们当时确定了以地级代理为主、县级代理及省级代理为辅的销售组织模式。全部先款后货并且一定要缴纳保证金。刚开始也很难，但是坚持必须这样做，反而让大客户看到我们保护市场的力度。

原则是不能够谈判的，你的企业一遇到难题就改变，谁还敢和你合作。

到2013年，企业更加扁平化管理。湖南市场建立近80个销售办事处，只有几个客户是管理两个县以上市场的，其他客户全部管理一个县。湖南市场低价销售突破8000万元，平均每个县达到50万元以上。

但是一个问题就出来了，一个省区就近80个办事处，还有连锁直接供货，你的服务系统能够跟上来吗？你的培训系统能够跟上来吗？这需要一个强大的客户服务部及一个强大的市场部跟进。去看看AB制药的服务部多大、市场部多大就知道了。同时AB制药湖南市场一线招商辅导团队也从1人增加到9人。这些都必须由老板开出合适的工资及奖金才能够留住，你敢这样做去满足客户要求吗？

AB制药发展这样快，与其高效及极少出错的服务是分不开的。可是我们很多企业在每次客户开户时都很慢，对客户态度差，还经常出错。同样的事情多次出错，由于组织没有激励与淘汰机制，外派经理不敢投诉，担心以后更惨，这样的管理就是天神来策划都难！当然这里一定要和机制挂钩。有的企业3000万元到几个亿元都不给服务系统加工资，分享成长的利益。理由很混账：他们离开后可随便招聘其他人。

（四）建立制度、选对人

一是建立制度。在改革初期，建立一个委员会，董事长负总责，让人员分工到位，各行其是，定时间、定目标、定任务，人力资源部要盯进度的考核。每日目标、每日进度董事长与委员会成员都必须知道情况。因此，人力资源部的信息共享是非常重要的，大家会及时关注信息及提出意见，确保方案越来越完善。是独裁还是启发大家智慧，这个非常重要。

人才制度与信息共享是关键点。这也是当年笔者改造太阳石药业及好娃娃成功的关键，可惜后来顾问很多企业，老板们都不重视，而重视的就成了大企业。

二是选对人，就是制定标准选择人。如果一个人可以改造，我们就改造他；如果一个人不能改造，我们就换掉他；如果公司还有适合其位置我们就用他，没有就劝退他。干掉一个不适合的人是对公司及系统的负责，是成就被干掉的人，因为他不适合公司及岗位，他也是痛苦的。企业永远用人才的长处。在AB制药的初期改革中，我们没有干掉人，都发挥了大家长处，让团队的力量发挥到极致。

在具体区域经理上，我们坚持公开招聘社会有资源的控销优秀人才下到市场进行客户选择与开发；没有资源的、连拿单都不知道的人是不配做控销经理的。因此，在建立初期阶段我们就让控销经理们到市场帮助客户拿单，体验控销是如何做成的。

在具体市场客户选择上，我们坚持一个原则就是一定是有终端的控销团队，没有团队一定不要。当然由于前期控制不严，也有投机分子进来几个，但是我们及时进行了清除。

（五）选择单一控销模式让客户放心

刚开始时，由于湖南批发业务每个月有50多万元回款，我们想全国市场除临床市场外全部都改为单一的控销模式，因为客户最为担心的就是一个产品由一家企业生产，而有多个模式由不同销售团队销售，必然造成冲突。最为常见的就是大规格做物流，一个中等规格做控销，结果大规格供货价到终端价格低于中等规格做控销到终端的价格。

于是我们制定了一个原则，湖南市场先试点，找到批发没有覆盖的零售终端先供货，逐步培养市场，同时快速省外招商。5个月后，湖南控销模式产品做到80万元，AB制药董事长做出决定，砍掉控销产品的湖南批发业务。

可以说，学会做减法才会出现乘法现象。

当这个消息出现后第二个月，就是控销推行的第六个月，又赶上旺季备货到来，客户信心大增，AB制药回款在砍掉批发模式的情况下，比2009年9月份同期增长了近100万元。

这时某集团进入从单个产品收购到整体收购AB制药，到正式收购AB制药时是2010年底12月份，当月销售月度回款突破700万元大关。

在完全砍掉控销产品的批发业务情况下，AB制药业务没有下滑，企业出现高增长态势,利润指标也非常好。

可以这样说,企业控销产品如果要高速发展,最好不要做批发及简单底价招商。同时不能大规格底价招商。换个中规格做控销,代理商客户是很没有信心去做的,在前期阶段是个大坎。

你没有让客户放心,客户怎么会为你拼力一搏。

AB制药这样做高速增长了,如何逐步调整到规范及让客户放心呢?没有客户放心哪来高增长?

(六)帮助客户发展

从2010年笔者策划产品时就确定了"创造价值分配好,制造体系保护好,输出价值服务好"的三大营销战略。

一是建立客户开发市场的系列工具,建立企业自己的专业网站,到客户签约成功及打款后就会给客户一个密码上网下载开发工具。

二是由AB制药出钱,让所有客户分批到AB制药学习,让大家看到AB制药的工厂及生产工艺,让大家见到公司管理层并听管理层的许诺,同时每年对市场团队由AB制药出钱进行培训。这样大家一回到市场就加快投资。

让大家相信诚信是AB制药快速发展的关键。当时的合作理念就是"以信为本,和谐共存"。AB制药做到了,大家相信了,所以大家信了AB制药,投资加大了。

可这些投资都是预算外投资,是老板对市场的投资。

三是收购后的AB制药模式没有改变,而且更增加了对市场的投资。推广会有赞助,市场部派人协助。组织大多数市场人员到AB制药进行"产品专员"培训,与湖南大学合作建立AB制药商学院,对市场优秀代理商分批进行培训,对连锁开发进行辅导与支持。同时在人力资源上将代理商纳入人力资源体系,发放效益工资及相关保险。

另外,AB制药不断完善系统,不断增加品种,客户觉得跟着AB制药可以发财、可以发展。

再好的策划、再好的系统,如果没有一个老板愿意投入、没有一个团队齐心协力合作,是不可能做好的。小投入,小发展;大投入,大发展。投入是为了赢得时间,战略上最为宝贵的资源就是时间。如果AB制药是2012年才启动,估计就错过了战略上的最好时机。

现在的AB制药如果在资本市场估值最少数十个亿元，而收购时不到1个亿元。据说已经反向收购一家上市公司。当然，目前已经赚钱，而且利润还在持续高增长。这就是笔者当年制定的"养猪育儿"战略。

普药控销被玩坏，怎样绝处逢生

祁 刚

普药控销模式自创立起经过十几年的快速发展，经受了市场的严峻考验，已经逐渐成为医药销售领域最受企业青睐的销售模式。

任何事物都存在着"盛极必衰"的自然规律。普药控销模式也不例外，存在制约其高速发展的三大难点。如果普药控销企业对此不加以重视，将会对其今后的发展造成很大的阻碍。

一、三大难点

（一）以压货手段完成任务，造成市场恶性循环

从事药品销售的人员都知道这样一个法则：产品的合理库存应控制在月平均销售额的1.5倍以内。在此范围内的产品库存表明产品动销顺畅、纯销良好，销售处于良性循环状态。

而大多数的普药控销模式企业，由于过于注重每年的高速增长，只考核各省份的年任务达成，而不注重考核销售过程和市场操作方法，造成很多地总和终端经理怕完不成任务被罚款和淘汰，从而"剑走偏锋"，不是把工作重心放在如何开展各类有效的促销活动拉动消费者需求、促进纯销增长上，而是放在了通过压货完成任务上，造成产品的库存远远超过合理库存，甚至达到月平均销售额的四五倍。

这样严重超标的库存成为压倒地总和终端经理经济和心理承受能力的"稻草"，造成地总和终端经理纷纷"缴械投降"、交出市场，而后接手市场的地总和终端经理又面临着消化库存和更大的任务压力。一旦纯销不能真正增长，就会

造成今后的产品库存像滚"雪球"一样越滚越大，市场出现恶性循环，最后甚至无人敢接。因此，企业如果不能真正解决地总和终端经理靠压货完成任务的"极左"倾向，势必影响普药控销模式的可持续发展，这对普药控销模式的打击将是毁灭性的。

（二）地总和终端经理的兼职率过高，造成考核和管理越来越难

对普药控销企业来说，目前最令企业烦恼的就是队伍的兼职率越来越高。整个普药三级队伍中，除省总基本都是专职，地总和终端经理大多数都兼着内部企业不同普药事业部或者不同普药控销企业的相应职位，如某地总既操作自身普药事业部又兼任同一企业其他普药事业部的地总或终端经理；又如某地总既操作自身普药事业部又兼任其他企业普药事业部的地总或终端经理。这样的例子比比皆是。

如果企业刚开始采取普药控销模式，短时间内聘用兼职的地总或终端经理还没有太大的影响，可企业一旦发展到一定规模，对业绩有高增长要求，队伍兼职率高的危害就骤然突显：因为兼职率高最大的危害就是企业建立不出一支真正属于企业的职业队伍，当你对兼职人员的要求有所提高时，他就"撂挑子"走人了，队伍就会"分崩离析"！

（三）药店连锁率的不断提高，造成厂商合作的"门槛"越来越高

随着国家对药店配备执业药师的管理要求越来越严格，今后将会有更多的药店选择加盟连锁。目前我国的医药连锁率在36%，以后连锁率将达到50%甚至更高。而连锁率越高，对普药控销模式带来的负面影响就越大。

1. 众所周知，企业在和连锁的合作中，很难保证能够现款合作，连锁的结款方式基本都是压批结款或实销实结，而且连锁为了确保更高的利润空间，都要求厂家给予连锁更低的进货价格和更优惠的销售支持。价格既低又非现款，同时连锁之间为了生存和发展还有可能竞价销售。这让我们的终端掌控力越来越低，市场维护、促销活动无法开展。

2. 双方合作中，连锁对普药控销产品在同品类品种中的毛利率、零售价、品牌影响力、销售难易程度都要做严格的对比和选择，造成普药控销企业很难全品铺货。与全品铺货的单体药店相比，连锁对普药控销产品的销售将受到一定的影响。

二、三大解决方案

（一）所有的工作都要围绕着"纯销的增长"做文章

企业要按照市场规模和实际情况制定合理和有挑战性的任务，不能急功近利，做"寅吃卯粮"和"竭泽而渔"的事情。普药事业部对各省销售队伍要注重销售技巧和销售战术的指导传输，要确保这些手段掷地有声并落地生根。考核不仅仅只针对任务，还要看各省销售队伍的态度是否端正、基础是否牢固、战术是否得当、势头是否上升。只要这些要素是肯定的，哪怕这支队伍暂时没有完成任务也不用担心，因为他们是在正确的道路上前进，否则即使完成任务，队伍的发展道路也是越来越窄的。

（二）重视地总和终端经理，为他们的发展创造更大空间

普药控销企业一定要把地总和终端经理视为企业的宝贵财富，无论从精神还是物质上都要对他们给予大力扶持，对市场表现好、工作年限长、创新思路强的地总和终端经理制定每年的特别奖励，重奖这些企业的忠诚员工，让其他的地总和终端经理都心动不已，渴望自己也成为被奖励的一员。

事业部和省总还要鼓励他们向上发展，向省总和地总的目标迈进，提供必要的内训和外训，让地总和终端经理工作起来有收获，有"奔头"，每天都处于满负荷的工作状态，并拥有一颗时刻保持成长的心。通过在企业建立良好的"家"文化，形成普药队伍"五湖四海、天下同心"的和谐局面，形成企业高度重视有贡献、有价值的地总和终端经理的风尚，让每一名地总和终端经理在心中都能形成强烈的归属感，从心底认可企业，并愿意和企业一道发展壮大，从思想上不想再兼做其他企业。

（三）规范操作流程，支持连锁开发，充分考虑人员利益

企业一定要规范自身市场操作，要选择正规的商业公司进行合作，为各级人员营造安全的市场销售环境。同时要在利润链条设计上给予地总和终端经理一定的倾斜，确保地总和终端经理不会因为今后国家职能部门的严管而在自身利益上受到影响。这样才能调动地总和终端经理的积极性，让他们在进行市场操作时没有任何后顾之忧。对于地总和终端经理开发连锁，企业要在授信额度、陈列物料、店员培训、完成任务奖励等方面给予特殊的支持，让地总和终端经理在开发连锁上获得更大的益处，从而把连锁开发工作做得更加扎实和富有成效。

希望普药控销企业都能认真体会和领悟，通过以上方法把制约企业高速发展的难点变成机会点，把"绊脚石"变成"垫脚石"，一路高歌前行，获得更好更快的发展。

销售策略

学会四招才能获得普药销售冠军

祁 刚

我们之所以不能完成任务,原因有以下几点。

一、我们还停留在产品的销售阶段,还远没有上升到营销阶段

销售只是单一地把产品送到终端,对每一家终端简单地分分类,对销售好的终端给予一些诸如进10盒送1盒、店员带金的支持,也就是我们所说的"送货结款"。

营销则基于对产品的认真分析,对每一家终端进行详细的了解,确定终端级别并通过整合各种资源,利用各种促销手段(产品订货推广会、店头促销活动、店员销售竞赛、VIP客户答谢会、旅游促销活动等)达到抢占重点终端销售"制高点"和终端升级的目的,最终确保我们每月的销售任务得以顺利完成。

任务分解:

核心终端	类别	当月任务	核心人物	核心品种	核心手段

终端升级:

分级	第一季度	第二季度	第三季度	第四季度
A级	10%	20%	25%	30%
B级	20%	30%	35%	40%
C级	70%	50%	40%	30%

二、我们对任务的完成还存在畏难情绪,还在心里为任务标上"不可能"的负面印记

我听过有一些地总说过"小儿化痰止咳颗粒"由于含有麻黄碱而限制销售的

事。在走市场的时候，我特意问了不止几十位的店员，据我的观察和她们的反馈，极少的药店为此将"小儿化痰止咳颗粒"调整到专门的柜台，其余的均未有太大变化，而店员更是说由此带来的影响微乎其微。

地区2017年分设两条线：儿童药线和成人药线，并将"阿莫西林胶囊"确定为本年的主打品种。但通过实际走访市场，我们的"阿莫西林胶囊"市场铺货率还很低（"布洛芬颗粒"和"维生素AD滴剂"也是如此），也没有地总按照地区的要求进行分线操作。这样操作市场，结果自然不理想。

任何销售任务都是有挑战性的，世界上不需要努力就能获得的东西只有一样，那就是年龄。我们选择销售工作，就要勇于迎接挑战，并从中获得锻炼和成长，实现自己的人生价值。

讲一个故事：

> 我刚嫁到这个农场时，那块石头就在屋子拐角。石头样子挺难看，直径约有一英尺，凸出两三英寸。
>
> 一次我全速开着割草机撞在那石头上，碰坏了刀刃。我对丈夫说："咱们把它挖出来行不行？""不行，那块石头早就埋在那儿了。"我公公也说："听说底下埋得深着哪。自从内战后你婆婆家就住在这里，谁也没能把它给弄出来。"
>
> 就这样，石头留了下来。
>
> 我的孩子出生了，长大了，独立了。我公公去世了，后来，我丈夫也去世了。
>
> 现在我审视这院子，发现院角那儿怎么也不顺眼，就因为那块石头，护着一堆杂草，像是绿草地上的一块疮疤。
>
> 我拿出铁锹，振奋精神，打算哪怕干上一天，也要把石头挖出来。谁知我刚伸手那石头就起出来了，不过埋一尺深，下面比上面也就宽出去六寸左右。我用撬棍把它撬松，然后搬到手推车上。这使我惊愕不已，那石头屹立在地上时间之长超过人们的记忆，每人都坚信前辈人曾试图挪动它，但都无可奈何。仅因为这石头貌似体大基深，人们就觉得它不可动摇。
>
> 那石头给了我启迪，我反倒不忍把它扔掉。我将它放在院中的醒目处，

并在周围种了一圈长春花。在我这片小风景地中，它提醒人们：阻碍我们去发现、去创造的，仅仅是我们心理上的障碍和思想中的顽石。

三、我们还没有挖掘出适合自身市场的最有效方法

通过对地区完成任务较好地总的操作方法分析，我们大致可以把适合市场操作的方法分为几种：①重点终端订货推广会；②连锁包销；③乡镇诊所的有效开发；④店头促销活动的大力开展。几位地总很好地挖掘出适合自身市场的最有效方法，起到了事半功倍的效果，都能保证每月销售任务的完成。

而大多数未能完成一季度任务的地总，则存在着未能寻找出自身市场的"一招制胜"的招数，存在"眉毛胡子一把抓"不分轻重的现象，存在凡事做过但做不到根源的浮皮潦草现象，存在凡事自己给自己设置障碍的自我否定现象，存在对市场份额认识不足的"天花板"现象。凡此种种，造成了我们无法完成自己的任务。

做市场的三个层次：

层次	称谓	表现
人	业务员	1. 只与药店老板接触，通过压货的形式让终端多进货；2. 只善于和与自己客情关系好的终端打交道；3. 只限于进货奖励小礼品的形式开展促销活动。
事	业务能手	1. 了解每一家终端的基本情况，对终端进行分级；2. 对不同的终端进行不同的产品铺货，通过礼品等形式做店员客情工作；3. 能够开展多种形式的促销活动。
势	行业顾问	1. 了解医药发展趋势，当地地政关系良好，在当地医药界有一定的影响力，能够将自己对医药行业的认识影响到药店老板；2. 能够为连锁制定销售规划（会员日活动、店庆宣传促销、店员药品销售技巧等）；3. 了解基药招标情况，在国家支持处方外流背景下，通过院外实现产品销售；4. 善于操作大中型促销活动，利用各种优惠促销活动将区域内的重点终端牢固地掌控在自己手中。

四、投入意识薄弱，没有为自己制定一个长远的发展目标

有的地总说过这样的话："我不愿意做店头促销活动，没什么意思，忙活半天，进一万块钱的货，也就挣了四五百。"我知道此言不假，确实开展店头促销

活动从眼前看不会为自己带来太多的利益,但从长远看到了下面这些效果吗?

1. 拉近了与重点终端的客情关系。任何关系和情谊都不是通过自然形成的,而是通过在事上相互支持、相互帮助才能发展建立的。你通过开展店头促销活动促进了双方的关系,那么今后大家的关系更融洽了,还愁以后人家不支持你进新品、冲任务?

2. 打击了竞品。一定要知道这样的理念:市场是靠抢出来的。现在普药控销排在前列的企业,竞争十分激烈。每一个厂家都在窥视着这块有限的"蛋糕"。但逐鹿中原,到底鹿死谁手,这就要靠胆识和独霸天下的豪情。店头促销活动也好,订货推广会也好,谁先做,谁就能够让终端从源头上少进甚至不进竞品,从而达到打击竞品的目的。

3. 为今后和其他终端的合作奠定了基础。

4. 树立了药企真心实意为终端促销的良好形象。

5. 自身在操作促销活动时提高了能力,获得了成长。

我们都知道这样的一句话,"大舍大得、小舍小得、不舍不得"。在成长的过程中一定要从长期发展的角度出发而舍弃眼前的短期利益。华人首富李嘉诚说过这样的一段话,希望给大家启示——有钱大家赚,利润大家分享,这样才有人愿意合作。假如自己拿10%的股份是公正的,拿11%也可以,但如果只拿9%,就会财源滚滚来。

对完不成任务的地总,我相信,如果我们都能做到以上几点,一定能够脱胎换骨、完成任务、掌控区域,成为行业优秀的普药销售人才!

普药销售：淡季怎么旺起来

祁 刚

海尔集团董事长张瑞敏有这样的商业真经："只有淡季的思想，没有淡季的市场。如果你认为市场是淡季的，就不可能去想办法改变现状，就会认为卖不出是正常的。"因此对于每一位普药地总和终端经理来说，一定要重新审视每年7月到9月这段所谓药品销售行业的传统"淡季"，并在心中树立"淡季不淡、淡季出彩"的信心。

那么如何才能做到在淡季里持续销售好产品，取得不俗的销售业绩呢？

"旺季取利，淡季取势"——这应该是淡季营销的核心思想。取利，就是要夺取最大销量；取势，则是获取制高点，争取长期的战略优势。石处于山底，大而无力；置于山顶，则小而有势。同样，山顶的小草比山下之参天大树有更高的势。

同时，淡季需求不旺，普药营销应更强调竞争导向，把更多的精力放在关注和分析竞争对手上。相对而言，旺季则应强调需求导向，顺应消费者需求的创新对于"取利"更有现实意义。另外，淡季意味着绝对销量的减少，应该尊重这一客观事实。

提高销量是淡季营销最直接、最现实的目标。"旺季做销量，淡季做市场。"这句话在销售领域中广为流传，实际上反映了淡季中普遍的松懈思想。旺季的辛苦拼命和淡季的休养生息，已然成为大多数公司的运行规律。这本也无可厚非，是常理的存在，但也是机会的存在。同时，淡季销量的增长显然不会来源于市场的增量，而是来源于对手的减量。说白了，就是在对手松懈时从他们手中抢。也是"淡季旺做"策略被采用的原因。

"旺季抢增量，淡季抢减量"——淡季提升销量的根本策略——以比对手更强的促销、更广的宣传和更低的价格进行掠夺。但需要指出的是，淡季的绝对量毕竟有限，所以投入的兵力要有度，抢的程度也要有个度。而且，淡季做销量，同样重在取势。

另外，创新很重要。营销的本质就是要将同质的产品卖出不同来。创新就是要创造差异化，用差异性的促销、差异性的市场定位，来完成淡季销量的增长。

一、巧促销，占领制高点，提高合作力

7月到9月正是做店头促销活动的最佳时机。笔者通过4月份以来几位地总开展店头促销活动的案例可以看出，店头促销活动对提高与重点连锁终端的合作力、占领制高点、提高全品铺货率、打击竞品、提高企业和终端的知名度和影响力、拉动患者需求、促进产品纯销等方面均起到了很好的效果。

因此，必须在淡季多开展店头促销活动，制订好促销方案，并以纯销拉动普药产品为主。这样就能极大地调动重点终端销售我们产品的积极性，在销售中处于主动地位。

二、推新品，提高铺货率，扩大销售额

事业部在几个月内相继推出了几种在市场上居于大品类的新品，再加上抗生素系列，应该说事业部的产品结构是丰富和有竞争力的。但这些新品地总和终端经理前期销售得都不尽如人意，利用这段时间，正可以重新梳理一下前期新品铺货和销售情况，分析一下前期新品销售不畅的原因，是自身对新品重视程度不够，还是新品的推广策略有问题，并重新制定新品销售组合策略和进行调整，确保新品在重点终端能够铺货并且能够被认可，销量能够持续上升，达到扩大销售额的目的。

三、处客情，维护核心人，提高首荐率

有首歌曲叫《我想去桂林》，歌词是："我想去桂林呀，我想去桂林，可是有时间的时候我却没有钱；我想去桂林呀，我想去桂林，可是有了钱的时候我却没时间。"

在销售淡季的时候，当我们的核心店员、乡镇诊所医生感觉有所懈怠和无趣的时候，这正是处客情的最佳时机，可以为他们或其家人提供名胜古迹旅游的促销活动服务，可以组织大家开展扑克、麻将有奖 PK 大赛等娱乐活动，最大程度地和这些核心店员、乡镇诊所医生建立好牢固的客情关系，让他们觉得不帮你推荐产品都不好意思。那么即使在淡季药店、诊所每天只卖一盒药，也是我们的产品，还担心销量吗？

四、抓拉动，拉患者需求，促纯销增长

销售领域里有这样的话："顾客要的不是便宜，要的是感觉占了便宜。"在淡季时，更要抓住患者的心理，广泛在终端开展买赠促销活动，拉动患者需求，比如开展购买一盒产品抓鸡蛋活动，比如小儿氨酚黄那敏颗粒、小儿化痰止咳颗粒和两袋布洛芬颗粒捆绑销售活动，比如购买系列儿童药产品赠送小礼品活动，比如购买三盒小儿十维颗粒赠送儿童水杯活动，都能达到刺激患者购买欲望、促进产品纯销增长的目的。同时也能让终端真正感觉到我们在真心帮助他们想办法，做纯销，降低终端库存，更愿意和我们进行合作。

五、做培训，推产品卖点，建合作联盟

在淡季里，要和区域内的重点连锁进行沟通和协调，由我方对其进行产品知识、产品卖点、店员推荐技巧、疗程推荐和联合用药的培训，以达到提高连锁门店店员对产品的了解和熟悉程度的目的，为今后更好地推荐产品打基础；同时也可以此为契机，和连锁建立更强大的合作联盟，通过开展店员销售竞赛、门店单月销售最佳等评比活动，提高连锁门店店员销售我们产品的积极性和动力，确保在旺季到来时店员有更强的推荐能力。

做好以上五点对淡季销售普药产品一定会有很大的帮助，方法的多与少其实并不重要，重要的是大家要有勇气和信心，并且要立即行动起来，因为再不好的方法我们行动起来也会有收获，再好的方法如果我们不行动也等于零！

普药销售任务又涨，这样才能完成任务

祁　刚

作为一名普药模式的省总，我想大家一定会感受到每年公司给地区下达的日益增长的高额任务所带来的压力。每一名普药省总面临困难和挑战的同时，更应该从管理策略、市场策略和推广策略等方面下工夫、找机会、找突破口和爆发点。这样我们才能顺利完成公司下达的任务，带领自己的团队在普药销售领域形成"可持续发展"的良好态势。

笔者结合多年的市场操作，总结出保障普药省总完成任务的四个要点。

一、一定要真正地掌控市场和人员

很多完不成任务的省总都对所负责的市场有一种抓不牢、掌控不住的感觉。实质上是因为这些省总没有真正地掌控市场和人员。有人曾经有过这样的论述："当县委书记一定要跑遍所有的村，当地（市）委书记一定要跑遍所有的乡镇，当省委书记一定要跑遍所有的县市区。"虽然各自领域不同，但值得我们借鉴和领会。

作为一名优秀的省总，要了解每一名地总以及每一名终端经理的工作能力、发展方向和思想动态，同时对每一个市场（包括重点乡镇）都要认真走访调研，找到市场中存在的个性问题和共性问题，及时加以解决。同时对地总和终端经理一定要采取"重奖重罚"的办法，体现出省办对各项工作要求和销售结果的严肃认真和执行到位。

省总切不可高高在上，把自己当成"太上皇"，动辄让副总、推广经理下市场，自己"遥控指挥"，不下沉到市场一线、不倾听市场反馈声音，只听汇报、只奖不罚、以包代管，使得整个团队的思想状态、组织状态和纪律状态与优秀团队相比都有很大的差距，以包代管的结果会造成激情和活力不足，整个团队缺少狼性，这样的团队注定是不会打胜仗的。

二、一定要投入充足的市场费用

很多完不成任务的省总在市场中存在一种短视行为，认为公司给予自己的提成和费用都应该揣在自己的腰包，而不是把公司要求全额投入的费用全部投入到市场上。这样就造成了地区执行公司各项促销活动不彻底、不坚决；各项工作开展缩手缩脚、畏头畏尾。

因为怕挣得少，省总不愿意给予地总和终端经理开展促销活动的费用支持，不愿意给予地总和终端经理完成任务的奖金激励，不开团队月例会，不组织团队拓展训练，不组织团队旅游娱乐，不愿意在团队建设上投入。这样长期发展下去，会造成地总和终端经理对省总的不认可，造成团队人心涣散、离心离德，永远达不到省总"振臂一呼从者众"的局面。

做到省总的位置，就一定要有自己的格局。一定要知道哪些钱可以挣，哪些钱不可以挣；一定要知道我们所挣的钱要长远和可持续。蒙牛集团前董事长牛根生曾经说过这样的话："财聚人散、财散人聚。"我们一定要深刻体会，切不可因为追求所谓的"利益最大化"和自身的"小农意识"而影响团队和市场发挥，同时葬送自身的发展前途。那样将得不偿失，早晚会后悔莫及的。

三、一定要开展好各种有效的促销活动

普药控销模式的成功，在于对于普药销售流程的精准掌握，在于认识到"用方案卖货"的重要意义。无论是针对终端进货的旅游促销活动、VIP客户答谢会、送阴凉柜的压货类促销活动，还是针对消费者的2元送鸡蛋、抽大奖、砸金蛋的动销类促销活动，这些促销活动的效果都已经在市场的检验中获得了良好的验证。因此我们一定要认识到促销活动的重要性。

省总一定要组织地总和终端经理多开展适合自身市场的各类促销活动，一定要琢磨市场特点、竞品态势，突破创新，摸索出更为新颖、更为独特、更具有操作性和推广性的促销活动方式，一定要给地总和终端经理下达每月促销活动指标，并且落实到位。

对促销活动的开展不能搞形而上学，不能为了搞活动而搞活动。我们要确保每场促销活动都能产生应有的效果，都能从每一场促销活动中起到提升品牌影响力和企业形象、拉动消费者需求、促进终端增加进货品种和数量、提升我们与终端的客情关系的作用。

四、一定要多上人员，打造团队

普药销售讲究"人海战术"。对普药销售来说：人数＝钱数。有个产品的广告语是"没有声，再好的戏也出不来"；对普药来说，没有人员，再好的普药也销售不出去。优秀的普药团队都有一个特点：兵强马壮，专职率高，每一个县都有人员操作。

而完不成任务的省总则把"上人"当成了一个口号，对公司要求的上人指标或置若罔闻，或敷衍应对，造成地总和终端经理兼职比比皆是。兼职最大的危害就是地区所有的考核都起不到作用，因为对一个兼职的人来说，你一严格考核，他就不干了。由于地总和终端经理的过多兼职，造成"鸡肥不下蛋"，对品种挑肥拣瘦做，坐享其成；对品种没有深度挖掘，造成品种资源的严重浪费。

普药省总一定要多上人员，认识到"人海战术"的重要性，一定要打造一支属于自己的团队，而不是一支"雇佣军"。只有这样，我们的各项工作才能得到有效落实和执行；我们的销售跨度才能延伸到乡镇、村屯，市场才不会有空白点和死角；我们的品种才能广泛覆盖，全品铺货，全面开花！

以上四个要点，我想每一名省总只要认真领会，一定会对完成自身任务有很大的帮助。希望每一名普药省总都能在这方兴未艾的普药销售大潮中思考和寻找——思考在发展过程中带给自己的难得机会，寻找自己在普药销售中所创造出的巨大价值。

底价大包危机重重，六大调整扭转败局

老 戴

曾经红极一时的底价大包制，在产品力尚存的时候，实现了短时间的跨越发展，有了骄人的业绩。但是，如今的底价大包制都坐不住了，因为都被代理商完全绑架了，最终只能沦为代理商背后的加工工厂。有人说，可以换代理商，但是作为普通仿制药，换个代理能不能保量？不好说。即使一切如意，也不会达成所期望的那样量价齐升。所以，依旧在底价制跑道上添砖加瓦的人真该醒醒了。

现在应该怎么做呢？

梳理产品，分析市场

在基于底价大包制的粗放招商模式基础上进行产品规格细分及品牌塑造。梳理并分析现有市场格局，按照产品包装规格与剂型细分，分成不同渠道推动产品保量与盈利两种类别。保存一到两个主流包装为自营推广，提升产品绝对价格，留出营销投入及活动的空间，以高于价格本身的附加值投入市场活动。

1. 需要将目前各区域市场代理协议进行分析，按照协议要求淘汰无法按照约定执行协议的客户。对所有协议客户摸底沟通，分析市场情况，由业务负责人拿出协议，对客户市场沟通情况进行分析，对该协议客户已经完成的情况进行说明，包括客户覆盖地区、零售价格、最主要三家竞品价格情况、单产品区域市场销售占比（与竞品对照）、代理商终端分布。将协议客户调研纳入区域经理绩效考核。

2. 明确市场覆盖情况，列出空白市场。产品销售的增长，一是靠成熟地区对竞品的挤压获得更多份额，二是靠增加空白地区的覆盖，实现新增长点。因此，在人力具备的条件下，明确出空白市场，以大区经理负责制，集中时间在空白市场撬动。一方面，在协议范围内，通过代理商沟通及促成，带动覆盖空白市场；另一方面，以自身人力条件调研空白区域竞品销售情况与操作方式，总结分析，制定应对策略。

3. 产品销售，终究是要考虑品牌化。首先要对你的品牌进行明确的定位，就是你到底有什么与众不同的地方，要把这个找出来。对于产品包装来说，品牌化还有一个重点，就是要设计一个有吸引力的、与品牌相符的标识物。如果是典型的普药口服产品，彼此之间无法从产品名称上去区分，这个时候就要体现差异化的产品包装，需要一个与其他企业有明显区别的标识。一般的商标很难起到这个作用，而品牌标识物则可以起到这个作用。

此外，销售持续性需要营销服务体系的持续支持，所以，品牌化就需要在自营产品推广上弱化绝对价格的概念，拿出足够的营销费用投放市场，以获得持续稳定的客户依赖和企业掌控权。

重新构建价格体系

传统招商体系中最大的武器就是价格杠杆，但是在供过于求的市场关系下，价格是最无奈的武器。因此，坚持走提高价值、弱化价格的路线是绝对正确的。无论付出多大代价，都必须坚决做到高价高质高附加值；否则，销售只会是昙花一现，无持续性可言。

1. 协议客户坚持以量作价，制定明确的分级价格。

2. 自营产品定价，作为区域市场保护的基础，综合考虑竞品市场表现，明确该产品市场定位，制定价格体系。集中所有人力，在自营产品上推进。以县区市场为点状机会进行开发，逐步提高目前的产品价格，导入市场服务，提高附加值（物流提供、促销活动支持、培训旅游、拓展互动等）。

三条商业渠道推进

以定制化加工、区域市场直供和KA（关键客户）部门联合形成三条渠道推进。

1. 以国内强势销售队伍或大型连锁为载体，推进产品基础量的保障和强势渠道的优先占领，为保障药厂的正常开工提供后盾。

2. 加强自营队伍建设，彻底甩掉依靠过票挂靠等不符合时代发展要求的操作方式，利用区域终端资源优化和完善自营队伍，进行产品的有机组合，实现企业资源合理使用。

3. 配合公司 KA 部门，服务重点客户。

铺货与压货行不通了

现代市场环境下，铺货与压货已经不再是焦点，动销才是真正的难点。客户动销需要解决，分析影响动销的要素，并逐一列明，分析客户真实需求。促销靶向性要非常明晰，明确指向竞品，对竞品进行对标比照，提高动销水平。

市场督导与反馈

以市场部为核心，由行政、客户、质量、招标、财务等部门人员组成市场督导小组，不定期地随机独立走访市场，了解价格执行情况、市场覆盖情况、与竞品的差距等，并及时反馈给公司。

样板市场

在如此不容乐观的医药市场环境及形势严峻的销售状况下，应该最大限度地激发公司全员的销售心态和战斗欲望，全员服务销售。甚至可以大胆尝试一下，组建样板市场分区协调机制，公司各部门部长级以上领导划分负责区域，重点考核产品环比销售增长率和产品盈利率，纳入考核项目。

面对降价潮,药企销售省钱大招有哪些

刘 峻

近年来,药品降价已经不再是趋势,而是现实。外资药、内资药都面临着前所未有的降价压力。死命扛着价格不是办法,担心降价是没用的,关键还是要找到方法去"降费增效"。

那么,哪些可以成为有效的降费增效的途径呢?下面笔者试举几例。

销售领域中的最大浪费

在药企的成本中,一线销售的人力成本非常高。销售人员费用,包括工资、奖金、差旅等行政费用,通常占到核算价格的10%～20%。人均产出越高,人员费用的比例就越低。我们通常考虑提高人均产出,以降低人员费用比例。

我最近比较强烈地感受到这个问题:一线代表普遍时间成本很高,但是拜访效率很低。

按以往惯例,要求代表一天要拜访10个医生,但在现实中,代表一天时间只能做两三个有效拜访,其余都是"hello"一下而已。每个医生的对话通常只有5～10分钟,都是每天上午的11点到12点,或是下午4点到5点,经常为见一个医生要等个把小时。

直接产生效益的是有效拜访医生的时间(有目标、有内容、有结果),我估计代表每天跟医生沟通的时间加在一起不超过1小时。产生间接效益的时间是等候医生的时间,这个时间至少是拜访时间的三四倍。我感觉,代表拜访医生所产生的效益不会太高,需要消耗很长时间及比较高的拜访频率才能达到处方目标。

等候医生的时间基本不会产生效益——这个时间应该用来学习诊疗知识和做

访前准备，但是绝大部分代表都是在利用这个"碎片时间"刷微信。

如何高效利用拜访时间（包括拜访时间和等候时间），提高拜访效率，这将直接关系到 5 到 10 个点的人员费用比例。在招投标、二次议价等环节，几个点的降价都让管理者纠结痛苦，但是对如何降低人员费用却思考不多。

销售人员有效提升方法

高效利用拜访时间，以提高拜访效率，这不是靠一个销售技巧的培训课程就能解决的问题，需要聪明的区域销售策略和强有力的行为管理。

区域销售策略主要指选择目标科室的目标适应症，根据区域情况与中央市场部的策略可能有所不同。例如，推广镇痛药"曲马多"，选择骨科的非炎性骨性关节炎和骨科手术后康复这两个适应症。选择退行性病变骨性关节炎的原因是，希望能避开骨科医生的 NSAID 药物的处方习惯，作为中度镇痛药的"曲马多"，相对于 NSAID 类药物能更好地缓解疼痛。另外选择骨科术后康复的患者，而不是术后镇痛，因为术后镇痛医生通常有镇痛泵等其他方法，术后康复需要患者适当活动，疼痛是限制患者康复活动的主要原因。这就是"曲马多"的另外一个切入点。

为了提高拜访的有效性，拜访技巧需要与销售策略紧密联系，并且有一定的弹性，不能教条，千万不要把注意力放在对话技巧上。

如果想要代表高效利用等候时间，就要在代表等医生时做一些能够提高拜访效率的准备工作，要让他们有事情做。但想要把这个时间利用起来，缺少有效的管理方法是不行的。这不是考核打分能解决的，需要训练，需要一线管理者给代表足够的压力。

俗话说："磨刀不误砍柴工。"这两个问题不容易解决，需要专业人士协助调研和分析，但这非常值得，能大大提高拜访效率，在提升销量的同时降低人员费用比例。靠代表混脸熟、人盯人、耗时间做出销量，会导致人员成本高于竞争对手，从而处于不利的位置。

更为有效的学术推广

除了上文说的人员费用，销售费用和学术推广费用的投入产出比，同样是值得深思的内容。

学术推广费用（包括中央市场部和区域内的）也通常占到销售额的 5%～10%，

这部分费用效能更低。每年钱都花在组织以产品宣讲为主题的沙龙、城市会、全国会，根本无法衡量对销售的帮助，但如果停掉，又感觉失去了学术的"面子"。

学术推广费用不需要"降费"，关键在于"增效"——对销售有直接的帮助。同样基于对医生诊疗行为调研分析，设计能够改变医生诊疗行为的项目。例如，让医生接受并习惯某一种诊断标准，这个诊断标准可以直接链接到产品，如拜糖平的餐后血糖、络活喜的晨间血压等。

学术推广活动还需要基于医生的工作需求开展。如果依靠会外活动吸引医生，不但费用成本高，当前形势下的风险还很大。例如，当前医院有控制药占比、规范用药、开展绩效管理、医患沟通等需求，设计的推广活动不但要基于这些需求，还要与产品有直接或间接的关联。这个有点难度，但如果迈不过这个门槛，是无法应对降价这个大趋势的。

上面只是降费增效的几个例子，实际操作中还有更多的途径，可以共同探讨。

担心降价，是因为缺乏降价后的应对策略。过去价格的空间大，行业增速快，用不着想这么多。如今还不想，明天啥也甭想了……

打造畅销药的七个绝招

孟庆亮

畅销药如何打造，这里有七个思路，对你或许有帮助。

一、包装广告化

将 VI 导入包装，加强陈列效果，以利于包装传播降低传播成本。在快消、密集分销类产品，消费者从一个产品就能认识到另一关联产品将会降低传播成本。好娃娃的包装就是完全 VI 化的，并且长期坚持使用形象商标，所有广告传播上都会有形象商标的存在，10 年的坚持得到了很好的回报，并且获得了第一个中国儿童文字加形象类中国驰名商标。国内的葵花药业等企业也是有整体 VI 传播系统的，药企可以好好学习。

二、上柜率的高低决定了产品传播的效果，任何一个大品牌都有高上柜率

因此，硬广告一定要考虑上柜率这一个重要参数。我经常遇到广告打了几百万元，而到处找不到货的现象。这个对中小企业是致命的。这也是好娃娃在前三年没有大规模广告的原因，但是我们却加大了上柜率的支持，如给市场铺货达到近 700 万盒，有力地提高了上柜率。

让消费者能随处看到某一个有个性的产品包装本身就是一种广告。非常可惜的是，很多企业上千万盒的包装依然还是没有一个标准及一个核心的标记。这个问题应当是一个战略问题，连这点都做不到就最好不要做品牌、投广告。

三、终端生动化

产品的陈列及终端生动化能促进产品的传播，也能促进消费者的购买。广告抓消费者的心，终端抓消费者的钱。产品的终端促销，犹如足球场上的临门一脚，只有终端促销工作切实做好，渠道才算真正畅通，否则投入的资源将大打折扣。

研究表明，消费者在到达终端前就计划好购买何种产品的仅占30%，而70%的消费者是在销售终端决定购买何种产品以及购买的数量，而且已有购买计划的消费者中，又有13.4%会因某种因素的变化更改原来的购买计划。这就是终端促销的潜力和机会所在。

四、特别产品可以导入体检营销，靠口碑宣传

我们很多医药保健品、医疗器械的产品完全可以多用这招，好的体验一定会有好的传播。

五、设计包装的版权等专利，给予"李鬼"一个门槛及区别

医药行业的杨森、联邦等大企业利用这个办法阻碍了竞品跟进的时间。好娃娃由于前期这个方面的工作做得好，在2004年后的长时间内对于侵犯好娃娃包装专利及商标的行为进行了法律诉讼，很好地保护了好娃娃品牌；随着中国驰名商标的申报成功，企业利用中国驰名商标更好地开展了品牌保护。笔者在2012年策划鲁润阿胶时就设计了"鲁润蒸阿胶"的一系列专利，成就了鲁润阿胶是现代阿胶创导者的概念，在残酷的阿胶竞争中赢得了一个蒸阿胶的细分市场第一。

六、产品的全面质量管理确保消费者利益

产品疗效是产品的生命力，企业从研发论证起，后到采购、生产、销售反馈的每一个环节都将产品品质放在第一位。某儿童药孩子爱喝、喝了能治病——一个好的产品自己也会说话。大家只要看看孩子病了的时候，女人在交流什么就可以知道了。好的口碑传播比广告更有效。广告抓知名度，口碑抓消费者的信任度。

七、产品的系列化和产品的升级可保品牌的发展后劲

某儿童药企业从一开始就制定了生产一代、储备一代、开发一代的原则，让

客户及消费者感受到这是一个儿童用药的专业化品牌。同时对产品进行工艺改进等，如某一项工艺改革让产品不仅口味、疗效更好，还减少了2克糖，对于一个近7000万盒的产品，一下就节约近500万元的开支，做到了企业和消费者的双赢。

四招打造医药黄金单品

祁 刚

广告品种,顾名思义是指在媒体(电视、报纸等主媒或车体、社区、墙体等辅媒)进行宣传的药品种类。近些年药品广告在媒体的投放量日益增大,以投放电视广告为主。自哈药集团哈药六"维生素 E 烟酸酯胶囊"首开先河,投放电视广告成功以后,很多家药品生产企业都选择投放电视广告,也取得了不俗的业绩。

一种药品投放电视广告,效果是很明显的,对提高产品知名度和提升企业形象所起的作用是巨大的。现在很多药企都是在众多的品类中选择一个或几个核心的品种进行广告投放,从而达到提升品牌形象、带动整体产品群共同畅销的目的。如修正药业的"斯达舒胶囊""肺宁颗粒"和"感愈胶囊",如葵花药业的"小儿肺热咳喘口服液""胃康灵胶囊"等。

如何有效地让空中广告和地面销售进行有效的对接,确保通过广告投入提高产品知名度,拉动消费者需求,从而促进产品销量大幅度增长,这就需要我们掌握操作普药中广告品种的技巧。

一、要不遗余力地抢占销售"制高点"

产品投放广告之前,我们要做好铺货的准备工作,但具体铺哪些终端至关重要。从事药品销售的朋友都知道这样的概念,市场占有率=铺货的终端家数/区域内全部终端家数。但在此我给大家讲一个新的概念——市场占据率。市场占据率=铺货的重点终端家数/区域内重点终端家数。产品的市场占据率越高,才越有效。

因为大家都知道销售中的"二八原理",就是 80% 的产品是由 20% 的重点终端销售的。而且铺货不是目的，销售才是目的。为了铺货而铺货，是达不到销量大幅提升作用的。所以在操作广告品种时，一定要抢占重点终端这些"制高点"，利用各种优势来促进这些终端的销售持续增长，才能实现我们的最终目标。

二、针对连锁开展新品包销效果明显

目前随着国家对药品销售管理越来越规范，药店连锁化越来越普遍，连锁终端有着门店数量多、分布广、管理规范、执行力强的特点，而普药中的广告品种属于品牌高毛利品种，因此连锁也愿意和品牌企业进行包销合作。洽谈的要点在于：

1. 制定好相应的门店任务分解，要按淡旺季落实好每月任务，确保任务的可行性，避免平均分配任务。

2. 在和连锁总部沟通时，要设计好店员的利益环节，通过总部给予店员一定的利益分配，这样才能使产品真正销售出去，为今后的长期合作打下基础。

3. 多和总部沟通，不要把包销合作当成保险箱。我们的品种只是对方整体包销合作品种的百分之一，而对我们来说则是百分之百，因此要经常去各门店调查了解产品实际销售情况和存在的问题，和连锁总部共同探讨解决，才能确保任务的达成。

4. 开展切实可行的促销活动，利用节假日和店庆等契机，联合连锁开展针对消费者的买赠促销活动或购药抽奖、砸金蛋、抓钱机抓钱等形式新颖的店头促销活动。通过促销活动的开展确保产品的动销，让连锁对广告品种更加重视和认可。

三、开展店员销售竞赛有很好的效果

大家知道，普药的销售环节是：公司 ⟶ 省总 ⟶ 地总 ⟶ 终端经理 ⟶ 终端 ⟶ 消费者。在这个环节中，最重要的是要做好销售者和消费者的工作。广告宣传主要起到对消费者教育工作，而终端的老板和店员就是销售者。如何在临门一脚不被竞品拦截，店员的作用十分重要。因此，我们可以开展店员销售竞赛来调动店员的积极性，保证产品销售顺畅。

销售竞赛的开展要点：

1. 确定好开展竞赛的终端数量，一个地级市以 40 家为宜，一个县以 15 家

为宜。

2. 制定好竞赛规则，以一个月以内为竞赛周期，按店员实际销售的数量进行排名。以各终端实际纯销为计算依据，而不是以进货量为依据。

3. 竞赛过程中及时告知店员竞赛效果好的终端销量，激发其他店员的销售积极性。

4. 竞赛周期完毕后，及时告知店员竞赛结果并兑付奖品。

四、在销售旺季开展促销活动，打造"黄金单品"

众所周知，药品都有一个销售的黄金季节，尤以每年1～4月和11～12月为佳，因此，在这两个销售周期开展促销活动效果显著。针对广告品种开展促销活动的主要形式如下：

1. 进一定数额的广告品种加上其他普药品种，给予赠送礼品。通过有效的产品组合，让终端多进我们的广告品种作为其同品类中的主品，全力主推，从而有效打击竞品，提升销量。

2. 进一定数额的广告品种加上其他普药品种开展抽奖形式，如终端进货满9800元以上可以获得一个抽奖名额，我们组织召集几十名进货量达标的客户在一起开展抽奖活动，设置各类奖项，可以设置大额奖金或目前流行的iPhone8或金条等礼品吸引客户参与，未抽到奖的客户获得纪念奖。VIP客户答谢会要确保服务到位、对客户全程陪同，让客户有一种宾至如归的感觉。即使客户本次没有获得大奖也愿意在今后参加我们的活动。

3. 对客户设定进货积分升级计划。凡进广告品种达到一定积分的客户，将获得地区的"卓越客户"称号，在今后给予该客户促销活动支持和进货返点、免费更换近效期药品、免费店员培训、免费提供会员礼品、免费店内包装等多方面的优惠。

如何更好地销售普药品种中的广告品种，我们可以借鉴一下快消品中可口可乐的销售要点，也许对销售会有一定的启示：

1. 买得到（广泛的铺货率，随处可见）。

2. 买得起（经常开展不同形式的促销活动，让产品实际价格降低，让消费者感觉到实惠，如大瓶特惠装、赠小礼物等）。

3. 乐得买（营造良好的产品销售氛围，如端架、堆头、特色模型展示等）。

每一位从事普药销售的省总，都要从心底里重视广告品种，珍惜公司对品种的广告投放带来的机会，把广告品种当成引爆产品群销售的核心武器，认真分析和把握市场特点，把广告品种打造成所负责区域的黄金单品，成为完成任务的重要生力军和重要保障。

医药销售高手都应学会这四个字

郑金平

世界上写销售的书，连起来可以绕地球好几圈，其内容和观点多如牛毛，信息量浩如烟海，读完是不是仍有种如坠云雾、毫无头绪的感觉？今天，我们把复杂的问题简单化，想成为医药销售高手，你只需记住四个字。

第一个字：正

内心正直，形象正派，充满正能量。

你一定要相信邪不胜正、正者无敌。

首先看看自己的内心够不够正？是不是因为以前吃过一些亏，对正的力量产生了动摇，比如对厚黑学那套有了一定的认可？那么我要告诉你：你要来个否定之否定，将厚黑那套彻底摒弃。如果你还在"做一个完全正直的人，还是掺杂一点厚黑的东西进去"这两者之间徘徊摇摆，你永远都不可能成为一个真正的销售高手。

为什么？以心换心，你喜欢和一个视厚颜无耻、黑心肠为正常手段的人做生意吗？就算偶尔做了一次，你会长久和他做吗？所以，做销售，内心一定要正直，没有最正直，只有更正直！

有很多人内心够正直，但在穿着打扮、言谈举止上，却没有让人有鲜明的正直感觉。如果这样，就要好好检讨一下自己了。一个真正正直的人是不需要假装匪气、玩世不恭等来保护自己的，如果这样，只能说明你还不够正直。也不要认为形象正派就会显得呆板、不时尚。

一个真正的销售高手绝不会穿奇装异服，把自己打扮成外星人似的，一定会端庄得体；言谈举止绝不会海阔天空、不着边际、粗俗不堪，一定是有教养、懂分寸、知进退的！

真正的销售高手，一定是充满了正能量，不仅会传播正直的理念，而且会付出正直的行动。当身边的人有困难时，他绝不会漠不关心，一定会给予精神上或物质上的帮助。

有句话叫：人在做，天在看。不要把"万一天没看到呢"当作自己偏离正直的理由。换位思考：你更愿意和一个内心正直、形象正派、充满正能量的人合作，还是更愿意和一个不怎么正的人合作？

第二个字：诚

真心诚意，守时守约。

很多人在签约后会问对方：为什么选择与我合作？回答频率最高的一句话是：你的诚意打动了我。那什么是诚意呢？在尚未成交前，合作方感觉到你充分地平衡了双方的利益，有友好的态度和让人放心、令人可信的印象。

有的人一味地应用所谓的谈判技巧，过分地争取自己的利益，把对方逼到了墙角，而不是给对方合理的利益。这是小聪明，是很难成交的；即使勉强成交，也可能只是一锤子买卖。

所谓店大欺客或客大欺店，看你怎么理解。"大"说明人家有合作优势。这些优势就是一种超值的能量，而这种能量的获得，人家之前是付出了代价的。你与他合作，可以得到从其他合作方得不到的东西。现在这些东西转化到双方的合作中，肯定要有所体现，体现了这种能量优势才是公平的，没体现才是不公平的。

说形象点，一般双方的优势比是五五开，那么大家容易找到公平点；如果是六四开，四的那一方你也要争取到五的利益，对六的那一方就是不公平的；只要六的那一方争取的利益在六以内，他就没有欺负另一方；如果超过了六，他就欺负了另一方；依此类推。至于这个四、五、六是怎么计算的，这肯定是没有精确方法的，大家可以感觉，只是大家不要随口去说店大欺客或客大欺店了。你要搞懂了才说，否则，你对"诚"这个字的理解是会有偏差的。

友好的态度也是很重要的。1999年，我在汇仁药业做深圳分公司总经理时，海王星辰连锁药房当时门店数不多，而当时像一致药店、中联大药房等在门店数和销量上都比海王星辰强，可后来的发展变化是：海王星辰拥有了上千家门店，成为全国连锁排名前几名、曾一度是第一名的连锁，而那两家就差得比较多了。

当然，这里面的因素有很多，但有个因素是很重要的：当时海王星辰对合作伙伴的态度非常好。当时海王星辰的掌门人朱丹说过一句话：供应商也是上帝。不知有多少做药的因为他这种理念而将资源向海王星辰倾斜，从而间接成就了海王星辰。当时我的那些下属，包括业务员、销售经理到海王星辰去，获得了在其他连锁得不到的尊重；结款时，说好的就不需要三催四请，一定不会踏空。

然后我的那些下属拼命地说服我：让我把优惠活动更多地安排给海王星辰，把地面宣传费更多地花在海王星辰。当然，如果我去海王星辰走走，他们还真让我有种特别受尊重的感觉。其实，算细账，我们从海王星辰获得的利润还不一定有其他连锁店多，但我的下属和我本人都觉得值得，觉得开心。

客户尚且知道用良好的态度对待供应商，会获得更多的利益，那么，供应商更应当明白对客户友好态度有多重要。关键是很多人只知道表面的友好，泛泛地做，做得不是很到位。

诚还要表现出让人放心、令人可信。让你补材料、完善手续，你一定要按时、按质、按量办到；约了下午3点见面，只要对方没有通知取消，那什么下雨、堵车绝不是不准时赴约的理由；如果确实到不了或不能准时到，也要向对方说明一下，可以说下原因，但绝不能推卸自己的责任。

双方已经谈清楚的事，但因对方疏忽，书面协议中有与此不相符、对你有利、对对方不利的条款时，你要主动坦诚地提出，并要求立即修改；合作方工作疏忽而多付款给你，你发现后要马上告诉对方并返还。总之，你的表现要让人放心、令人觉得可信，与你合作，不会有后顾之忧。

简单一个"诚"字，内涵是很丰富的，真正的销售高手，会把这个字做到合作伙伴的心坎里去，生意会追着他做。

第三个字：悦

洞悉合作伙伴内心深处的需求，让其感到发自内心的舒服。

有句话叫：一个人说话办事，让人感觉舒服的程度决定了他成就的大小。这是很有道理的。

这是一个讲究个性的时代，但此话绝对不适用于销售人员，销售高手绝对不会把个性用在销售活动中。因为销售是一种服务，提供服务的人怎么能向被服务的对象要个性呢？

一个销售高手会让客户感觉特别舒服，很多事情会想在客户的前面、做在客户的前面。客户想做什么，但不知道怎么表达或想让你去悟，他能及时悟出来并把事情做到客户满意。

在不违反法律、不违反道德伦理、不损害公司利益的情况下，你让客户的舒服程度，决定了你业绩的好坏。真正的销售高手就相当于客户的心理按摩师，让客户心悦诚服。这就是"悦"的含义。

第四个字：专

专业，专心，专注。

做销售的，一定要对产品知识有足够的掌握，对公司的政策要脱口而出，对本品和竞品的优劣势十分有数，对自己可调配的资源了然于胸，对客户和准客户的情况有充分的调查和认知。那么在合作前的谈判中，可以获得客户或准客户的好感，节约沟通成本、提高沟通效果；在合作中也可以有准确的预判，从容应对，增强合作效果。

这个"专"字比较好理解，这里就不多说了。

这四个字有时是相通的，正的人大多会给人真诚的感觉，诚就会增加悦的效果。但每个字的内涵还是有很大的区别，其中，"正"是最重要的，有这个字，你基本成功了一半。

如果能真正理解"正""诚""悦""专"这四个字，并做到位，你一定会成为销售高手。

黄金旺季，药企怎么做销售

老 戴

金九银十，压货的日子又到了。

转眼又到第四季度，按照医药行业传统，二三季度属于淡季，四季度为旺季。经历了淡季的培训和队伍强化，终于要摩拳擦掌地检验效果了。旺季大冲锋、大干四季度、决胜年终的口号已经悬挂出来。iPhone8上市了，也有公司拿出这个当成奖励，据说口号喊的是，坚决不买 iPhone8，就等着老板送。

于是，各级压货的序幕全面拉开。要知道，全年40%的量都需要在这三个月堆进各级渠道的仓库，年初任务目标、年底奖金，作为销售大牛的脸面全都靠这一季度了。

为名、为利，在此一战！

百万药代：转型

医药行业是公认的朝阳产业，增长是必然的。但是，"仿制药一致性评价""工艺核查""两票制"以及不断的飞行检查，一些不规范的中小企业和流通商业会在此期间销声匿迹。做临床的小伙伴们应该感受最强烈：打击过票后，临床费用确实缩减了；再经过药品招标、议价、最低价联动，手头确实不再如往年那样宽裕了。

医药代表本身的工作，是向临床医生传递产品信息，而实际操作上，可能更多偏重于其他方面的投入来获得医生的处方量。

很多外资企业的专利过期的原研药品，面对价格压力会放弃一些营销投入，而国内很多成熟的外资产品已经不再做自营，外包给国内代理商或者现在流行的

CSO（销售外包组织）。这些小伙伴们或者面临着工作的重新选择，或者是被转入到外包公司去。

随着国家医改的深化，医药分开的不断尝试，更应该关注的是通过互联网的高效快速传播。这种低成本的方式被各家市场部看好。代表在其中的价值就降低了。未来需要的是真正高水平的、能够为医患提供整体服务的人。所以，靠着情商吃饭的代表们需要提高智商了。不转型就淘汰，怎么转型是大家最为关心的话题。

"控销剑客"们：都在进军连锁

零售市场也不好过，别看可以笑对"两票制"，但是家家有本难念的经。新《广告法》明确规定，医疗、药品、医疗器械广告不得利用广告代言人作推荐、证明。所以，再通过名人效应来推动消费者认知的行为已经行不通了。

大家都知道，国内药品零售业近二十年的蓬勃发展中，显现了准入门槛低、管理不规范、小而乱、连锁率较低等特点，集中度和流通的效率不高。近两年，连锁并购一直持续，几家实力派上市后更是大举攻城略地，做大规模，市场趋于连锁化发展，以至于"控销剑客"们都进军连锁。

连锁药店的产品特点就是品牌和贴牌，引流与盈利。控销大军经过多年的人海轰炸，已经托举起几个OTC品牌。控销品牌媒介空中支持和地面部队的维护作战，必将开辟新的零售市场空间。

地方割据的单店在力保自己的根据地，不断寻找革新：中医馆、托管经营、慢病馆等。控销代表们生存的根本，除了让你的产品动销提高，还需要掌握你的客户的经营状态，帮助他们提高客单价和客流量。

商务代表：销售通路的枢纽

很多企业渠道与分销分工明晰，商务完成推动和覆盖，分销完成拉动和促销，环环相扣。总体上看，大部分的仿制药都处于供过于求的状态，销售环节中推拉并用，才能畅通无阻。当然，商务代表的中介桥梁作用非常关键，渠道内的竞品信息，渠道产品存量变化，甚至商业财务何时有钱给付，都需要练就火眼金睛。

商务代表承载了企业与渠道物流与资金流的闭环对接，也肩负着对竞品和区域市场的分析判断。关键时候，还得客串终端代表补岗。掌握渠道内产品的进销存，也掌握竞品使出的阶段性杀招，反馈给公司，供决策参考。

俗话说，上得厅堂下得厨房，能上谈判桌谈标议价，也能下基层直接做终端。如此才能笑傲商业江湖，掌控渠道。

销售案例

济民可信和仁和的巨大成功带来的四点启示

郑金平

济民可信和仁和药业，都起步于20世纪90年代，济民可信董事长李义海和仁和董事长杨文龙都出自于寻常百姓家：没有政治背景，没有经济基础，没有高学历，没有好产品，也没有其他特别的资源。他们进入医药行业都是从做最基层的业务开始的，然后凭着勤劳、坚忍，一点点地积累经验、人脉、资金。

笔者把这两个公司放一块来说，是因为它们还有很多相似之处：都是欠发达省份江西的医药企业，都是民营企业，当初都是基础非常薄弱而如今又都是百强制药企业，一个把处方药做得精彩至极，一个成为OTC企业学习效仿的榜样。它们为什么能取得令业界艳羡的成功？有哪些经验值得我们汲取？

正好笔者与这两家企业都有交集，与这两家企业的许多高管和中基层员工经常交流探讨。坦率地讲，笔者今天总结出来告诉大家的，可能不是精华部分，暂且称之为皮毛吧！希望这样一些皮毛也能给大家一些启示或借鉴。

一、对利益链的设计非常重视、十分讲究

前面讲过，济民可信和仁和创业之初基础是十分薄弱的。其他企业的产品讲原研、独家、科技含量、学术高度等，而当初的济民可信，复方鲜竹沥液这种级别的普药就算是企业的宝贝了。当初的仁和，主打的妇炎洁洗液还只是消字号产品。此类产品多如牛毛、竞争激烈。产品没优势，品牌没优势，资金没优势，但必须建立起某些优势，它们想到的是让合作伙伴有更大的动力。

当年济民可信内部培训时，一定会讲清楚一个产品从厂家到消费者手中要经过哪些节点，哪个节点起多大作用，哪些人是关键环节，关键环节行业平均的利

益分配是多少。

分析之后,他们会给关键环节高于行业平均利益分配比例,普通环节不低于行业平均利益分配比例。不忽视任何一个环节,无论是内部员工还是外部伙伴,都有所侧重。

要确保在相同销量或业绩情况下,利益链成员从济民可信获得的利益是最多的。那些只为济民可信服务的人(公司各级员工)会死心塌地为本企业工作,且积极性很高。那些外部伙伴(比如医院)会更积极、更乐意销售济民可信的产品。

当年仁和在设计销售人员提成时,这个岗位行业平均提成是3%或4%,仁和就会定到5%或6%;岗位行业平均提成是8%或10%,仁和就会定到12%或以上。在与同类型、同级别的企业竞争中,哪些优秀的人才更会被哪类企业吸引?

这两个企业一方面通过更有竞争力的利益杠杆让内外合作伙伴更有动力,另一方面要节省那些可有可无的开支,做法是精简辅助人员,在保证产品质量的情况下,减少生产浪费,节约生产成本。

我们审视一下众多的企业,是不是在利益链的设计上没有这么重视,认为差不多就行了,不会去细抠;而在可以节约的事情上又不是太坚决,比如在心血来潮时会设置一些可有可无的岗位,在生产质量和成本管理上不够严谨。

济民可信和仁和告诉我们:好钢用在刀刃上,劲要使对地方。钱要用对地方,也要省对地方!

二、营销管理模式的改进和创新,在学习借鉴他人时,要充分分析,弄懂弄透,不回避自身的短处,找到扬长避短的办法后,形成适合本企业的专属模式

国家经济环境和医药行业竞争环境是动态变化的,医药企业的营销模式必定随之调整,才能保持竞争优势。济民可信和仁和的发展壮大也离不开数次大大小小的调整。

济民可信曾经借鉴了某某药业的营销管理模式。当企业决定学习和借鉴某某药业先进的营销管理经验时,对其产品、营销组织设计、管理制度、推广策略等的调查研究花了非常多的精力,对其中内在的逻辑和关联事物反复求证,不放过任何一个没搞懂的地方。

再看看自身企业在哪些方面是该模式的短板,可不可以弥补,又在哪些方面可以实现超越,最后决定借鉴哪些、不借鉴哪些,保留哪些、改变哪些,弱化哪些、强化哪些。他们借鉴了某某药业更为科学紧凑的考核和报酬分配方案,坚持了自己日常管理更精细的长处。强化了各级员工自负盈亏、比贡献大小和结果导向意识。

仁和发家时用的是底价区域招商模式,后来用过广告拉动渠道分销模式,最近仁和中方、仁和药都采用的是普药直供终端模式,也就是俗称的控销模式。这个主要是在借鉴修正药业。

仁和是做了大量的、深入的研究工作的:

第一,认识到企业自身的产品资源短缺,采用了代理其他药厂产品贴牌和商标的方法来丰富产品群。

第二,认识到仁和自身省总及以上岗位人员长期是工资费用提成制,猛然要他们拿出大量的资金来自负盈亏经营,这种转变他们会接受,但可能转弯太大,心理调适不到位,可能会整体发挥欠佳。而省总又是承上启下的关键岗位,于是仁和决定承包层级下沉到地区经理,省总及以上人员从货款、货物等商务琐事中解放出来,专心做好市场规划和管理。

第三,认识到较早启用此模式的企业有先发优势,仁和作为后来者要少走弯路,加快追赶的步伐,于是决定专门成立培训部,在公司层面给予各区域市场策略上的指导和教会其具体方法的应用。

处方药营销,有很多企业学习新的营销管理模式,成功者有几个?OTC营销,企业一窝蜂追捧控销模式,有几家取得了大的突破?

新模式成功的关键要素有哪些都没搞清楚,就匆匆上马,生怕学晚了就错过时机。现在医药市场环境变了,不是一个什么新点子就可以让销量大涨的时代了。现在药品营销是靠体系制胜,体系包含非常多的因素,一个因素不到位就会让所有的努力白搭。

所以,营销管理模式的改进或创新,一定要深入研究、反复求证与权衡,不回避自身企业的缺陷和短板,不抛弃自身企业的优势和长处,进行加加减减,形成适合自身企业特色的专属模式。

三、用人和留人上虚实结合,以实为主,实的更实

企业要干成事,光靠老板和几个高管肯定是不行的,需要在各个层面都有相应的人才。济民可信和仁和的成功，和在用人和留人上做得好是分不开的。

很多年前开始，济民可信总部人员早上都要参加升旗活动，并要念誓词：为了济民可信的光荣与梦想，我们共创人类健康，历练自我，挑战未来！

如果这是属于虚的东西，我只能说济民可信有虚的东西，适度的虚也有它的作用，但这不会掩盖济民可信"以实为主、实的更实"的用人和留人方法。前面已经提到济民可信非常重视利益链的设计，说白了就是：相同的业绩，济民可信给员工的报酬比其他企业要高。

出于大局的需要，一些优秀管理人员可能要调往新部门或业绩低迷的部门，报酬就有可能不如原岗位时拿得多。据说，济民可信每年会对那些得到公司认可的优秀人员的报酬进行跟踪，如果发现有人连续两年因为公司原因而非自己不努力原因造成报酬偏低的情况，会在第三年调任一个拿高报酬概率很高的岗位来平衡。

对于那些没有犯原则性错误从济民可信离职又有回归想法的人，他们采取的是开放的接纳态度：根据真实能力去匹配职位，如果在外面得到锻炼后能力有明显的提高，有可能给比离职之前更高的职位。人才难得，你管他是第一次进来还是第N次进来，至少双方已经有过了解和磨合的过程，至少对回归的人品德和能力是有底的。

济民可信非常注重员工能力的培养，鼓励员工加强学习：书报费可免费报销，公司会经常组织内部培训或邀请行业精英来公司授课，员工要参加诸如EMBA或听公开课，公司都是支持的，甚至会赞助。

济民可信近年收购很多企业，都是用自身培养的人才来接管，并且接得很成功。这个和他们长期坚持全面、真心地培养人才的策略是分不开的。如果一个企业担心培养人才会为他人所用，因此不去真心培养人才，这种胸怀将决定这个企业走不远、做不大。

我们经常讲一个员工愿意留在企业干，通常是三个原因：钱给得够，能学到东西，受尊重。我想说当前面两样东西都到位时，在社会上自然就受人尊重。

仁和在用人和留人上的做法，和济民可信有很多相似之处，比如：让员工待遇高于行业、对回归员工持开放接纳态度、全面真心培养人才。这两个企业的高管忠诚度都很高，虽然企业在不断地吸收新生力量，但在企业任职超过十年、十五年的高管比例很高,他们和企业一起经历了风风雨雨,然后一起走向辉煌。

有些企业在用人和留人上喜欢玩虚的,开空头支票;还有些企业明白用人和留人要真诚,但方法上有偏差。看看能从济民可信和仁和借鉴点什么吗?

四、不断补强产品资源,放大营销和品牌优势,增强企业发展后劲

曾经都是基础薄弱、资源不足的企业,随着近年在营销上的突破,企业的人才和资金都比较充裕,形成了营销、管理、人才和资金四大优势,如何将优势放大?那就是要利用这些优势,及时地补充产品资源。

济民可信为了获得金水宝胶囊(收购前年销量最高不足8000万元),2004年以将近1亿元的价格收购金水宝制药,收购一年后销量达3亿元,现在年销量过10亿元。后来又花高价收购无锡山禾药业,让醒脑静销量不断地增长。

再后来,济民可信控股了浙江康莱特,获得专利产品康莱特。

仁和药业,前面讲到不断地代理产品贴牌销售,有规模又有利润。

济民可信主攻处方药销售,所以它获得产品资源最好的方式是收购:因为国家政策改变,先是要厂家直接投标,后来要两票制,而且品种要求也高,要独家、新药、医保等。当然一个好产品在济民可信的体系里面很容易做到巨量。所以如果用代理方式去获得产品经营权,风险大!

仁和主攻OTC销售,完全市场化,不存在招标、限价、医保之类的政策限制,且是普药需要品类多,靠的是品牌张力和营销比拼,用代理品种贴牌的方式效率高,能较好地找全终端所需品类。

想想有些企业,一是不懂适时补强哪块资源,往往浪费企业大好发展时机;二是不知道用什么方式去补强资源,致使已有产品老化,员工缺少新的着力点和报酬增长点,企业的发展后劲不足。而当一个企业失去顺势发展的大好时机,受挫或下滑之后再重新发力,往往要付出更大的代价!

济民可信和仁和,从基础薄弱、资源欠缺,到今天的百强制药企业,我们能够从中学到一些什么?希望以上内容能给你一些启示。

易知、简从、顺道

孟庆亮

在很多药企培训中，笔者发现，企业销售都是费用不足，一想涨价就被大部分人反对，但是从笔者策划的所有案例来看，没有一个不是"涨价"成功的。今天就和大家分享一个药企的产品在六个月内连续涨价六次，单月销售从 28 万元到 160 万的案例，相信会对你有很大帮助。

一个产品通过努力做到区域老大，可就在不经意中四个月它又跌入低谷。这到底是为什么？它能否冲出困境再创销售奇迹呢？

案例背景

200× 年春节过后，身为全国总代理的 A 公司的某主导品种在福建市场的销售回款出现了一个急速下跌的趋势：3 月份还是 120 万元回款，4 月份到了 102 万元回款，这时大家认为是正常状况；当 5 月份继续下跌到 80 万元回款时，大家开始害怕；6 月份跌到 45 万元回款，大家开始恐慌。

不到四个月，一个畅销品种在一个福建区域市场出现了快速下跌，作为总代理的 A 公司李总，意识到情况不对，多次找公司员工开会寻找对策，但是身在局中的人都只在点上来解决问题，没能解决产品下跌的真实问题，因此下跌趋势没有改变。后李总通过朋友找到了笔者，笔者当月接手这个品种时，该产品跌落到低谷，当月回款 28 万元。李总开玩笑说："孟总，你到底是我的救星，还是我的灾星，怎么你一来就跌得这样惨？"我笑着没有回答，但是据我事前的福建老部下了解，这个品种在福建市场有一定品牌影响力及消费基础，因此我敢于挑战这个项目。

后来笔者通过六个月，在福建市场将该产品由 28 万元／月做到了 160 万元／月，目前该品种在福建市场每月商业出库在 200 万元左右，成为了一个区域市场的同类品种的第一品牌，这个品种就是上市公司的××平肝胶囊。

案例基本情况

200×年的 7 月 2 日我飞到福州，开始了对这家公司××平肝胶囊的全面调查、策划与推广执行。我做事的原则是一定要先做全面调查再定方案，于是我列了一份调查清单，对情况进行了详细了解，基本状况如下：

一、产品的销售来历及状况

李总原来是做广告业的，而且做得非常好，在工作的过程中与福建这家上市药企达成了××平肝胶囊全国的总代理协议，但由于多种原因，销售主要还是以福建及粤东市场为主，而这一带市场本身就是这家药企最有竞争力的传统市场。加上李总在福建的方方面面关系、优势及敢于投入，在不到两年的时间内，就从原不到 10 万元／月的销售做到了 120 万元／月，成为了区域市场的该品类老大，应当说也是做得非常优秀，非常了解这个产品和市场的。

二、为什么会下降，主要原因有以下几点：

1. 投入减少：当回款徘徊在 110 万～120 万元之间的时候，李总认为该品种已进入成熟期，而且错误决定，不要再多投入就能赢利，于是将赢利快速抽走调到其他项目，而其他项目由于管理不善，也是亏得厉害。

2. 人员减少：人员从原来的每个地市一名商务、两名终端代表，调整全省只有四名商务，仅福州及厦门各一名终端代表，一名省区经理并兼全国该品种招商总监。

3. 客户无利可图：随着人员减少，没有任何投入，市场秩序发生混乱，终端出现价格战，很多终端开始亏本卖，进而有终端开始限售及减少进货。由于从开始大量广告投入到突然停止，终端消费者购买次数大大减少，药店销售量大减，经销商出货变慢。为了加快出货，各地经销商纷纷降价并进行窜货。当批发市场降价时，零售商便开始观望，减少进货量，进而影响经销商信心，都认为这个产品将进入衰退期。

4. 员工没有信心：连续减少投入，连续裁人，连续销售量减少。员工信心大减，由于回款减少，工资发放都推后，很多在职员工都有另谋工作的打算。在我调查期间，泉州商务辞职去了另一家公司。

5. 主要竞品加入竞争，抢走了部分市场。

三、其他状况

1. 库存量超大：由于李总与这家公司是按150万元／月定的最低月销售任务，而连续的销售下降，导致库存量接近九个月总和，批号严重老化。而作为上市公司的这家药企，由于受业绩披露的影响，每个月还在按时生产，要求李总履行合约，否则就换经销商。

2. 资金状况：由于项目资金被超大库存占有，到笔者接手这个项目时，公司资金到了枯竭地步，主要资产就是货物。当然，李总的广告产业是做得非常好的，也很有利润，但李总也觉得冤，做了两年药的结局就是赚了一堆很快过期的货，而且本金都大半变货。

3. 价格空间：由于李总与这家公司在签订合约时，这家公司给产品的底价较高，产品的毛利不到40%。作为一个省代其毛利率还马马虎虎，但是作为一个全国总代，项目违背了行业当时须60%毛利率才可能做大的最重要的因素，也是产品不能走向全国的一个主要关键因素，造成了产品没能走出福建及粤东市场的局面。

四、最为关键问题

一个产品能否真正起死回生，最为关键的问题还是"消费者"问题，只要消费者认可并喜爱这个产品或品牌，这个项目就有可能成功。当我到终端大量访谈之后，终端对这个产品还是有感情的，而且非常喜爱这个品牌，消费者也认可产品的功效，终端并且有大量的回头客。于是我坚信能做好这个项目。

解决问题及带来的结果

我制订了一个方案说服了李总，并主动到这家福建药企争取了该公司所有高管的支持。他们对我有信心，并支持如下：停产三个月，不再加大产品老化。一家上市公司能给这样的支持，我已非常高兴。当然我也答应利用我的影响启动了另一规格的省外市场作为回应。

同时，这家公司承诺看三个月的趋势，暂不接触任何新的代理商。其实，如果真换一家代理商，目前该产品可能被做死，因为有近 100 多万盒的库存量这个现实问题，就像一个核弹头，只要合约被毁，将会造成全面的相互伤害。就在我做调查、做沟通及进行团队改造的 7 月份，回款自动恢复到了 48 万元，证明产品还是有市场的，大家重新看到希望。

一、解决投入问题

投入问题对于扩大的市场永远是头号问题，但这时谁都不想对该项目注入现金。要增加投入，只有三条路。

第一条路：要厂家让利。作为一个合同已经签订的上市公司，这个谈判根本不可能；即使让也不可能大。当我与李总试探厂家让利时，得到的答案是 NO。

第二条路：要李总加大投入。但是李总已没有信心，只答应少量启动支持，希望我在货上多想办法。

第三条路：笔者最喜欢用的一种办法，用涨价来加大投入。笔者认为，大多数产品必须涨价才能完成产品销售价值链分配。分配不好，产品要卖好太难，因为走成本领先之路对大多数中小企业更难，一般需要强大资金、系统管理及供应链优化。

要涨价必须有配套支持才行。对于涨价大家都在怀疑，只是因为本人做了几个"从卖不动到第一品牌"的案例才不好与我过多争论。但是我坚信我的理论会再次成功，因为成功的关键在于有消费基础及潜力，有李总及这家药业的理解与支持。一个策划人抓住了市场和老板还有什么问题不能克服？当然利用我的影响力，我又从全国市场用货物换回了一部分现金，对项目起到了输血作用。

二、解决"消费者乐得买"问题是核心点

1. 坚持正确定位，坚持主打产品的核心价值：降火、护肝，避开与××护肝片的治肝炎的竞争。这也是在当时调查消费者的第一选择，也是早期做大的广告诉求，加上福建市场地处亚热带的环境人易上火的特点，综合三种情况我们做出的正确判断，坚持正确的定位不变。

2. 如何拉动消费者需求：整体的传播组合为高空轰炸、中空配合、地面突破。所谓高空轰炸就是在福建电视、广播进行广告投放，但是有底限，设比例；中空配合就是在《海峡都市报》上软文，针对熬夜、饮酒、上火的危害上系列软文；地面突破就是用快到一年的产品做成免费赠品大量派发酒楼、写字楼及重点终端，以核心价值统领一切推广活动。

3. 重点终端的活动不断：一是拉动消费者购买，二是增强终端及批发信心，一举两得。

三、解决基础及团队问题

1. 完成所有传播的设计、制作与报备，并大量准备促销品。

2. 相关配套的管理报表及管理系统设计与完善等。

3. 扩充队伍并训练队伍，所有的工作都必须要一支步调一致的队伍才能做好。

4. 对管理人员进行调整。猛将必起于士卒，离市场一线最近的人员最懂市场。必须要一个了解市场、敢想敢干、能吃苦的人来担当福建市场的专门管理，原项目经理不再兼省区经理。后从厦门市场大胆提拔厦门主管阿虎担任省区经理。由于小伙子身先士卒，敢想敢干，善学习，在福建市场带出了一支非常有执行力的团队，推动了这个产品的再创辉煌。目前阿虎已成长为一名优秀的营销老总。

5. 当一切调整到位，并且将一切基础做到位以后，我和李总对员工再次培训与鼓励，让大家看到了希望，大家信心倍增，因为没有信心的团队肯定会吃败仗。

四、解决终端加大进货的四招

1. 告知终端我们是如何进行消费者拉动的，将所有广告品及广告排期告知终端，将促销品展示给终端看，让他们感兴趣、有信心。

2. 告知他们会涨价，促进终端多进货，促进消化商批库存量。

3. 召开重点连锁及卖场会议，告知我们会怎么样来拉动消费者，通过返点措施让他们在统一时间涨价，从而带动散店涨价，让终端有利可图。

4. 由于终端都有怕带头涨价而别人不涨会吃亏的想法，我们承诺如果你涨了后三日内其他连锁不涨我们赔偿损失，具体到每一盒赔偿多少。

后来由于终端代表监督到位，各大连锁及重点卖场如期完成涨价，终端代表马上将此信息告知了散终端，促进了散终端的涨价及加大进货。

五、召开经销商会议

1. 告知我们会怎么样来投入，并使所有投入计划人手一份。

2. 会议期间近20名代表到位，让他们看到我们终端分销及服务的能力。

3. 告知终端将涨价，而且公司也会在合适时间涨出货价，暗示其加大进货。

4. 让八家经销商签订市场分销保证协议书，确保价格稳定，大家有利可图。

会间我们进行了互动，我对福建八个一级商进行了整个方案的讲解及答疑，并告知何时上广告。当8月份广告开始投放的时候，经销商的信心开始增大，当月回款回升到78万元。

六、结果很好

随着公司的广告及一切措施到位，整个终端出货加快，经销商信心大增。公司马上抛出10月1日涨价通知。所有经销商为了多赚利益，全都加大了进货量。9月底回款达到122万元，不到三个月时间，产品回款达到了公司历史最好水平。所有员工、李总及这家福建上市药企都非常高兴。

此时，所有与产品相关的人员都信心大增。我继续与李总进行沟通，要求加大力度投入，确保市场终端的占有率不断提高，确保新的消费者增加。当10月份回款仍然稳定达到120万元时，我综合各方面情况，判断市场还会向好的方面发展，市场还在扩大。这时李总告知说利润太少。我综合各方面情况，认为消费者可以接受的价格点还可以再高。我提出再次涨价并实行。到12月底当月回款突破160万元。在我完成这个项目离开后的日子里，这个产品又经历了几次涨价，目前区域市场的年销售额在2000万元以上。

几点感受

1. 产品的成熟期可以想办法延长。即使到了衰退期，我们也不能有割麦子的想法，对市场过度抽血，加快其衰退。尤其是药品行业，一个产品的成熟期远比想象的长。

2. 解决问题的办法固然重要，但是如何让你的客户、员工及合作者有信心更为重要。我始终认为做任何事情信心第一、策略第二、办法第三。作为一家企业的老板，作为一个策划人或职业经理人，在你的团队或客户面前你必须有百分之百的信心，你百分之一的退缩将给团队及企业带来士气低落或全军溃败。

3. 任何一个项目的策划成功还在于两端：一端是市场，必须有足够大的市场即消费需求，另一端就是老板的支持与坚持。两者缺一不可。而大多项目的失败不是败在市场而是败在老板，这一点应引起老板们的深思。

4. 团队建设永远是最为重要的竞争力，而团队的竞争力来源于团队首长的综合竞争力，但是我认为人品与学习力是最为重要的。

5. 作为一个策划人，一定要坚持客户原有正确的东西，绝不可以自我为主，标新立异，不能改的东西一定不能乱改，因为这样会害人害己。

6. 规律是简单的，只要我们顺应了它就很容易成功。当你看完这篇文稿是否觉得很简单？

最后笔者跟大家分享《易传》篇中的一句经典："易则易知，简则易从；易知则有亲，易从则有功；有亲则可久，有功则可大。"

易知、简从、顺道是一切策划成功的三大原则。

片仔癀和东阿阿胶的营销

田 边

一粒只有 3 克重的药,要卖 500 元!

手握国家绝密配方的片仔癀再次提价,从 460 元/粒上调至 500 元/粒。从 2005 年的 130 元/粒,到目前 500 元/粒,价格接近翻两番。事实上,这是片仔癀十年来的第十次提高零售价。

10 年涨 10 次

这个从明朝宫廷流传到民间的产品,带着皇室的光环和神秘,凭借数百年来使用者的口口相传,在一定区域内有着深厚的影响力,牢牢占据着一块稳定的市场。产品和客户之间的粘连度很高,尽管客户群体并不大,但难能可贵的是非常稳固。

虽然片仔癀十年间的售价翻了两番,但十年里,其年产量一直没有提高,依旧保持在 240 万粒。十年来原料、人工成本上涨;坊间又不断流传着片仔癀越来越神奇的功效,使用人群在逐渐增多;但是,产量却受原材料和绝密配方的制约。

客户忠诚度高,数量越来越多,但产量固定,企业又要向市场要利润,涨价实属必然。另外,缺乏同类的竞品,同时其功效被不断扩展,预测这个产品以后肯定还会涨价。

丰厚利润靠涨价,神奇

产品涨价策略是个双刃剑,企业大多对此慎用,更不用说是频繁了。

神奇的是,片仔癀频繁涨价并未对销量产生明显的影响,反而为业绩增长做出了重要贡献。数据显示,在 2010 年到 2013 年的数次调价之后,公司当年的销售收入分别实现了 31.56%、30.48%、26.16%、23.84% 的增幅。

在当前医药产业增速放缓的大环境里,一个产品靠频繁涨价,就能给企业带来丰厚的利润。这种模式能不能在其他产品上复制呢?能不能让行业有所借鉴?

片仔癀不断提价,底气何在

首先,没有同类的竞品。掌握国家绝密配方的片仔癀,独一无二,独家生产。

其次,产品功能不断延伸,不断提高消费者的忠诚度。从片仔癀发展历史看,其早年不过是偏安福建一隅的中药消炎药品。传统医学认为片仔癀的主治功能有"清热解毒,凉血化瘀,消肿止痛",可被用于热毒血瘀所致痈疽疔疮、跌打损伤等症。在药品说明上所列的适应症包括:清热解毒,消炎止痛,活血化瘀。用于急、慢性病毒性肝炎,痈疽疔疮,无名肿毒,跌打损伤及各种炎症。

再次,凸显稀缺性。目前中药独家品种不少,很多也是历史传承,但片仔癀之所以任性提价,另外一个重要原因是有稀缺性。天然麝香是片仔癀的原料之一,由于原材料(天然麝香)的稀缺,想要大规模提高产量很难。由于原料问题,片仔癀的供应紧张,市场上一度还出现了囤积片仔癀的案例。

原材料稀缺,产量有限;虽然也有同类消炎竞品,但是坊间口耳相传的神奇功效,独有的稀缺性,成为 10 年涨价 10 次独有的底气。

10 年涨了 16 次的东阿阿胶

同样的例子还有东阿阿胶:10 年间提价 16 次,价格涨了 40 倍,同样,消费者还是趋之若鹜。

东阿阿胶虽然在消费者中有口碑,但是市场表现难说可圈可点。2006 年,东阿阿胶把推广的重点从治疗性调整到滋补性,在产品定位上准确撩拨到了消费者隐藏的真相:在收入不断提升的背景下,消费者滋补养生的需求日益增长。

在提价过程中,所谓驴皮紧张,其实也是在凸显正品阿胶的稀缺性。东阿阿胶虽然不断地提价,但是,由于打好了稀缺性的牌,所以,东阿阿胶牢牢掌握了滋补类的高端市场。不断提价下,销售额也不断上涨。

和片仔癀唯一不同的是,滋补养生市场之大,大得可以安放下企业所有的期待。东阿阿胶锁定了高端市场,留下的中低端市场中,被其他阿胶厂家分食,消费者也照单全收。

给中药品种的启示

纵观这两个任性提价的品种，其共同点除了是中药绝密配方、中药保护、非物质文化遗产、有着源远流长的消费者使用习惯，更重要的是，它们结合产品本身的特点，充分挖掘产品，寻找到产品独特定位，并在客户心中树立了牢固品牌形象。

还有一个共同点就是其特有的稀缺性属性，不管是原料的稀缺性，还是通过系列的品牌宣传造成的稀缺，都让它们从市场竞争中脱颖而出，提价底气十足。

普药单品破 2 亿的背后

祁 刚

对每一名从事药品销售管理的省总来说，每年公司下达的区域任务指标都呈现高增长势头，让大家感觉压力重重。在此，也和大家谈一下我对销售任务的看法。

汽车行业有句话叫"车有道，域无疆"，那么对于销售领域，我将这句话改动一下，叫"区域有界，销售无疆"，意思就是每名省总管辖的区域有界限，但管辖区域的销售额永远是处于增长势头的，是无穷大的。

就像格力电器董事长董明珠的目标是"让全世界 70 亿人都用上格力空调"一样，对于我们来说，即使认为公司给自己定的销售指标太高，不可能完成，但应该这样想一下：我们的产品在同类产品中的市场份额是多少，是否居于领先地位？产品在多少家核心终端销售，每月销售指标能否完成？

有多少核心店员积极地帮助我们推荐产品？是否每次都能按疗程推荐和联合用药？我们开展了多少场促销活动，是否有效地拉动了消费者需求？终端每月的纯销是否增长，能否达到理想指标？终端老板对我们的品牌和产品的认同是否达到了我们的期望值？

我们与连锁的合作是否真正到位，连锁能否做到首推荐？我们的产品是否在诊所销售，诊所能否做到退竞品独家经销我方产品？凡此种种，如果这些都是否定的，我们就应该反思是公司的任务指标定得太高还是自己应该做的事太多！

在医药销售领域，作为销售管理人员，我们动辄惊叹于某家企业在某个区域或某个单品所创造的销售神话，但也应该看到任何神话的产生都是有原因的。

就像我们熟知的江中牌健胃消食片，能够单品年销售额突破 14 亿元，持续 5 年位居国内 OTC 药品单品销量第一，就是靠"精准产品定位＋广告高投放＋规范渠道＋价格维护＋品牌建设＋店员教育"等多方面要素统一在一起才实现的。这些要素如果其中的一个没能真正落地，那么可以肯定的是江中牌健胃消食片一定达不到这样的销售额。

同样，对于葵花药业来说，普药事业部操作的小儿氨酚黄那敏颗粒、小儿化痰止咳颗粒都早已经实现单品突破 2 亿元，正向着单品 5 亿元的目标迈进，成为同品类中的领军品种。

其实大家也都知道，这两个品种的同名、同类竞品多，市场竞争十分激烈，但葵花药业的这两个产品之所以能够取得成功，是因为葵花药业在市场中把这两个品种按照"黄金单品"的目标进行打造，坚定不移地在市场中持续投入，加强品牌建设和宣传推广力度，提高消费者对产品的认知度和忠诚度，集中围绕这两个品种给予省总、地总以及终端经理促销活动支持。

任何成功绝非偶然，而是必然。

给大家讲一个真实的故事：

1968 年春，罗伯·舒乐博士立志在加州用玻璃建造一座水晶大教堂。他向著名的设计师菲利普·强生表达了自己的构想：

"我要的不是一座普通的教堂，我要在人间建造一座伊甸园。"

强生问他的预算，舒乐博士坚定而坦率地说："我现在一分钱也没有，所以 100 万美元与 400 万美元的预算对我来说没有区别。重要的是，这座教堂本身要具有足够的魅力来吸引人们捐款。"

教堂最终的预算为 700 万美元。700 万美元对当时的舒乐博士来说是一个不仅超出了能力范围也超出了理解范围的数字。

当天夜里，舒乐博士拿出 1 页白纸，在最上面写上 "700 万美元"，然后又写下了 10 行字：

1. 寻找 1 笔 700 万美元的捐款。
2. 寻找 7 笔 100 万美元的捐款。
3. 寻找 14 笔 50 万美元的捐款。

4. 寻找 28 笔 25 万美元的捐款。

5. 寻找 70 笔 10 万美元的捐款。

6. 寻找 100 笔 7 万美元的捐款。

7. 寻找 140 笔 5 万美元的捐款。

8. 寻找 280 笔 2.5 万美元的捐款。

9. 寻找 700 笔 1 万美元的捐款。

10. 卖掉 1 万扇窗户,每扇 700 美元。

60 天后,舒乐博士用水晶大教堂奇特而美妙的模型打动了富商约翰·可林,他捐出了第一笔 100 万美元。

第 65 天,一位倾听了舒乐博士演讲的农民夫妻,捐出了第一笔 1000 美元。

90 天时,一位被舒乐博士孜孜以求精神所感动的陌生人,在生日的当天寄给舒乐博士一张 100 万美元的银行本票。

8 个月后,一名捐款者对舒乐博士说:"如果你的诚意和努力能筹到 600 万美元,剩下的 100 万美元由我来支付。"

第二年,舒乐博士以每扇 500 美元的价格请求美国人订购水晶大教堂的窗户,付款办法为每月 50 美元,10 个月分期付清。6 个月内,1 万多扇窗户全部售出。

1980 年 9 月,历时 12 年,可容纳 10000 多人的水晶大教堂竣工,这成为世界建筑史上的奇迹和经典,也成为世界各地前往加州的人必去瞻仰的胜景。

水晶大教堂最终造价为 2000 万美元,全部是舒乐博士一点一滴筹集而来的。

舒乐博士的成功在于他不因目标过大而放弃,而是把这个极难实现的大目标分解成了一个个可以实现的小目标,因此获得了成功。

只要我们每名省总认真地做好销售工作中的每一个环节,像舒乐博士那样把目标进行有效分解并真正执行到位,找到市场中存在的机会点和爆发点,那么我们所管辖的区域每年都保持较高的增长,是没有任何问题的。

因此我们每名省总都应该树立"销售无疆"的思想,从自身管理要销量,从团队执行力和战斗力要销量,从方案中要销量,从抢占竞品市场份额要销量,不要动辄就认为自己管理的市场区域是多么小、基础是多么不好、竞品是多么强大，等等，给自己的发挥设置界限，设置天花板。如果我们的省总抱着这样的想法工作，就一定不会突破自我、成就自我。

古希腊的伟大物理学家阿基米德曾经说过这样的一句名言："只要给我一个支点，我就能撬起整个地球。"希望我们每一名省总都能有这样的豪气。

普药地总：年销售从30万到1000万的秘诀

祁 刚

目前普药控销领域竞争越来越白热化，很多普药地总都会有这样的感觉：以前那种顺风顺水的日子一去不复返了，转而面临各种各样的困难——任务压力大；终端经理不好招，考核太严就不干了；促销活动费用大，终端经理不愿意开展等。很多地总在高强度的任务考核压力下纷纷放弃：要么"改旗易帜"，换个东家；要么"自贬身价"，不当地总。

在葵花药业，有一位叫唐玉峰的"80后"普药地总。他2009年开始操作普药，负责的是条件非常艰苦的呼伦贝尔市场。从最初担任普药一部的终端经理、年销售不足30万元起步，到2014年担任普药一部到五部的地总、年销售突破千万元，在短短的6年时间里销售额增长30倍，创造了普药销售的奇迹。他的秘诀是什么呢？

一、认真琢磨市场，找到适合市场的核心方法

呼伦贝尔市位于内蒙古东部，总面积25万平方公里，人口255万人，是"世界上土地管辖面积最大的地级城市"。下辖阿荣旗、鄂伦春自治旗、满洲里市、扎兰屯市等12个旗、自治旗、县级市。

呼伦贝尔市场还有一个特点就是：冷！冬季寒冷漫长，夏季温凉短促，春季干燥风大，秋季气温骤降霜冻早。大部分地区年平均气温在零度以下，最冷的月份平均气温在-18℃到-30℃之间。

鉴于呼伦贝尔市场的特点——地域宽广、气候寒冷、区域以及药店之间跨度大，如果按常规方式进行普药销售，以呼伦贝尔市场这么大的面积，一个月连一半市场都不能走全，往往是带货走市场，走到一两个区域货就销售完了，再回去

取货往返都得用三四天。这样就使得地总和终端经理疲于奔命，完成任务无从谈起。

经历了一段时间的"奔波"状态后，唐玉峰认真对市场进行了分析：经过和每一家药店相处和业务往来，他和客户建立了比较深厚的客情关系，有的时候客户一个要货电话，他就可以把货给对方发过去，对方就能把货款打过来，彼此相互信任；另外，客户都很淳朴和好客，愿意在一起相互交流和往来。基于以上的分析，他萌发出开展VIP客户订单抽奖促销活动的想法——将大家召集在一起，让大家有相互交流的机会，通过抽奖促销活动加大产品的销售力度和新品的推广力度，有效打击竞品，并进一步提升与客户的客情关系。

确定好适合地区的核心操作方法后，唐玉峰把所有的终端经理召集在一起，向大家说明了活动的意义和带来的机会，最后制订出对客户有吸引力的抽奖促销活动方案，筛选出VIP客户，对每一家客户亲自拜访，告知活动方案，邀请对方参加。活动推出后，得到了客户的积极响应，从此一发而不可收，成了呼伦贝尔市场每年的"必备节目"。

从2011年12月份召开第一场VIP客户答谢会，50名客户参加，每人订货12800元，产出64万元回款；到2014年召开两场VIP客户答谢会，200多名客户参加，每人订货19800元，产出超过400万元的回款。VIP客户答谢会的促销效果多年来不断发生可喜的变化，成为呼伦贝尔市场完成任务的重要保证。

唐玉峰找到了适合呼伦贝尔市场的核心操作方法，因此他的任务完成起来变得游刃有余。

其实，每位地总的市场都潜力无限，最重要的是能否找到撬动市场的核心操作方法。只要找到这个方法，那么一切困难都会迎刃而解。这是得以完成任务的必要条件。

二、诚信对待客户，建立牢固的客情关系

唐玉峰的做事风格是讲诚信和为人大气。只要是他答应过别人的事，哪怕是亏钱他也会信守承诺。每次当产品调整价格时，本来他是按照新价格进货，完全可以按照新价格销售，但只要是客户之前按旧价格预订过的，哪怕他自己亏得再多，他都按照原来的价格销售给客户。每次拜访客户时，只要客户家里有个大事

小情，他都会热心帮忙、表达心意。久而久之，唐玉峰赢得了客户们的广泛赞誉，成为呼伦贝尔市场当之无愧的"龙头老大"。

因此，每一次召开VIP客户答谢会时，客户都非常踊跃，参加的客户都会大大超出原来预定的客户人数。

在VIP客户答谢会登记每一位客户中奖信息的环节中，我们能清楚地感受到唐玉峰与每一位客户深厚的感情，无论是对中大奖的客户的恭贺，还是对未中奖客户的安慰，以及对各奖项对应奖品之间的调换，他都能做到让每一位客户感到满意。

在答谢会的晚宴上，有两位客户的话最能体现出这种感情，一位客户说："只要是唐经理召开的VIP客户答谢会，别说一年一两场，就是一年十二场，我也场场参加！"还有一位专门帮助唐玉峰销售近效期产品的客户说："因为小唐对我够意思，我遇到事的时候，小唐忙前忙后十多天帮我，所以我帮助他是应该的。我告诉店员，谁不大力卖葵花近效期药，我就不用谁！"

通过这些掷地有声的感人话语，我们感受到唐玉峰与客户的牢固客情关系，对每一名地总来说，这是赖以发展壮大的基石。

三、充满感恩心态，把工作当成自身事业

每个新年开始，各地总的销售任务都会大幅增长，当其他的地总在唉声叹气、愤懑不平的时候，唐玉峰都会幽默地说："省总又给我们涨年薪了！"

唐玉峰非常感谢公司提供的机遇和平台。他不止一次说，原来进葵花之前，我就是一个拎着小包的卖杂牌子药的，单打独斗，吃了不少苦还没挣到多少钱，是葵花的品牌和壮大让我一步步走到了今天，所以我会一路跟上葵花的发展步伐。

每一次当公司和地区改革创新、推出新思路和新方案的时候，呼伦贝尔市场都会是地区的第一块"试验田"，唐玉峰都是无怨无悔地配合和参与，把新思路当成提升自己和团队的武器，从中汲取营养，获得灵感和突破。

唐玉峰说，我没有仅仅把普药销售当成一个工作，我把它当成是一项事业，有这么多兄弟姐妹跟着我干，我如果不努力的话，就对不起大家，更对不起这个平台！

把普药销售当成自身事业的决心和勇气，让唐玉峰做起事情更加果敢和动力十足。

四、极强投入意识,打造能征善战的团队

唐玉峰清楚地知道,打造一支能执行善打硬仗的团队的重要性,所以从组建团队开始,他就费尽心血,做出巨大投入。

为了让团队成员放心操作市场,营造安全的销售环境,他很早就和医药公司开展了合作,按正规手续开展销售,虽然投入比前期多了很多,但终端经理都感到工作开展安心。

为了让团队成员整体作战能力有更大的提升,只要公司和省办有培训的机会,他都会带着终端经理参加,这些费用都是自费,但他却毫不吝惜。

为了让团队成员全力操作市场,他经常会对终端经理说:"你们大胆干,如果药最后卖过期了,出现损失我和你们一起承担!""你们开展店头促销活动,挣了算你们的,赔了算我的!"让每位终端经理都奋勇争先,无后顾之忧。

为了让团队形成比学赶帮超的氛围,他每个月都会召开月例会,对前期工作进行总结,奖励表现优异的终端经理,分享成功案例,鼓励未完成任务的终端经理,剖析原因,协同拜访客户,并跟踪销售进程,直到市场真正得到改变。

为了让团队拥有良好的家庭氛围,他会在每一名终端经理过生日的时候召集大家一起聚餐祝福,每一次月例会后带领大家旅游或进行拓展训练,让大家以身为呼伦贝尔团队的一员而骄傲和自豪。

从以上唐玉峰的市场操作来看,他的成功绝对不是偶然,而是一种必然!

希望每一名地总都能向唐玉峰学习,从现在起行动起来,真正找到属于自身市场的核心操作方法,真正打造一支优秀团队,成为普药控销领域的佼佼者。

小小矿泉水，"撼"动大客户

仲崇玉

随着医疗反腐的逐渐深入，各家药企的合规变得越来越严格。当然，在态度上一直严格，方法上也不断改进。随着医药政策的密集出台，行业增长放缓，代理商的空间受到挤压，医药代表成为备受冲击的一个群体，原来行之有效的做法也不再继续显灵。

很多医药代表问我：还要不要继续？这份工作还有前途吗？

我理解的"前途"，放在一个足够长的时间段来考虑，没有任何一种职业本身就是前途。从事任何一种职业的人数都不会少，其中一部分人有前途，有一部分人没有前途，而更多的人，甚至不会真正深入思考这些前途问题。也就是说，任何人试图把前途与职业捆绑在一起，都是短暂的。

这就像炒股，有一阵子只要进入就能赚钱，把时间拉长来看，总是有人挣钱有人赔钱。所以不能一概而论：炒股挣钱吗？你要问谁在挣钱，谁在亏本，而我们要选择做哪一拨人。一拨人与另一拨人有哪些不同，如何识别，如何改变，等等。

所以，医药代表有前途吗？这个问题是简单化的。

医药代表会继续存在吗？也是白问。医生需要医药代表吗？肯定不是所有医药代表医生都需要。那么医生需要什么样的医药代表？当然是有价值的，能为医生带来价值的。什么样的医药代表有价值呢？答案是会销售的。

有人一听到"销售"两个字就发虚，就过敏，随时准备拔腿就跑。这是因为有人认为，医药代表就是传递临床诊疗信息，而不是销售。这么说，就像人人都能有效传递医学诊疗信息，人人都能达到一样的效果一样。当然是拥有销售技能的人才能真正做到。把合规与销售结合，才是安全高效的；因为合规，摒弃销售，是注定要被淘汰的。

有人认为合规了，就不能销售；其实，合规了，才真正回归销售。合规要杜绝的只是交易，而不是销售。

什么才是真正的销售呢？

这个概念不好讲。无论你讲什么，他头脑里都有一个信念，就是当初的做法实实在在地带来了业绩。这种做法与业绩的关联，构建了根深蒂固的信念。这个信念是不会被一个销售新概念所轻易改变的。他想听什么呢？回到过去！哪怕这是不可能的。

虽然有很多人靠以前的操作方法赚了点小钱，依然坚持一个疑问：过去的医药代表是不是被耽误了？如果每一种做法都带来了不错的业绩，那么谁还在乎是不是真正的销售呢？现在没准才是水落石出、窥见销售真谛的时候。

有人说，现在资源都没了，还讲什么销售？会销售的人都是会找资源的人，也都是会用资源的人。资源减少，资源受到限制，现在是相对普遍了。在大家都资源丰富的时候而有些人没有资源，他们更加煎熬，不是吗？在那个时间段，真的就有人"没有"资源。那是一个实习生，实习生手上的资源自然不多。可是照样需要工作业绩，业绩影响实习之后的去留。

在大家手上资源还都算富裕的时间段，有一个实习生在微博上给我私信提出问题：没钱没经验，怎么做科主任的工作？

那个科主任怎么样呢？"牛，有人气；忙，没时间。这么多天，我只是远观，不敢近视；稍微近一点，心就怦怦直跳，每次都像逃离一样。带我的老师，要问清楚主任的爱好，我知道一个，他就是喜欢喝茶，那又怎么样？对我来说，那是昂贵的爱好，无论是茶还是杯。只有水，而医院的开水是免费的，跑腿都轮不上我，人家有自己的实习生。可是我做不好，实习之后就只能离开，在微博上看你还挺懂销售的，就想请你支支招。"

我本想忽略这个问题，因为这还真的帮不上什么，而且这个问题也没什么代表性，不是销售的主流。想了想，还是多问一句：矿泉水买得起吗，一块五一瓶的那种？

对方马上回复说买得起，但是从没见他喝水，只是喝茶。况且，就算喝水也不能买那么便宜的矿泉水吧。

我说，如果你愿意就试试，大不了也就是没效果。他说当然愿意，只是怀疑。我们有两个约定：第一，给矿泉水的时候，不能给任何提示物，包括资料、名片，有公司名字的任何物件；第二，要刻意回避面对面，避免让人以为你是为了混个脸熟。

他答应按照这个约定，每天放一瓶矿泉水在主任桌子上，一言不发，在主任抬头之前，转身离去。算是一个人设吧，就这么个形象，连续重复了十次。什么都没有发生，实习生开始疑惑这么做的意义，觉得白花钱了。我替他算了一下：15元钱，还"亏"得起吗？他说：钱倒是小事，就是没效果让人不舒服。

我问他还能继续吗？他说"好"。透过网络，感觉他咬咬牙。直到第十七天，他回来告诉我，很兴奋的样子。他说，那天早上被主任"抓住"了，因为主任根本就没有抬头，直接伸手"捞"住了他。问他为什么老是送水？为什么不说话？什么公司？什么产品？想干什么？他说当时都被问傻了，只好实话实说。

"结果呢？"

"结果，他就教我怎么讲产品的FAB，教我怎么提问，怎么回答。还顺便介绍来找他的李主任给我认识。"

拿出这个例子，没有任何可复制性，丝毫没有蛊惑人去送水的意思。借着这个例子，我唯一想说的是，销售应该回归本来的样子，而不是去做什么转型或创新，销售原本如此：实话实说，学会找到资源，学会分配资源，如此而已。

很多医药代表说自己手上没"牌"，心里感觉弱势。感觉现在的客户，什么都不缺，无欲无求；即便有需要，我们也满足不了。这都是误解。医药代表没力量的唯一原因，是因为把自己的事摆到了客户的前头。真正的销售，这个顺序是要颠倒过来的。"我"越大，影响力越小。

影响力是一个比值，分子是"你"，分母是"我"。给出更多，影响力固然变大；减少索取，比值也会变大。矿泉水这件事，就是典型的减少分母，提升力度的销售"模型"。

真正的销售，就别用技巧，因为技巧不是用在客户身上的。技巧，是用来改变自己思维的。这也是该实习生从"矿泉水"这件事上可以学到的最有效的一课。

销售只是销售，既没有"矿泉水"，也没有"大客户"，是人与人之间的交流，与标签无关。

基层销售

跑马圈地的日子已过去,第三终端现在这么做

禹 鑫

遥远的 1984 年,没有第三终端业务员,1995 年也没有。非国营企业可以开展药品批发业务是在 1995 年之后,那时依然没有出现第三终端业务员。

2000 年左右,药品零售放开。几年内,药品批发进行得如火如荼,主战场是市区。药店数量不断增加,都市村庄内的"黑诊所"遍地开花,药品如滔滔江水般流进市场。当市区内同行越来越多、利润越来越低的时候,一些聪明的头脑碰撞出智慧的火苗,目光深情遥望乡下,战火由城市烧向了农村。

终于,第三终端业务员诞生了

当时农村诊所、药店唯一的配送单位来自当地县医药公司——计划经济的模式。无人问津的农村市场缺乏药品。城里的业务员来了,带来了丰富多样的产品、专业的知识,带来了城里人亲切的问候。受宠若惊的农村人热情招待,价格自然好谈。

销售,靠的就是信息不对称

收获颇丰,受人尊敬,这样的日子总是很美好的。一时间红旗招展,歌舞升平,每天都是艳阳天,舒服得像晒太阳的虫子。

日子就这样温暖地过了没多久,第三终端业务员从形单影只地上山下乡,到不期而遇地走沟下梁,从相逢一笑到拔刀相向,不计其数的业务员奔赴广阔的农村。到了 2006 年前后,业务变得没有以前简单了。

新药仅 2004 年一年国家就批准了 10009 种。任何一个地方都没有我们这里的药

厂多。同一个通用名的产品太多了。

药品市场还没那么大的时候，业务员的专业素质还是不错的，起码也得药学专业毕业。专业知识信手拈来，沟通医生，指导店员，绰绰有余。药品行业是特殊行业，大家都是特殊的人，和客户惺惺相惜之余，充满了行业的自豪感和优越感。伴随着药品泛滥审批，业务员专业技能门槛一降再降，大批量懵懵懂懂的有志青年蜂拥而至，刹那间，药品业务员如同过江之鲫。吃个早餐都能碰到不少勤奋早起的销售代表。

人多反倒不好办事，药品销售的日子过起来有点别扭了

现款变成了月结，客户的热情变成了淡然，同类竞品越来越多，价格变得越来越敏感，销量变得越来越稀薄。

2009年基药招标，敏感的人嗅出一丝危机，待到2011年各项规定的严格执行，第三终端业务员的压力陡增。诊所进货变得比较"矜持"，非基药产品用起来顾虑重重，合作多年的有惯性使然，新人新品种在诊所的开发难度越来越大。随着诊所渠道逐渐收窄，乡村药店的连锁化逐渐扩展，带来了营销成本的增大。

能用的招数，客户已经麻木。终于，竞争变成了赤裸裸的价格火拼。狠命压价，以毛、分为单位，爱做不做，产品大同小异，供货单位多了去；每天的拜访收获甚微，做成业务了揪心，做不成了虐心；上有任务压，下有客户推；投入大，收益周期越来越长；医药人的脸上写满了疲惫和不开心。大量同质化产品的扎堆，似曾相识的促销手段，完全变成了买方市场，不平等的业务洽谈，使不少身处一线的业务员感到身心疲惫，成就感缺乏。繁华落尽，不如怅然离去吧！

第三终端市场经历十余年的跑马圈地拓荒期，落下帷幕

大浪淘沙，抽身离开的业务员幽然回眸留下不甘心的一瞥，愿不愿意都得承认，纷纷离场的大多是"散兵游勇"，坚守在市场上的依然是"正规部队"——曾被嫉妒、被嘲讽，也曾身负完整系统的销售方案，推广着越来越丰富的产品线把"散兵游勇"步步紧逼的"正规部队"。行业规范化、对手营销系统化，部分第三终端业务员的路越走越艰难的原因，概莫如此。"正规部队"如同呼啸而过的列车，风卷残云般享受市场的饕餮盛宴，同时伴随着其他业务员的黯然神伤。

这支"正规部队"的精髓叫——控销

城头变幻大王旗,卖药纷纷谈控销。纵览近两年医药的关键词,"控销"这个字眼一定名列前茅。每当这个词铺天盖地纷纷飞来的时候,都有恍若隔世的感觉。如果稍稍稳稳神,第三终端业务员一定会哑然失笑。控销——我们都玩了好多年了。是的,没错,我们都控着销好多年了,起码8年不止。假如稍微留心,就会发现畅谈控销的基本上都是做第一终端的那些人士,第一终端是医院。说话有分量的"赵老爷们"这两年日子过得有点拧巴,稍微有点不那么顺风顺水,转眼看去"佃户"的日子不知不觉地过得也不错,高冷不能当饭吃,心一横,振臂一呼,放下身段决定进军第二第三终端。操作医院的绝非等闲之辈,慧眼如炬,马上就发现了第三终端操作的精髓——控销。于是乎,"控销"这个词迎来了第二春,热闹非凡,第三终端业务员恍惚间仿佛回到了多年以前的盛况——那时候控销也是热门话题。

那就聊聊控销吧,一点拙见,仅供笑谈

控销的核心是分级承包。在分级承包的模式下,每个人都是老板,每个人都为自己的销量尽全力,为自己的投入负责,每个人都会极度保护自己的区域。从心理学上来讲,人对一件事物投入了精力和金钱,就是对这件事物做了个承诺,一方面会尽力维护它,同时也会竭尽全力寻求回报。

这种模式下,每个人的主动性就能得到最大的调动,企业得到了勇往直前和忠诚的战士,产品的销量有了良好的保障,减少了很多人力资源上的成本,规避了渠道混乱的风险。对于企业来说,这是一举两得凑四合六的好买卖,也是诸多厂家对控销模式趋之若鹜的原因。但前提是,你得值得第三终端业务员去承包你的产品。

控销的基础是合适的产品和系统的营销方案。第三终端市场面对的患者决定了产品不需要太高精尖,常用产品即可。如果企业的系列产品疗效非常好、横向对比价格不太贵,办公桌上又放着一套产品定位分析、目标人群有效锁定、产品如何进入市场、如何首轮营销、如何推广组合、月度季度推进方案、如何招募精英的计划书,那么好,就开始控销吧。

碰巧主打产品又做着媒体广告,那简直就是稳赚不赔杠上开花的生意。常规的控销产品即是如此,不走寻常路的企业聪明得让人叹为观止。肌肉注射液很难做,

那就改改用途，灌肠用；口服药竞争激烈，那就主做贴剂。改变了医生的用药习惯，也引导了患者的就诊选择，创造了第三终端用药的新思路，小投入大回报。无论是四平八稳还是剑走偏锋，产品的背后一定是有一套完整系统的作战计划，要不拿什么说服别人真金白银投资企业的产品呢？有体系、有战术、有组织、有方向的专业化终端推广团队才是"正规部队"。

控销的关键是执行。有了适合的产品和可行的整体方案，那么距离控销成功就只差一步了——如何让方案落地执行。分级承包模式下，每个人的投入精神和对回报的追求毋庸置疑，但每个人都有一套自己的推广思路和经验，百花齐放、参差不齐。如何让这些人认同企业的价值观，严格执行企业的推广计划，让他们拿出真金白银投资企业的产品，让他们奋不顾身在市场上忙得昏天黑地，让他们得到应有的回报。

前期的观念输入是必不可少的，加强培训的频率和深度，强调观念、方法和有效的产品知识学习。唯有说服自己，才能说服别人。把武器交给没有经过正规训练的士兵，是犯罪；把产品交给没有经过正规训练的业务员，是浪费、浪费企业的资源、浪费业务员的时间。企业提供产品和围绕产品的服务，得到的是对市场的掌控和销量的回报。我们观察到，不少企业已经开始这样做了，不少单干的业务员愿意靠拢在企业的周围、融入企业的体系、执行企业的推广方案。从反馈的结果来看：双赢。

产品、计划、执行，对于控销模式来说，三个因素环环相扣缺一不可。大量的企业有产品、没计划，执行只是隔空喊话，任凭承包人自生自灭，义正辞言说不放流通，只做控销，却又拿不出来成体系的推广方案——缺的是对控销专业化的认识；大量的第三终端业务员满腔热血心怀忧愤报国无门，感慨行业冷峻——其实缺的只是一个平台。两者遥遥相望，对接不上，有心的企业应该做点什么呢？

放眼将来，控销模式还将是主流，进化的方向将是越来越细分的精准营销。如同战斧制导导弹，精准高效，火力劲爆；将会穿越层层阻隔，在消费者的心灵上写上三个字"我愿意"。

市场还在，潜力依然。往市场上扔些产品就能撒豆成兵的时代过去了，对企业和个人的要求只是更加专业了。

回归到营销的本质，专业化推广，这是个欣喜的进步。

如何推动基层市场的推广

刘　峻

又到年底做总结定计划的时候了。大部分注意力放在如何制定新一年的销售目标和行动计划，但没有对上一年一刀透骨（一针见血还不够）的总结分析，新一年计划就是纸上的大饼。

做年终总结时，几家欢喜几家愁，愁的是没达成指标的。总结中通常先是以客观困难做铺垫，然后是"深刻检讨"。上级领导看到这样的总结，大部分是抓其中几个点点评，有些是简单略过，把注意力放在明年的行动计划上。也有少数是揪着不放（专业的说法是"挑战"），狠批深究。

其实，总结分析是目标计划的前提。不能正确地分析即将过去的一年就无法应对即将到来的一年。

指标没达成的客观原因是可以讲的，但必须界定客观原因造成的影响。有些可以界定，例如失标、降价返利、医院限量等；有些很难界定，例如医院降药占比、医保控费、出于合理用药的各种限制政策等。

在绝大多数情况下，这些客观困难对销量造成了影响，却不是根本原因。有个区域销售趋势非常不好，区域经理总是把原因归结于某个规格的主动弃标。我们在分析数据后发现，弃标的规格占销售比重很低，销售比重最大的规格，销量连续下降，说明弃标根本不是主要原因。

再从代表的层面举例：一个医院的销量是1000支，潜力是10000支，指标是1300支。正是由于这些客观困难的存在，这家医院的现状是1000支，而不是3000支；目标也只是1300支，而不是4000支。

我们有时会把外部竞争因素、医生难以改变的诊疗观念和习惯以及患者经济条件和依从性等原因都归于客观原因，其实，这些都是主观原因——由于不知道方法，以为没办法改变，才归于客观原因。

很少人能够承认自己存在思维定式，缺少方法，更少的人能够发自内心地承认不够努力。很多总结后面的自我批评，都是因为指标没有达成，总要有"检讨"的态度，不然在领导那里过不了关。

如果想要通过分析过去的行动，正确界定问题并找到解决方法，需要用一个思维方式——客户视角的有效性反思。在《复盘：对过去的事情做思维演练》一书中，用围棋术语"复盘"来形容这个思维方法："通过事后在头脑中和纸面上呈现的整个过程，重新审视思考事件中的行为和思维，从而发现问题，吸取经验，找到根源，总结规律，最终实现能力。"

该书把总结和复盘做了非常棒的区分："总结是在头脑中对做过的事情重新过一遍，从头到尾地审视；复盘除总结所包含的所有动作，还对未发生的行为进行虚拟探究，研究其他行为的可能性与可行性，以找到新的方法和出路。"

为了避免向不懂围棋的人解释什么是复盘，我还是用"反思"来表达同样的意思。在销售中，反思有两层含义：一是在销售行为发生后，没有达成目标，回过头去寻找原因；二是以客户视角思考，我们做的事情，会在客户心中留下怎样的感受，能有自己期望的感受吗？

如果我们做的那些客情，医生已经习以为常，不会让他们产生特别的感受，那他们就不会改变现有的诊疗行为。

如果我们传递的产品信息和用药观念，不符合医生接收信息的规则，就不会给医生留下任何印象，那就是无效的信息传递。

为什么我们过去做的那些事情没效呢？原因一旦发现，方法也就自然呈现了。

在过去医药营销是"利益＋客情＋产品推广"的混合模式。从2015年开始，医药行业在震荡中进入"为客户创造价值＋学术推广"的合规模式。分级诊疗、药品零差价、降药占比等医院变革到来，催生出很多新的客户需求，我们过去的三板斧真是不管用了。

以基层市场的推广为例：基层医院的患者开始多起来了，有些公司成立了基层销售团队，他们的做法还是套用城市等级医院的"利益＋客情＋产品推广"。

问题是：基层医院的患者"多起来了"，但是会有城市等级医院多吗？利益驱动不比城市等级医院。

另外基层用药很多是续方，患者占主导地位，基层医生的说服能力低，不是基层医生想换药就能换成的。基层市场的推广代表覆盖医院都很多，时间精力不够，客情也不深入，投入时间精力和销量回报往往不成比例。

在当前时代，依然还不是"以患者为中心"。但是在基层市场的推广中，必须"考虑到患者"——考虑到患者就医时的心理和行为特点，考虑到疗效、安全和方便，考虑到患者的依从性。在这个总结分析的基础上，策略和计划就完全不一样了……

指标没达成，摆客观原因是不解决问题的，浮于表面的自我批评和深刻检讨也是不能解决问题的。正确姿势是：站在客户视角，反思过去所有推广行为的有效性，发现原因，找到方法。

药企开发基层市场的八个步骤

史立臣

笔者在为药企做营销工作和做管理咨询项目时,比如做战略规划和营销规划,曾走访过大量基层医疗机构,比如县级医院、乡镇卫生院、诊所门诊等,发现很多基层医生在用药上存在很多问题。

就这个问题,笔者征询过很多专家的见解。很多专家说,现在基层医生对疾病诊疗和用药认识存在很大的问题,所以同样的疾病预防、治疗和康养都无法和三级医院比。这也是消费者不信任基层医院的根本原因,因而消费者一有病就往大医院跑。

国家也一直非常重视基层医生的培训和能力提升,《中共中央国务院关于深化医药卫生体制改革的意见》明确提出要健全基层医疗卫生体系,加强基层卫生服务人才的队伍建设,着力提高基层卫生服务机构的服务水平和质量。

但基层医疗管理机构能够为基层医生提供的继续医学教育项目少,而且经费不足,这严重影响了基层医生诊疗和用药水平的提高。

既然基层医生对疾病诊疗和用药存在很大的提升空间,而医疗机构自身又没有更多的资源对现有医生进行全科教育,那么中国药企为什么不去做这个工作?

很多药企会说,我们也做了大量的基层医生教育工作,但效果不明显。这个效果主要是针对药品销量的提升。

笔者曾参加过很多药企组织的基层医生教育会议或学习班。很有意思的是,这些药企基本都是请一些知名的大医院的医生,先是讲一通用药知识、疾病诊疗手段,之后就是中途或结束后简单介绍一下药企的产品,之后就是聚餐了。笔者曾问询过参与的医生对药企药物记住多少，遗憾的是，很多基层医生都不记得了。

如果药企根据不同区域、不同医疗层级进行疾病和用药的解决方案的提供，就会稳固地获得基层医疗市场。

笔者认为，如果本土药企不尽快进入为基层医生提供诊疗和用药的整体解决方案领域，有很强研发能力和用药知识的外资药企会很快察觉这个市场的机会点。

因为合理有效的医生疾病诊治方案和医生联合用药方案一旦大面积推行，就会具有较大的排他性。尤其外资药企如果针对中国基层医疗市场推行其合理有效的医生疾病诊治方案和医生联合用药方案，外资药企就会获得绝大多数的基层医生和患者的认可，本土药企最后一块生存的市场也会失去。值得庆幸的是，好在外资药企还没从失去专利药物的惯性市场竞争策略中清醒过来。

笔者根据走访很多基层医生和业内的专家梳理出一个指导基层医生用药、诊疗整体解决方案的大致运作步骤：

1. 基层市场疾病种类的调研确定。

2. 根据药企自身资源选取最有利于自身的疾病种类，比如药企擅长生产肿瘤类药品。那就主要围绕肿瘤这一疾病，构建针对基层医生的整体解决方案，同时把药企自身的系列药品巧妙编辑进入方案里面。

3. 围绕选中的疾病种类仔细研究有效合理的治疗途径，同时配以药企自身的药品种类，药品种类最好系列化，针对不同的疾病症状、不同的体质、不同的伴随性疾病等，提供不同的治疗方案、用药方案。

4. 对治疗方案、用药方案进行专家会谈，甚至进行临床试验，让专家评价、修正和确定最终方案，也可以一开始就组建专家团进行项目运作。

5. 获得主管部门（比如国家疾控中心、卫健委等）的支持（可选项）。

6. 把方案汇编成册，形成《某类疾病诊疗和用药医生指导手册》并辅以参与专家的简介、药企简介和联系方式。

7. 选定样板区域请当地卫生部门配合对基层医生宣讲，可以结合学分制、选取优秀学员进行深造等方式引导医生参与学习，同时对《手册》的药品进行全方位铺货。

8. 持续改进和提升《手册》的内容，可以增加新的疾病种类方案。

需要注意一点，现在很多药企做的一些医生推广是以产品为核心的，这容易让医生产生逆反心理。基层医生诊疗和用药是以疾病为核心的，这让医生愿意参与其中，两者是截然不同的概念。

药品销售，地县纯销的春天来了

老 戴

在县级市场走访中碰上了两家外企的代表，恰好一家做基层医院和诊所的产品推荐会（丙酸倍氯米松的雾化治疗），于是我请求一同参加并聆听了代表与专家从不同角度分享雾化治疗方案。

据 IMS Health《2016 中国医药市场全景解读》分析，2015 年中国社区药品销售额达到 420 亿人民币，年增长率为 12.5%，高于医院和零售渠道增速。目前医药市场下移的趋势非常明显，是时候启动基层市场了。

政策带动基层市场扩容

1. 分级诊疗的推进

推动基层首诊和双向转诊，不同级别的医疗机构承担不同疾病的治疗，通过分级诊疗解决医疗资源分配不均衡的问题。从不同省区看，上海推出家庭医生制，北京通过医院集团捆绑内部资源分享，四川实行差异化报销制度。各地对全科医生的培养以及双向转诊信息系统的建设，都在促进患者向基层市场回流。

2. 纯销，二级商的春天

两票制的执行，药企势必要直开大量二级客户来覆盖二级医院和基层医疗机构。随着医联体的涌现，部分地区放开药品目录，不同等级医院用药目录统一，势必会有很多慢病患者直接在基层开药。

中药、慢病产品率先发动

1. 中药在基层发力

城市等级医院中,西医占据主要地位,中药总体使用量不大。大量的祖传中医都在民间,尤其是众多的个体诊所和乡村医生,这些群体会使用较多中药。加上,中成药毛利相对较高,又大多为独家产品,备受终端推广者的青睐。此外,药店国医馆也在推动中医药市场的繁荣。

2. 基层将成为慢病主战场

全科医学的防治结合,将在基层得到发挥,以病人为中心完善分级诊疗模式,实行基层首诊。基层医疗机构主要承担常见病、多发病等一般诊疗,高血压、糖尿病、心脑血管疾病、呼吸系统疾病、肿瘤、慢性肾病等诊断明确稳定的慢性病治疗、康复、护理、复查、随访,以及传染病发现及转诊等服务。而目前很少有慢病产品的企业开始做社区和基层的网络布局,抢占先机必将受益。

地县纯销公司扬眉吐气

1. 药企招商重心下移

出于两票制的考虑,药企必然会在地县商业公司直接开户发货,一方面直到终端,另一方面能实现现款结算。同时,长期依靠从一级商业平台调拨分销的二级商业也有机会与厂家直接对话,签约地区独家代理协议。

2. 上游的学术推广助力提升专业水平

长期耕耘大医院的企业有强大的学术资源,在开发基层市场时,这种优势直接会带动基层使用量的提升,不断导入学术资源,有利于帮助基层纯销公司提升专业推广能力。

3. 药品流转速度加快

相对降低渠道的库存量,产品变现流转速度加快,资金沉寂时间缩短,有利于工商货款结算,有利于地县纯销公司。

基层特色诊疗与控销方式持续

1. 特色及专科门诊涌现

基层市场扩容的同时也带来了竞争的加剧,县级医院及社区、乡镇医院的业务增长必然会影响社会个体门诊及药店的客流。所以,差异化的诊疗手法和专科门诊成为众多个体医疗机构的营销模式。终端三大疗法（雾化、灌肠、透皮）已经盛行多年，未来的中医馆、绿色理疗等都会成为终端的附加利润点，基层多用的诊疗设备也将备受青睐。

2. 专业控销团队获得成长机会

专注于基层市场的控销企业和团队由于多年耕耘基层市场，已经积累了大量的终端认知和人脉基础。老牌控销企业的主战场由单体药店开始向连锁药店转化，基于其多年打造的品牌基础，已经可以成为连锁获得客流的拉动力量。同时，不乏像"×博士"这样的控销品牌坚持扎根第三终端，逐步成为大众普药品牌。

从做产品向做方案转化

强大的策划部门在导演着一部部不同的剧目，销售的主体地位逐步弱化为执行层面，在策划的推动下完成产品销售到方案销售的转化。

1. 基层合作方式多样化

正常的销售签约为产品供销。随着药企对终端掌控的欲望不断强烈，涌现出很多如项目制等合作方式：有推进专营专卖的，有做专科治疗的，也有签年度销售协议的。总之，合作方式不再单一，更多的是方案签约。

2. 终端活动多元化

传统的赠货、实物、旅游、抽奖、返利等各种促销方式已经被药企和商业发挥得淋漓尽致。各种以促成与客户互动和增强客户体验的方式被不断挖掘，诸如某些竞技比赛、横店参演微电影等多元化的选项。

新营销

"互联网+",药企面临六大颠覆性营销变革

孟 翔

自从总理在十二届全国人大三次会议上的政府工作报告中首次提出"互联网+"行动计划后,"互联网+"迅速成为年度热词。

总理强调"站在'互联网+'的风口上顺势而为,会使中国经济飞起来"。互联网究竟有什么能耐会使经济飞起来?互联网具有打破经济不对称、降低交易成本等特点。而传统医药产业正是依赖信息和技术不对称获取了超过普通商品的附加利润。

医学体系在"互联网+"的推动下,传统医药产业的生产方式、管理方式、流通方式和服务方式将被改变,医疗服务的速度和方式被重新规划,大数据、精准医疗、云计算、物联网与互联网一起提高医疗协同与效率,助推健康智能管理,提升用户体验。

"互联网+医药",将产生什么样的化学反应呢

笔者近期曾参加了一个新挂网临床产品招商会,现场内外人头攒动热闹非凡。笔者抽空向很多人问了一个问题:"互联网+(营销)给我们医药带来了什么好处?"

大多数人都集中在两点:1. 增加了一个医药电商渠道,有的厂家已经把网店、微店列入了公司营销架构规划;2. 更主动更针对性的广告媒介。

"互联网+"就是给我们看这些的吗?真的错了,它是一场产业革命。

大家提到的网销和微信公众号宣传,确实是"互联网+"带来的产品,但这只是一种最初级的产品。那么"互联网+"将为我们医药行业带来什么样的革命

性的变化呢？

未来 6 大猜想

猜想一：全国甚至于全球医疗技术最强的网上医院？

是的！可以想象通过互联网，您可以用手机 APP 预约您的门诊医生，您可能在等候公交车的间隙，通过互联网视频得到医生首诊服务，医生将给您开具相应检查方案；您不用再大老远地去大医院排队做常规检查项目，可能互联网＋已经在您公司附近选择到经过授权认证的体检医院。

您的体检数据会第一时间上传到系统供医生参考，可能您还在办公室参加下午员工会议的时候，医生已经将您的诊断报告和治疗方案发送到您的 APP。当然，您如果希望有专家为您的疾病进一步会诊，以往您得再请一天的病假，重新选择医生排队挂号会诊，而通过互联网，一小时内立刻会有两到三名专家为您的诊断报告进行会诊复核提出进一步治疗意见供您参考。

最重要的是，为您会诊的专家可能不仅是当地的，甚至有可能是省外、国外的医学专家。这样的一个诊断治疗意见，在以往将可能一周甚至数周您才能得到这种质量的报告，花费也将是数倍。现在当您晚上下班回家的时候，可能医生为您处方的药品已经快递到您的府上了（也可在附近药房自提）。

而作为医生，以前您的工作环境是一个被所有患者围堵得水泄不通的一米案头，隔着口罩呼吸着各种污秽空气，在大脑缺氧的状态下同时面对多个患者的询问而思维混乱，还得防备医闹危及生命安全。

未来通过互联网，您依然在医院为患者服务，但是是在一个安静而整洁的案桌前，您可以集中精力听取一个患者讲述病情和冷静分析病情。在没有病人看病的时候，您还可以在网上抢会诊订单！您在健康的环境中充分利用自己的医学经验为每一名患者细心诊断，通过患者诊疗后的评价提升自己的口碑，比单一的职称评定更科学。

作为药品销售人员，如果您还朝拜四川华西医院一年 400 多万人次的门诊量，那么未来的"互联网＋"医院与华西医院的门诊量，就好比淘宝网和超级百货商场销量的差距。那将带动多大的药品订单啊？你还不提早准备吗？

通过互联网医院，您的历史疾病、您直系亲属遗传疾病等数据都将作为大数据为医生科学诊断提供参考，医疗服务突破地域、诊疗时间的限制，治疗效率和质量将得到快速提高，特别是急性疾病的早期干预会挽救更多的生命。

猜想二：医院药品占比下降到 30% 甚至于更低？

国务院发文，到 2017 年试点城市公立医院药占比（不含中药饮片）总体降到 30% 左右。

各级部门反复强调将药占比要下降到 30% 作为医院考核的重要指标，许多医院为了达标，不经意伤害一些患者用药权益。而利用"互联网+"，将一部分门诊药品放到院外网上销售的模式，未来医院的药占比要想超过 25% 都很困难了。特别是，网上销售药品不需要集中招标采购，不挂网限价的、疗效确切的品牌药品反而更畅销。

猜想三：生产厂家—医院的一票制直供销售模式？

省级代理模式的退市？《药品流通监督管理办法》允许药厂直接向医院供货，但是厂家跨省直供到医院担心回款难，医院担心质量无保障、订单繁琐等最终无法进行直供。以往招标文件也是规定由当地医药公司配送药品进医院，后来多省的招标文件已明确提出鼓励厂家直接配送药品到医院。

而假如加上互联网的翅膀，未来可能会有一个类似于阿里巴巴或者支付宝一样的医药专业平台，医院通过网上商城比较选择厂家药品，厂家根据订单配送药品到医院，而医院在收到货后约定三个月或者半年无质量问题，第三方支付平台自动转账给厂家。这足够我们现在的总代理或者配送商们恐慌了吧？

我已经亲眼看到国内几个大型快递公司已经取得或者正在申办药品配送执照（GSP 证、运输经营许可证、互联网药品交易服务证），甚至于还有已经取得药品冷链运输资格的物流企业。

在这种情形下，我们传统药品配送公司您有的它也有，您没有的它还有。可以想象未来，我们的医院仓库验收区不再有拎着两件货就去配送的挂靠代理商，全部是各大快递公司在配送药品了。

猜想四：慢性病远程监控系统

未来某一天，某某人的家用医疗检测设备向医院系统报告患者健康指针连续异常，将在未来数小时内突发急性心脏疾病几率超过 75%，请提前派医护人员干预。

国外的 INTEL、苹果 iwatch、国内的小米，都在推广基于互联网技术的健康监测设备，苹果医疗应用研究与北京宣武医院合作开展帕金森疾病动态远程监控系统，而其他慢性病的动态远程健康管理系统通过互联网将系统高效地为帮助医生诊断控制患者病情。有了精准医疗监控，那患者用药方面也别想偷懒节约了。

猜想五：跨界的兼职

当医药代理商发现自己的传统市场被互联网重新整合后，在失去一部分奶酪的同时，天下也会掉下馅饼来。例如，临床代表除去推销药品，兼职推销保险业务了。云计算将患者就诊数据进行科学分析后，将为患者私人订制既能有助于自身健康保障、又能降低保费的保险订单。

可以想象，医生给患者看完病后，向患者提出，据统计，与您相同疾病的患者中有 17.2% 的可能会演化为慢性疾病，长期医疗费用将是不小的负担，所以我建议您现在购买这份私人订制的保险！

猜想六：医药彻底分家

政府多年努力都没能破解的以药养医的问题，通过互联网的切入，您再想让医院去兼职卖药都难了。

还有猜想 N……

在医药分离、网售处方药、医生多点执业、促进商业保险发展等多位一体的新医改政策催化下，互联网正加速向医药整体产业渗透。互联网＋医药的优势在于：可信度更高的个性化医疗资讯，强化医疗服务价值；降低流通成本，彻底改变传统药品销售模式。

未来，当医药产业处在互联网的风口上，将瞬息万变。还有更多的猜想和可能，都将在未来实现。我只想问问药商们，您准备好了吗？

医药电商成功,四大能力提高是关键

林 玲

互联网高速公路的兴建在 20 世纪 90 年代即成为美国国策,互联网在中国已走过近 30 年,BAT 们已从当初的青涩企业成长为国际巨头。然而,面对电商普遍效益失衡的现实困象,需要对其从商业模式到营销和经营管理进行系统而深入的商业反思,未来之路才能走得坚实。

电商为何大而不强?

定位为电子商务平台,坚决不涉入具体销售业务,同时互联网金融做得风生水起、深入人心的某一流电商平台,电商体量庞大,效益却低迷,已成为业内群体写照。实体企业三年是一个考核周期,能达到盈亏平衡存活下来才有发展壮大的机会。

电商往往在资本协力下反经营之道运营,巨资包装体量成为快速催肥的巨婴,然而很多商业基本功、经营管理与企业营销的基本功尚未具备,看着块头大,身体却很虚,习惯了烧钱如流水,却不能真正独立当家自创效益。运营十几年的明星电商们同样如此。

电商们习惯以大为美,以销售额和成长速度自居,越来越热衷于包装与宣传,似乎投行们也中了招,为巨婴们欣喜若狂。然而细细厘清一下,究竟电商的商业模式能否站得住脚,这些看似极乐狂欢实则赔本赚吆喝的一锤子买卖能否持续可发展,可否真正创造效益?

电商起家之初低于企业成本价销售热闹非凡,除了甩卖库存,企业不会永远没头脑地支持。比传统渠道费用更高,如果没有规模销量支撑,既要打广告,又要低价促销，没有几个企业吃得消。

而电商定价放低，传统渠道也会不甘示弱地跟进，企业销量不一定增加，效益却严重下滑。偶尔难得有个别品牌网上推广做得很不错，却被不靠谱的物流和不到位的客服绊了脚，品牌形象直线下滑。与高大上的规模和费用相比，电商的营销及经营管理尚显脱节。

颠覆 OR 深植传统行业？

曾几何时，互联网思维和互联网颠覆传统产业论成为电商们自我宣传的利器。但是，进入任何一个传统领域，电商们只是初出茅庐的新军，必须先植根于传统领域，再找到切入点将互联网基因有效嫁接其中，真正帮助传统产业提高运营效率，降低运营成本，扩大覆盖范围和经营业绩。

如果雾里看花，动辄几十亿投入的电商烧钱不已，虽然对传统产业的一些问题弊端和用户体验有所改善，却始终没有射中靶心，更无法形成可持续的盈利模式。更像是一群高科技武装的门外汉，带着重金困兽一般左冲右突不断拍脑子试错做实验，期待灵光一现拯救自己，拯救行业。而不是真正找准问题所在，找到与传统产业之间有效的结合点与结合方式，相互依存和共生。

星巴克、麦当劳借助无线点餐提高了运营效率，再传统的餐饮企业如果有独门绝技依旧人声鼎沸。如果与传统行业和现实国情不能和谐相容，水土不服先死掉的未必是传统产业。

当然，这也取决于行业进入的门槛。如果门槛很低，可全面替代，传统产业很自然就会被长江后浪所刷新。但对于专业化程度很高、壁垒和垄断性很高的领域，电商还需先虚心做好学生，再做卓有成效的改良者。如果对传统领域知之不多、不深不透，重金裹挟不差钱，却严重匮乏行业经验及营销经营管理经验，无力实现良性盈利，独立经营的电商依然不可避免要走很长的弯路。

盈利模式找对了吗？

平台类电商用价格杀手锏聚人气，赔钱赚吆喝积累用户群，希图靠大数据和广告获取利润和回报。然而，营销和经营方是企业立足之本，让渠道和企业失去利润空间，积压海量库存，甚至大打广告却库存仍堆积如山，那么对营销和经营结果有规范考核和管理、头脑清醒的企业就会望而却步，不再拿潇洒烧钱赌一把企业命运。

当电商们速度与激情并存，满减与实惠齐飞，扩张发展步入快车道时，经营能力、成本控制、营销能力、管理能力显得异常关键。如果企业实施电商经营前科学核算过经营成本，很快就能发现这样做完全是赤字经营，即使是为培育市场，但后续不亏本经营就不卖货，恢复正常价格就完全失去市场关注和竞争力，盈亏平衡点遥遥无期，成本控制和盈利能力成为电商的死穴。服务类电商加价及返利10%～20%仍集体赔本赚吆喝，销售类电商渠道费用6%～10%甚至更高，规模过千亿，仍未找寻到实现盈利的有效路径。

数据时代电商大数据的可信度、准确性、诚信度、守法性更值得关注。消费者的支付安全、信息安全以及消费安全均需高度确保。电商为冲击销量导致自身和商户或者低价赔本叫卖，或者大量违规刷单再退货，或者拼接消费评价、花钱买好评、付费删帖以及倒卖消费者信息甚至银行卡信息直接降低了电商和数据的可信度。近期曝出的消费者银行卡信息安全事件更让消费者顾虑重重，失去信任和好感。

企业为开设电商渠道大手笔地投入做旗舰店，大手笔地促销，却发现光有好商品和心动的价格根本玩不转，还要投入不菲的广告，企业大幅让利已无利润，加上广告支出只能歇业破产，死得更快。各种大促活动中不少品牌为达到平台满减要求而将价格翻倍，在各种商品竞相降价促销时猛砸广告维持原价不仅无助于企业实现销售，而且严重损伤企业形象。不少大牌重金猛砸，试水后即草草关闭了豪华的旗舰店正因如此。

即使是财大气粗不怕烧钱的互联网企业，狂烧几千万，甚至数亿得到好评如潮的第一批用户评价，开始酝酿提价或降低质量，以次充好缺斤短两，或者管理和物流、服务等无法跟上，再或者市场新鲜劲很快过去。仿者无数，无不以更低的价格，更砸钱的力度招揽顾客。盈利的美好期待依然是理想很丰满，现实很骨感。

平台角色定准了吗？

真实地来看电商，硬件水平豪华一流，但营销和经营能力只是起步阶段，这样就无法带动企业和商户共同致富，互联网行业的快捷优势被高成本、烂营销、亏损经营打得一败涂地。电商自身实质营销、实质经营能力提升才能带领众多企业和商户走出低效亏本经营的泥潭。

电商本应作为消费者与企业产品之间的给力桥梁，好商品很多，很多中小企业缺乏营销渠道、缺乏推广资金一筹莫展，不少大牌企业电商营销同样滞后脱节，海量烧钱不见收效。消费者看着天花乱坠的商品宣传不知质量真伪，是否值得信任。一些代表性平台自营产品有时候即便是价格很诱人，由于仓储发货等很多细微环节不够尽善尽美，导致消费者只能一次性消费，无法推荐给亲朋好友，更无法形成持续消费。

电商平台应扭转只收费招租、企业和商户做好做坏与自己没关系的传统定位，全力支持和创造条件，帮助企业同舟共济，共同做好产品销售。把自己当成商城的经营者，而不仅仅是地租商、广告商，企业和商户亏是企业和商户的事，平台亏是投资人的事，经营理念的扭转和提升才会带来电商营销与经营质的飞跃。

水能载舟，也能覆舟。提升自身营销和经营能力，通过规范管理、规范经营搭建起消费者与企业、商家互信的桥梁，真正帮助企业实现可持续销量，实现真实利润，在规范和双赢的经营理念下，电商未来盈利才可期。

医药电商喜大于忧？

招标杀价、医药分离、药价放开、处方外流、处方药网购开放等院内销售困境使得一些同胞误以为医药电商春天到来。然而现实的瓶颈却是未来大面积推广医院药品零差率销售政策，原本习惯到药店买药的患者更多去医院开药，直接挤压了零售药店的生存空间。

另一方面，医药市场零售份额总体有限，电商占比更是微乎其微，只是实体经营的一个小小分子和分支。电商运营成本大大增加，医保支付尚未开通、价格越来越透明，盈利空间越来越稀薄，购药主体中老年人很多不会上网，不会刷卡以及支付安全、产品质量安全是否可信赖，导致医药电商发展喜忧参半。零售企业和电商普遍重销售轻推广，导致产品只是简单拼杀价格，无以形成规模效应和忠实用户群。

处方外流、药房托管只有一小部分有实力和垄断地位的商业和零售企业所能触及，不是所有零售药店和电商都能狂欢的盛宴。练好内功，研究好市场，找准自身优势定位，努力提供更优质的产品、更平实的价格、更可信赖的服务、更到位的大众推广，配合企业规范化销售与经营，提升销量和利润，让企业和消费者双满意，形成良性可持续循环，医药电商走入千家万户才能成为现实中的真真切切。

做好营销和经营才是企业生存发展的硬道理,电商概莫能外。懂营销、会经营、与行业水乳交融、如鱼得水的电商才能活得下来,活得精彩,用真实的利润业绩向广大股民、股东和投资人汇报。实质营销,实质经营,帮您找准企业低效营销、低效经营症结,打赢翻身仗。

医药电商，将终结普药控销

祁 刚

目前，全国范围内，很多制药企业现在的营销模式还是最传统的一级经销、二级分销的模式。而这种模式在 2000 年还是可以的，那个时候几乎所有的厂家都有自己的 OTC 队伍，而且做得风生水起——有空中的广告轰炸，有地面的 OTC 队伍跟进，一个品种经过一年左右的运作，基本就做起来了。

那么，为什么从 2005 年以后，很多厂家都慢慢放弃了这种营销模式了呢？原因是：一个品种做起来的同时，也意味着它开始走下坡路了。走下坡路最主要的原因，是渠道和终端把这些知名品种当成了价格战的工具。

药店老板不太注重你的品种是否是名牌，他最看重的是经销你的品种能否赚到钱。因此，大家可以更多地看到像"葵花胃康灵胶囊""葵花护肝片""吴太感康""三九感冒灵颗粒"这些耳熟能详的广告品种在终端的零售价都非常低，成为药店拿来打价格战的工具。

所以，在这样的大环境下，诞生了医药销售的另外一种模式：管控营销模式。也就是"控销"。像修正药业、葵花药业、仁和药业等很多知名药企都以这种模式操作很多年了，效果不错！

控销模式的精华

所谓"控销"，是生产企业为了提升销售业绩，在渠道分销及终端动销的过程中，对价格和货物流向实行严格控制，也就是控制渠道、控制价格、控制终端。这就是现在最流行的普药控销模式。

管控渠道，将终端客户归拢到指定的经销商；整合一、二级代理分销商，减少经销商的数量,划分渠道,规定区域,严禁跨地区销售。

严控价格和终端,一、二级代理商,分销商和终端客户都必须严格按照规定价格销售。一经公司发现低价销售,立即按发货批号查找源头,直至取消经销商和终端客户的销售资格。

价格是管控营销的基础。管控营销模式划定了每层级渠道或终端的出货价,保证每个环节有钱赚。

目前在医药销售领域,普药控销模式已经深入人心,成为医药销售模式的主流,很多企业纷纷尝试结合自身企业特点选择产品群,打造普药控销团队。

以上用了一定的篇幅阐述了控销模式的成因和发展趋势,那么在电商时代已经到来且方兴未艾之际,对控销模式的影响有多大呢?

医药电商的兴起

当前,随着网络信息化的迅猛发展,网购已成为许多人生活中不可或缺的一部分。据 2018 年 1 月中国互联网络信息中心发布的《第 41 次中国互联网络发展状况统计报告》显示,截至 2016 年 12 月底,我国总网民达到 7.72 亿人,我国手机网上支付用户规模增长迅速。

有需求就有市场。近年来,作为特殊商品的药品,在我国的网络销售量也逐年攀升。据中国医药物资协会发布的《2016 中国医药电商发展蓝皮书》显示,2016 年中国医药 B2C 销售总额达到 286 亿元。

"消费者强烈的网购欲望,大幅增长的销售数额,势不可挡的互联网信息浪潮,这一切皆表明,医药电商的时代已经来临了,传统门店扩张方式最终将被淘汰。"医药电商专家廖光会说。

"之所以有这么大的反差,除了网购的普及化、常态化外,实体药店的布局设置以及人员的服务态度等也对消费者的选择有很大影响,而网上药店就不存在这些问题。"北京某大药房负责人接受媒体采访时表示,实体药店的转型变革是早晚的事,否则肯定会被市场淘汰,因为除了电商的冲击,还有不断上涨的房租和人力成本,谁愿意做赔本的买卖呢?

电商对控销的四大冲击

因此,电商大幅度上扬对普药控销模式的影响将是巨大的,具体如下:

（一）控制终端将有很大难度

随着电商的发展越来越壮大，实力越来越强，给消费者带来的便利越来越多，将会有越来越多原来以控销模式为主的企业撑不住，转而被迫加入"电商"队伍，而一旦企业加入电商队伍，那么普药控销模式中的"控制终端"的点式销售将无从做起，对线下的普药销售队伍的冲击将十分明显。

（二）连锁率提高对控销模式有较大影响

随着国家对药店配备执业药师的管理要求越来越严格，今后将会有更多的药店选择加盟连锁，目前我国的医药连锁率在36%，预计到两三年后连锁率将达到50%甚至更高。而连锁率越高，对控销模式带来的负面影响就越大。

1. 众所周知，企业在和连锁的合作中，很难保证能够现款合作，连锁的结款方式基本都是压批结款或实销实结，而且连锁为了确保更高的利润空间，都要求厂家给予连锁更低的进货价格和更优惠的销售支持，价格既低又非现款，同时连锁之间为了生存和发展还有可能竞价销售，这让终端掌控力越来越低，市场维护、促销活动无法开展。

2. 双方合作中，连锁对产品在同品类品种中的毛利率、零售价、品牌影响力、销售难易程度都要做严格的对比和选择，造成厂家很难全品铺货，与全品铺货的单体药店相比，连锁对产品的销售将受到一定的影响。

（三）企业OEM品种的增多，将透支自身品牌，造成不良影响

大家都知道，为了保证普药销售的发展壮大，企业要不断地增加品种，让销售队伍有越来越多的产品可做，但如果自身无法生产出这么多的产品，就势必要进行"OEM"，即贴牌生产合作。越来越多的OEM品种进入市场，不但透支自身品牌，而且一旦监管不力，发生像"银杏叶片"类似事件，将对企业的销售和品牌形象造成难以弥补的负面影响。

在电商时代，一旦消费者琢磨出其中的"门道"，将很难再以品牌作为选择药品的第一要素选择该企业生产的药品，这对企业今后的销售是有很大影响的。

（四）对控销模式的"利益链条"带来较大的影响

普药控销模式能够如此兴旺，在于利益链条的设计，从省总到地总到终端经理再到药店，每一级人员都有较为丰厚的利益分配。同时对省总、地总和终端经理而言，他们是三级承包者，是在为自己工作，自动自发而且充满激情，创新方

案、促销手段、终端激励层出不穷，但这一切都围绕着药店最终动销所带来的"现金流"。

一旦现金流消失，那么控销模式也就丧失了存在的基础。在电商时代，消费者进入线上药店购买药品，将对药店的销售造成很大的冲击，药店门店数量和药店销售额都会大幅减少。这样下去，各级人员都为了任务而疲于奔命，压货生存，挣不到钱。这对普药控销模式是十分不利的。

不管是互联网巨头，还是制药企业，它们都非常看好医药电商未来前景，只是目前政策的管制、网上购药的消费习惯和信任度等问题有待解决。一旦这些瓶颈一一突破，医药电商带来的利润也将非常可观。电商不仅会创造像马云一样的巨富新贵，同时也会给传统的医药零售带来变革。随着国内政策对医药电商的放开，有分析指出这一市场至少有 1000 亿市场体量。未来医药电商市场将迎来黄金发展期。

而一旦电商市场达到井喷阶段之日，那么便是普药控销模式的终结之时。我想这一定不是件耸人听闻的事。

医药数字营销：做不做，怎么做

刘 峻

目前医药企业最吸引眼球的话题就是移动互联。每次有这方面的论坛，来参会的人都是一群群的。移动互联对医药行业的主要影响体现在移动医疗的慢病管理。

企业考虑的是，万一患者真通过移动医疗看病了，那我们还在医院折腾啥——进药就费老劲了，进了药还得到处烧香拜佛，稍微推得好些就开始被限量限方……而且，对于慢病药品，企业最头疼的事情就是患者的依从性，如果能通过慢病管理，让患者足剂量、足疗程，销量会翻上几倍。

然而，刚才所说的一切都是美好的愿景。移动互联，到目前为止都是"看上去很美"，移动医疗并没有哪个平台真正做起来，受到医生和患者的共同认可。移动营销也是一样，光打雷不下雨。尽管如此，企业仍然非常关注的原因是：不敢等移动互联做起来再介入，担心错过了"风口"。

我要说，企业确实应该"担心"——因为，这个平台的位置有限。

当前慢病药品这么多，将来的慢病管理也不需要这么多药品。想象一下，如果一个医疗APP上，一个疾病存在几十上百种药品供医生和患者选择，那怎么选？医保或相关机构不会不管吧？

我想将来移动医疗一旦兴起，医生和患者很可能会聚集在少数几个大平台上，意味着将来他们的门槛会很高，早点进去占位置还真的挺重要。

大部分企业都在关注的同时，又非常犹豫，原因是：选哪个平台？如何进去？进去做什么？要投入人力财力吗？投多少？回报是什么？问题一大堆！

其实，大家在关注并犹豫的时候，都忘了一个关键的事情，移动互联只是一个形式，形式是为内容服务的。移动互联是医药行业转型选择之一，如果不把客户和市场环境仔细分析清楚，就会增加转型的风险。

所以，在决定是否向移动互联靠拢之前，必须研究医生和患者的行为、心理，只有洞察到客户的需求，才能找到"内容"，这时候选择移动互联平台就会非常容易。

重新研究市场，进行全新的顶层设计，这实际上就是一种"营销研发"。传统的咨询方式是企业提出需求，咨询公司进行诊断，然后使用成熟的方法论体系，提供解决方案。

老外特别喜欢这样做营销研发，很多营销创新都是企业与咨询机构合作实现的。

1998—2007年，美国网上药店在十年时间内，销售规模实现了约3倍的增长，对实体药店形成非常强的冲击，导致美国实体药店业一度十分恐慌。但传统药店组织没有仓促迎战，而是与哈佛大学斯隆管理学院合作。经项目组研究和调研、分析，哈佛大学斯隆管理学院提出：实体店开办网上购药的"传统药店的网上药店"模式；同时增加实体店的客户体验功能等措施，从而盘活了美国实体药店。

移动互联也可以借鉴营销研发的形式，研究为医生和患者分别提供什么样的服务，如何让他们分别在这个平台上获益。我们把医生和患者拉到一个平台上，希望解决我们产品销售方面的哪个问题。一旦看清楚市场之后，可能发现：移动互联说不定不是你的菜……

附 录

专业术语

本书中涉及不少医药行业的专业术语，为方便读者阅读，特将相关专业术语汇总如下：

药企：在本书中，指药品生产企业。

药商：在本书中，指药品经销商、代理商、中间商。

药代：药品的销售代表。有些负责医院，客户为医生；有些负责药店，客户为经销商。

省总：医药控销模式下，省级市场的承包商。

地总：医药控销模式下，地级市场的承包商。

两票制：药品从药厂卖到一级经销商开一次发票，经销商卖到医院再开一次发票，以"两票"替代目前常见的七票、八票，减少流通环节的层层盘剥，并且每个品种的一级经销商不得超过两个。

第一终端：县级以上的医药终端。

第二终端：县级以上的药店终端。

第三终端：城市社区卫生服务中心、乡镇医院、乡镇药店、单体药店、诊所等药品销售终端。

控销模式：药品生产企业对零售渠道的控销。控制的核心在于销售终端和价格。控销实现了供应链上的利润最大化。

佣金制：直接按药品、医疗器械销售额的一定比例确定销售人员的报酬的方式。

底价招商：药械企业以很低的出厂价给到代理商、经销商的经营模式。

学术营销：根据药品的主治功能、临床数据和差异性，提炼出药品的差异卖点、联合用药的关键作用、治疗的机理等对受众（医生或者消费者）进行多次沟通，让受众认可药品，从而形成销售的营销模式。

纯销：药品向医院、药店等终端销售的业务。

包场模式：药品、医疗器械生产经营企业，托管医院药房，或者作为整体解决方案提供商，负责相关科室的整体设计运营。

带金销售：药械企业为刺激医院人员、药店人员销售自身产品所采用的一种销售促进方式。

压货营销：指药品、医疗器械出库后，长期或阶段时间内并没有销售，只是到了下游的仓库，没有被周转，不能产生利润。

终端动销：在营销的渠道终端，通过一系列的营销组合手段，提高单店、单点销售业绩的方式。

KA营销：Key Account，指"重点客户"营销，即区域内围绕重点药店开展的营销活动。

一致性评价：仿制药一致性评价是指对已经批准上市的仿制药，按与原研药品质量和疗效一致的原则，分期分批进行质量一致性评价，就是仿制药需在质量与药效上达到与原研药一致的水平。

营改增：营业税改增值税，简称营改增，是指以前缴纳营业税的应税项目改成缴纳增值税。

控费：医疗、医保部门广泛存在的控制治疗费在一定限度之内的各项具体措施。

药占比：在医院运营中，药物费用占整体医疗费用的比例。

耗占比：在医院运营中，百元医疗收入消耗的卫生材料费用比率。

辅助用药：有助于增加主要治疗药物的作用或通过影响主要治疗药物的吸收、作用机制、代谢以增加其疗效的药物；或在疾病常规治疗基础上，有助于疾病或功能紊乱的预防和治疗的药物。

按病种付费：通过统一的疾病诊断分类，科学地制定出每一种疾病的定额偿付标准，社保机构按照该标准与住院人次向定点医疗机构支付住院费用。

临床路径：通过临床路径合理测算单病种付费、按疾病相关诊断组付费（即DRGs付费）等支付方式的支付标准，推动支付方式改革。

自由执业：持有执业医师资格证的医师，可以自由选择个体、合伙或者受聘于医院的行医方式。

多点执业：一位医生以一个执业地点为主，但在注册区域内多个地点均可执业，事前备案即可。

医联体：医疗联合体，通常是将同一个区域内的医疗资源整合在一起，由一个区域内的三级医院与二级医院、社区医院、村医院组成一个医疗联合体；也有按细分领域形成的全国性垂直医疗联合体。

分级诊疗：按照疾病的轻、重、缓、急及治疗的难易程度进行分级，不同级别的医疗机构承担不同疾病的治疗，实现基层首诊和双向转诊。

药品加成：县及县以上医疗机构销售药品，以实际购买进价为基础，顺加不超过15%的加价率作价，在加价率基础上的加成收入为药品加成。2012年国务院办公厅发通知，将取消药品加成。

零差价：取消药品加成后，医疗机构对常见病、多发病使用的基本药品，实行按药品进价销售，不再加价产生利润，让利给患者，利润部分由财政给予补贴。

二次议价：指医疗机构在省级药物招标结果的基础上，对中标药品进入医院采购之列时，进行再一次杀价。

医用耗材：医院用的消耗很频繁的配件类产品，包括高值耗材和普通耗材，其中高值耗材为最小单位售价在500元以上的耗材。

药械：药品和医疗器械。

共享医院：第三方建好了药房、手术室，并请一家机构统一负责基础的检验、病理、超声、医学影像等服务，实行共享和合理配置模式。

慢病管理：对慢性非传染性疾病及其风险因素进行定期检测、连续监测、评估与综合干预管理的医学行为及过程，主要内涵包括慢病早期筛查、慢病风险预测、预警与综合干预以及慢病人群的综合管理、慢病管理效果评估等。

普药：在临床上已经广泛使用或使用多年的常规药品。

黄金单品：一家医药、医疗器械企业中拥有特有的、其他企业难以竞争的拳头产品，企业主要依赖其去占领市场，赚取利润。

GMP：优良的药品生产管理规范。

GSP：优良的药品经营管理规范。

OTC：非处方药，是指那些不需要医生处方，消费者可直接在药房或药店中购取的药物。

批结：卖完一批结算一批。

DTP：又称 DTC，俗称院外销售，即制药企业将其产品直接授权给药房做经销代理，省去代理商，患者在拿到医院处方后由药企医药代表引导，去合作 DTP 药房买药。

CRO：研发合同外包，是通过合同形式向制药企业提供新药的临床或临床前研究等服务的专业机构，承担某些新药研制试验和申报注册的工作任务，主要服务于新药上市及之前的阶段。

CSO：销售外包组织，是受制药公司的销售委托，承担药品销售推广工作的专门组织。也可简单理解为营销服务外包机构。

B2B：business to business，商家（泛指企业）对商家的电子商务。

B2C：business to custumer，商业机构对消费者的电子商务。

C2C：custumer to custumer，用户对用户的模式。